DR. LEON WINDSCHEID

HEY HIRN!

Warum wir ticken, wie wir ticken

Wilhelm Heyne Verlag
München

Dieses Buch erschien 2017 unter dem Titel
Das Geheimnis der Psyche im Ariston Verlag.

Sollte diese Publikation Links auf Webseiten Dritter enthalten, so übernehmen wir für deren Inhalte keine Haftung, da wir uns diese nicht zu eigen machen, sondern lediglich auf deren Stand zum Zeitpunkt der Erstveröffentlichung verweisen.

MIX
Papier aus verantwortungsvollen Quellen
FSC® C014496
FSC
www.fsc.org

Verlagsgruppe Random House FSC® N001967

2. Auflage
Völlig überarbeitete Taschenbuchneuausgabe 11/2018

Der Wilhelm Heyne Verlag, München,
ist ein Verlag der Verlagsgruppe Random House GmbH,
Neumarkter Straße 28, 81673 München
Umschlaggestaltung: Nele Schütz Design, München,
unter Verwendung eines Fotos von Daniel Witte
Satz: Satzwerk Huber, Germering
Druck: GGP Media GmbH, Pößneck
Printed in Germany
ISBN: 978-3-453-60491-9

www.heyne.de

Inhalt

Bye-bye, Psychoangst!

Eine Hommage an die Psychologie

»Ich studiere Psychologie.« Das ist im Grunde nichts weiter als eine harmlose Feststellung. So dachte ich zumindest, als ich vor etwa sieben Jahren ganz naiv in Münster ankam. Wer zu Beginn des Studiums, wie ich damals, frisch von der Schule kommt, möchte natürlich nicht gleich als »Ersti« entlarvt werden. Dafür empfiehlt es sich abzugucken, was die erfahrenen Studenten höherer Semester machen. Als ich also kurz vor dem Uni-Start endlich zur ersten WG-Party meines Lebens eingeladen wurde, wollte ich genauso cool und souverän wie alle anderen auftreten. Eine anscheinend einfache Mission, denn zur Vorstellung auf WG-Partys gibt es einen Goldstandard unter Studenten: Nenne zunächst brav deinen Namen, dann dein Studienfach. Macht jeder so, und das aus gutem Grund. Wenn man nämlich Fächer wie Zahnmedizin, Ökotrophologie, Französisch auf Lehramt oder Germanistik studiert, wird das sicher der perfekte Einstieg ins Gespräch. Das fremde Gegenüber macht einen kleinen Witz über den vermutlich angestrebten Berufsstand oder über die skurrilen Inhalte des Faches (haha, kurz höflich lachen), nennt dann den eigenen Namen und das eigene Studienfach (am besten jetzt ein kurzer Witz zurück – haha, beide lachen), und schon ist man im Gespräch.

Das Ganze verhält sich völlig anders, wenn man Psychologie studiert. Wer in einer Gruppe Fremder so unvorsichtig wie ich damals auf der WG-Party freiheraus verkündet: »Ich heiße Leon und studiere Psychologie«, erreicht mit an Sicherheit grenzender Wahrscheinlichkeit eine von drei Reaktionen. Eher selten kommt:

»Wow! Psychologie finde ich suuuperinteressant. Wollte ich auch immer machen.« In diesem Fall gilt es sofort, zwischen den Zeilen zu lesen. Je zynischer das »Wow« daherkommt und je länger das »u« in »super« gezogen ist, desto höher ist die Wahrscheinlichkeit, dass noch ein kleiner Nachsatz à la »Leider war ich in der Schule kein Streber« folgt. Tatsächlich ist Psychologie nur minimal besser als Medizin, was die Streberquote angeht. Das Fach ist ein regelrechtes Sammelbecken für Fingerschnipser und Klassensprecher. Ohne sehr gute Noten im Abitur oder einen reichen Papa, der klagt, ist es fast unmöglich, in Deutschland einen Studienplatz zu bekommen. Insofern ist es zwar nicht unbedingt erfreulich, als Streber abgestempelt zu werden, im Grunde aber (meist) zutreffend und damit einfach als halb so wild hinzunehmen.

Die zweite typische Reaktion auf die Beichte, Psychologiestudent zu sein, ist die Nachfrage, welche eigenen Dachschäden man mit dem Studium heilen wolle. Tatsächlich, wer sich die Mühe macht und zu Beginn des Semesters eine Psychologievorlesung besucht, wenn Studenten noch in Scharen und hoch motiviert in die Uni rennen, wird feststellen, dass dort eine ganze Menge Leute mit mittelschweren bis schweren Dachschäden sitzt. Macht ja auch Sinn. Wer ein Faible für Kunst hat, studiert Kunst, in den Sportseminaren schwitzen die Sportler und in der Psychologievorlesung hocken die Psychopathen – alte Mensaweisheit. Wer sich freiwillig mindestens zehn Semester lang mit Neurosen, Störungen und Komplexen rumschlägt, der hat doch selbst nicht mehr alle Latten am Zaun. Und wenn die Abinote reicht, bietet es sich doch regelrecht an: studieren statt therapieren! Ich gebe zu, viele Psychologiestudenten haben eine Macke. Aber mindestens genauso viele Jurastudenten, Lehramtsstudenten und besonders Germanistikstudenten sind doch auch Erste Sahne-Psychos mit ganz normalen Dachschäden.

Wer Interesse an Psychologie zeigt, dem wird gerne unterstellt, einen an der Waffel zu haben. Mit den Jahren weiß ich heute, dass man gegen diesen Vorwurf am besten genauso vorgeht wie gegen die Unterstellung, schlechte Laune zu haben. Nämlich gar nicht oder mit Humor. Wer auf die falsche Feststellung: »Du bist aber schlecht drauf heute« mit zu viel Nachdruck erwidert, er habe keine schlechte Laune, erntet postwendend: »Mensch, du bist ja richtig zornig!« Nichts ist weniger effizient für einen nicht psychopathischen Psychologen, als auf ein unterstelltes Verrücktsein mit Verneinung und Gegenargumenten zu reagieren. Die Leute glauben einem nicht. Je vehementer man es versucht, desto schlimmer wird es. Was wirklich hilft, ist, erst mal ganz locker zu bleiben. Dann kurz mit den Augen rollen, wild mit den Armen schlackern und kichernd bestätigen, dass man nicht mehr sauber tickt. Das ist politisch zwar nicht ganz in Ordnung, aber in diesem Fall aus meiner Sicht vertretbar, weil es der schnellste und sicherste Ausweg aus der misslichen Lage ist.

Viel schlimmer und für mich bis heute ungelöst ist die dritte Art von Reaktion. Mit Abstand am häufigsten folgt auf die Vorstellung als Psychologiestudent nicht viel mehr als ein kleinlautes, nur halb gehauchtes »Ohh«. Dann lange Stille. Wie das einsame Bambi auf der Waldlichtung, das in der Morgenröte plötzlich innehält, weil es den Jäger mit seiner tödlichen Flinte wittert, wird das Gegenüber stocksteif. Einmal habe ich das Entstehen einer so ausgeprägten Gänsehaut beobachten können, dass mir selbst ganz anders wurde. »Psychologie, aha, mhm, nun ja«, kommen als erste gestotterte Satzfetzen, sobald die Schockstarre, ausgelöst durch die Begegnung mit einem Psychologen, überwunden ist. Die Angst springt einen aus den Augen des anderen buchstäblich an: jetzt bloß an nichts denken. Der kann doch Gedanken lesen!« Während die meisten eine kurze Ausrede herauspressen, um dann flink wie Bambi ohne Mama vor dem Jäger davonzuflitzen, gibt es wenige Mutige, die bleiben und ihre Sorgen offen aussprechen. Das klingt dann meist wie folgt: »Soso, Psychologie. Dann analysierst du mich gerade bestimmt, wie der Typ mit dem Rauschebart und der Couch.« Es folgt ein kurzes, unsicheres Lachen, das schnell verhallt, denn die Angst sitzt doch viel zu tief.

In den seltenen Situationen, in denen auf den Satz »Ich studiere Psychologie« nicht alle geflohen sind, helfen Erläuterungen, dass Psychologie mit Gedankenlesen oder Telepathie genauso viel zu tun hat wie mit Alchemie oder Hexerei, also nur wenig. Der Grundverdacht, doch in die Fänge des gemeinen Psychologen mit seinen Tricks zu geraten, ist viel zu groß.

Für mich steht fest, dass in den meisten Hirnen irgendwo eine kleine Psychoangst sitzen muss. Den Großteil der Zeit hockt sie faul in der Ecke. Aber wehe, wenn am Horizont irgendetwas auftaucht, das nach Psychologie aussieht oder riecht. Dann springt sie auf und schlägt Alarm. Die kleine Psychoangst lebt von gefährlichem Halbwissen. Denn die meisten haben zwar eine vage Vorstellung davon, was Psychologie ist, aber keine wirkliche Ahnung.

Kennen Sie das Gesellschaftsspiel *Tabu*? Wer dran ist, muss den anderen Spielern einen Begriff erklären, ohne dabei fünf verbotene Wörter zu benutzen. Das Gemeine ist aber, dass genau diese Wörter jedem als Erstes in den Sinn kommen, um den gesuchten Begriff zu umschreiben. Für »Kaktus« zum Beispiel sind das »Pflanze«, »Wasser«, »Stachel«, »Wüste« und »spitz«. Was, meinen Sie, wären fünf gute verbotene Wörter für den Begriff »Psychologie«? Wenn Sie hundert Leute fragen, bin ich sicher, dass in etwa »Sigmund Freud«, »Tintenklecks«, »Couch«, »Hypnose« und so was wie »Zwangsjacke« am Ende die Top Five bilden würden. Bei diesen Wörtern denkt jeder sofort an Psychologie. Und damit haben wir den Salat. Denn diese Vorstellung von Psychologie ist ungefähr so zutreffend wie die Zusammenfassung der Medizin als »Tatütata«, »Aderlass« und »Bachblütensalbe«.

Die Skepsis gegenüber uns Psychologen, die ich selbst immer wieder am eigenen Leib erfahre, gemischt mit einem verkrampften Umgang mit Psychothemen im Allgemeinen, ist doof. Mich begleitet die Psychologie schon sehr lange. Am Anfang war auch ich skeptisch wie die meisten. Aber je näher ich sie kennengelernt habe, desto mehr hat mich die Psychologie fasziniert und gefesselt. Nach fünf Jahren Studium, mehr als drei Jahren Forschung für meine Doktorarbeit und der Durchführung ganz unterschiedlicher psychologischer Studien und Experimente kann ich mir nichts vorstellen, das mich mehr interessieren würde als die Psychologie. Ich würde sogar so weit gehen, zu sagen, dass ich mich ein bisschen in das Fach verliebt habe. Es ist sehr schwer, seine Liebe mit fünf verbotenen Wörtern zu umschreiben. Aber wenn ich müsste, wären das für mich »Wissenschaft«, »Gehirn«, »Mensch«, »Verstehen« und »Werkzeugkoffer«.

In erster Linie habe ich die Psychologie im Studium als Wissenschaft kennengelernt. Und zwar nicht als Geistes-, sondern als Naturwissenschaft. Naturwissenschaftler zu werden ist ein hartes Brot. Für uns Studenten hieß das, vor allem ganz viel Mathe auf dem Stundenplan zu haben. Es mag komisch klingen, aber am Ende von psychologischer Forschung stehen meist Zahlen. Ziemlich viele Zahlen in ziemlich komplizierten Datensätzen. Und um die auszuwerten und zu verstehen, muss man rechnen. Zu Mathe gesellen sich dann noch Biologie, Chemie und Physik, womit wir beim Gehirn wären. Jeder unserer Gedanken besteht am Anfang aus nichts anderem als Zellen, Säure und Elektrizität, die in dem kleinen grauen Klumpen in unserem Kopf zusammen ein wahres Wunder vollbringen. Dieses Wunder, unsere Psyche, ist am Ende das, was jeden von uns zu dem macht, was er ist. Ein Mensch. Mensch sein ist Psychologie pur.

Die Psychologie interessiert sich für die Prinzipien und Regeln, nach denen das Menschsein funktioniert. Warum ticken wir so, wie wir ticken? Welche Regeln gelten für alle und welche Regeln nur für bestimmte Gruppen? Jeder Mensch ist einzigartig. Aber niemand sollte unterschätzen, wie sehr wir alle uns doch ähneln. Was Lachen heißt, dass uns bestimmte Werte etwas bedeuten oder wovor wir Angst haben, das sind universelle Regelmäßigkeiten, die für alle Menschen gelten. Zwar lacht ein Asiate vielleicht aus einem anderen Grund als ein Europäer, und vielleicht hat ein Sachse vor anderen Dingen Angst als ein Berliner, aber auch das sind Muster unseres Menschseins, die die Psychologie zu entschlüsseln und zu beschreiben versucht.

Damit sind wir beim Verstehen. Die Psychologie ist der Schlüssel hierzu. Wir möchten begreifen, warum wir so sind, wie wir sind, und andere so sind, wie sie sind. Dieser Drang treibt uns Menschen schon immer an. Ich habe im Psychologiestudium zum Beispiel verstanden, woher meine Angst vor Vorträgen kam, und so gelernt, sie abzuschütteln. In einem Seminar habe ich Schicksale kennengelernt, die es mir begreiflich machten, wie ein Mensch drogenabhängig werden kann, und in einem anderen Seminar, wie man erfolgreich verhandelt. Wenn ein Jugendlicher mit der Pumpgun in die Schule zieht und seine Lehrer und Mitschüler eiskalt abknallt, möchte man das Unbegreifliche begreifen. Die Psychologie knackt nicht jedes Schloss. Aber sie ist der beste Schlüssel, den wir haben.

Wer die Psyche erforscht, hockt also nicht mit Tintenkleckstafeln vor einer Couch, um irgendwelche Gedanken zu lesen. Wir Psychologen hocken mit weißem Kittel im Labor vor dem Kernspintomografen, um herauszufinden, woher die Liebe kommt.

Wir verbringen Monate vor dem Computerbildschirm, um eine repräsentative Umfrage online zu bringen, in der Tausende Menschen uns verraten, was sie zum Glücklichsein brauchen. Wir führen Experimente durch, um Therapien für Leute mit Depression, Burn-out oder Magersucht zu entwickeln, um Teams effizienter zu machen, um Stress und Flow zu verstehen oder Phobien loszuwerden. Wissen zu schaffen ist kompliziert. Nach mehreren Jahren Promotion, in denen ich selbst verschiedene Experimente mit Forschern aus den USA, der Schweiz und Belgien durchgeführt und stapelweise Bücher und Studien gelesen habe, weiß ich, wie anstrengend es ist, Doktor zu werden und Wissenschaftler zu sein, wenn man alles selbst schreibt und nicht abschreibt. Aber wenn das Wissen dann einmal da ist, muss es geteilt werden, und zwar so, dass es genutzt werden kann. Dazu gehört für mich vor allem, aus dem Komplizierten etwas Handfestes zu machen, womit wir bei meinem letzten verbotenen Wort für die Beschreibung der Psychologie angekommen sind.

Psychologie ist für mich ein Werkzeugkoffer. Das klingt jetzt ein wenig nach Managerseminar, aber tatsächlich trifft das Bild mit dem Werkzeugkoffer am besten das, was für mich den großen Reiz an der Wissenschaft Psychologie ausmacht. Ich kann sie einsetzen und für mich nutzen. Der Werkzeugkoffer steht in meinem Kopf, und er wird immer voller. Nicht von alleine, sondern weil ich lese, forsche und vor allem immer wieder übe. Psychologische Phänomene können wie Werkzeuge sein. Sie helfen uns, besser zu funktionieren, klarzukommen, weniger anzuecken, effizienter zu werden, uns selbst und andere zu verstehen. Jeder von uns besitzt diesen Werkzeugkoffer, denn jeder von uns betreibt – gewollt oder nicht – permanent Psychologie. Die Idee, dass irgendwer Nichtpsychologe ist, ist Unsinn. Vielleicht nicht mit Studienabschluss oder Doktorhut – aber mit den Kollegen im Büro, mit der

Freundin oder dem Freund im Bett, beim Gebrauchtwagenkauf oder auf dem Stuhl bei Günther Jauch findet Psychologie statt. Wir alle sind also irgendwie Psychologen. Der Unterschied besteht nun darin, wie voll unsere Werkzeugkoffer sind.

Dieses Buch ist eine Hommage an die Psychologie. Ich erzähle darin von meiner Zeit als Student in Münster, meinen kuriosen Erfahrungen als Partyveranstalter und meinem Weg zur Million. Diese persönlichen Erfahrungen bilden den Rahmen, aber den Inhalt bilden die vielen psychologischen Phänomene, die ich Ihnen vorstellen möchte. Sie kennenzulernen, zu verstehen und sich zunutze machen zu können, ist das Ziel dieses Buches. Manchmal sind es bizarre Methoden und Kniffe, manchmal ist es auch nur die reine Existenz von Mechanismen in unseren Köpfen, die ich Ihnen vorstellen möchte. Wichtig ist vor allem, dass Sie die wichtigsten Erkenntnisse vermittelt bekommen und für sich selbst etwas davon mitnehmen können. Mir persönlich hat die Psychologie schon in zahlreichen Lebenslagen geholfen, und ich weiß, dass ich vieles ohne sie nicht geschafft hätte. Möglicherweise wird es Ihnen genauso gehen.

Natürlich ersetzt ein solches Buch kein Psychologiestudium und natürlich hat es nicht den wissenschaftlichen Anspruch einer Doktorarbeit. Dem aufmerksamen Leser wird auch nicht entgehen, dass manche Stellen mit einem Augenzwinkern zu verstehen sind. Aber am Ende – das verspreche ich Ihnen – werden Sie das Seepferdchen in Psychologie absolviert haben. Das ist zwar noch nicht Gold, aber besser, als mit der kleinen Psychoangst ein Leben lang im Psycho-Nichtschwimmerbecken rumzustehen, ist es allemal.

1

Das gesprengte Selbst

Willkommen in Ihrem Kopf

Meine Reise in die fabelhafte Welt des Gehirns fing als echtes Abenteuer an. »Stellen Sie sich vor, es ist ein wunderschöner Morgen. Obwohl es noch früh ist, wärmen die ersten Sonnenstrahlen schon Ihr Gesicht. Sie steigen auf Ihr Pferd und reiten los, denn Sie haben eine Mission ...« Ungefähr so begann in der Psychologievorlesung der seltsame Fall des Phineas Gage.

Es ist 1884 und Sommer in New England. Phineas ist jung und athletisch, ein typischer Yankee. Mit gerade einmal fünfundzwanzig Jahren ist er schon Vorarbeiter bei Rutland Railroad, einer der größten Eisenbahngesellschaften der Vereinigten Staaten. Seine Vorgesetzten schätzen ihn als den tüchtigsten und fähigsten Mann im Unternehmen. Er leitet einen Gleisbautrupp – die »Gang« –, mit der er sich seit Wochen mühselig Richtung Cavendish am Black River vorarbeitet. Das Terrain ist von festen Gesteinsschichten durchzogen, und oft muss gesprengt werden. Die Sprengungen sind Chefsache und laufen nach dem immer gleichen Prozedere ab: Loch bohren und Sprengpulver einfüllen. Das Sprengpulver mit Sand bedecken und den Sand mit einer langen Eisenstange feststampfen, damit der Explosionsdruck in die Tiefe wirkt. Dann Zündschnur einfügen, anzünden, weglaufen, Ohren zuhalten. Eigentlich ist an diesem Nachmittag alles wie immer. Phineas ahnt nicht, dass er in den nächsten Sekunden zu einem anderen Menschen werden wird.

Mit lässiger Routine schüttet er das Schwarzpulver in das

nächste Sprengloch und will gerade nach dem Sandeimer greifen, als hinter ihm jemand etwas ruft. Phineas dreht sich um. Nur ein grüßender Hilfsarbeiter. Nichts Wichtiges. Er wendet sich wieder dem Loch zu und führt die Metallstange ein. Als er zum ersten kräftigen Stoß ausholt, passiert es. Ein Funke springt auf das Schwarzpulver und löst eine donnernde Explosion aus. Phineas hat den Sand vergessen. Und damit ist die Katastrophe perfekt.

Mit einem lauten Knall rast die Metallstange raketenähnlich aus dem Loch. Sie bohrt sich direkt in Phineas' linke Wange, durchstößt dann den vorderen Teil seines Gehirns und schießt mit Affenzahn wieder aus der Schädeldecke heraus. Die Gang ist wie versteinert. Da steht ihr Chef. Voller Blut, aber offensichtlich lebendig. Man sieht sein Hirn pulsieren. Trotzdem ist er bei vollem Bewusstsein. Auf einem Ochsenwagen fahren die Männer ihn eilig zur nächsten Ranch. Dort ruft man sofort Dr. John Harlow. Den Arzt begrüßt Phineas mit den Worten: »Hier gibt es einiges für Sie zu tun, Doc.«

Es scheint unglaublich, aber nach wenigen Wochen wird Phineas für genesen erklärt und von Dr. Harlow entlassen. Zugegeben, ein Auge fehlt – aber ansonsten kann der Mann genauso gut sprechen, erinnern, denken und hören wie vor der Explosion. Schnell wird allerdings klar, dass mit Phineas etwas nicht stimmt.

Seine Persönlichkeit hat sich verändert. Der einst ambitionierte, beliebte und zielstrebige Eisenbahner ist plötzlich launisch, kindisch und impulsiv. Dr. Harlow beschreibt die Flüche des jungen Mannes später als so abscheulich, dass man feine Damen vor ihm warnen musste und bat, lieber nicht im selben Raum wie Phineas zu verweilen. In den kommenden Monaten beginnt Phineas, seine Mitmenschen miserabel zu behandeln. Er trifft unmoralische Entscheidungen und macht derart absurde Zukunftspläne, dass seine Chefs ihm schließlich kündigen müssen. Sein Zustand wird nie wieder besser. »Gage war nicht mehr Gage«, lautet das traurige Fazit eines seiner früheren Kumpel.

Der Fall Phineas Gage macht deutlich, was Psychologie ist. Denn in ihm kommt fast alles vor, was das Fach ausmacht. Phineas ist erst mal ein Mensch. Das passt, denn wir Psychologen interessieren uns, wie eingangs beschrieben, für Menschen. Dann gibt es da die Umwelt, die Frauen, die Phineas beschimpft, den Job, den er verliert, den Freund, der ihn nicht wiedererkennt. Das passt auch, weil wir Psychologen uns sehr für die Interaktionen zwischen Menschen und für ihr Verhalten mit und in ihrer Umwelt interessieren. Der Hauptakteur in der Geschichte ist aber – neben der Eisenstange – das Gehirn von Phineas. Und über dieses Gehirn gelangt man zu einer Frage, die am Anfang der Psychologie steht: Was hat das Gehirn mit unserem Wesen, mit unserer Psyche zu tun?

Die Menschheit weiß schon lange, dass es da eine Verbindung gibt. Eine Verbindung zwischen dem Inhalt unserer Köpfe und dem, was wir sind, wie wir fühlen und was wir machen. Aber wie wichtig diese Verbindung ist, dass sie in Wahrheit alles ist, diese Einsicht ist ziemlich neu.

Da schießt also eine Eisenstange durch den Kopf eines jungen Mannes und raubt ihm ein Stückchen seines Gehirns. Es fehlt plötzlich eine Ecke im Oberstübchen. Danach ist dieser Mann nicht wiederzuerkennen. Äußerlich beinahe unverändert und rein körperlich soweit fit, ist seine Psyche wie ausgetauscht. Der Fall Phineas Gage macht klar, dass man jemanden eigentlich nicht von ganzem Herzen, sondern von ganzem Hirn liebt. Ähnlich ist es mit der Laus, die einem angeblich über die Leber läuft und für Verstimmung sorgt. Diese Redewendung geht auf die mittelalterliche Annahme zurück, dass die Leber der Sitz des Temperaments und damit auch des Zorns sei. Doch sind weder

Leber noch Herz Orte, von denen Gefühle ausgehen, sondern es ist das Gehirn. Und selbst wenn der Magen »verstimmt« ist, schwimmt dort zwar vielleicht etwas, das da nicht reingehört, die Übelkeit aber entsteht im Hirn.

Der Fall des Phineas Gage ist der perfekte Start in die Welt der Psychologie, weil er zeigt, dass alles im Kopf beginnt. Eine ganz entscheidende Sache, finde ich, fehlt aber. Denn was uns Psychologen neben den Menschen mit ihren Hirnen und der Umwelt, in der sie agieren, am meisten antreibt, ist der Wille, ihnen dabei zu helfen, dass es ihnen besser geht, dass die Dinge reibungsloser funktionieren, dass man sich selbst und andere versteht. Kurzum, dass man klarkommt.

All das ist in der recht düsteren Eisenstange-zerfetzt-Hirn-von-Phineas-Geschichte noch nicht enthalten. Sicher, der Doc flickt den jungen Bahnarbeiter nach seinem Unfall wieder zusammen und beobachtet den jungen Patienten genau. Aber wirklich helfen konnte Dr. Harlow nicht. Genau hier würde dann die Psychologie ansetzen.

Als ich im ersten Semester im Hörsaal saß und gespannt der Erzählung von Phineas' Schicksal lauschte, fühlte ich mich, als hätte ich noch nie etwas von Psychologie gehört. Das Studium hatte gerade erst angefangen, und mir war noch vollkommen unklar, wohin die Reise gehen würde, was Psychologie ist und was sie kann. Nachdem ich dann aber den bedauernswerten Phineas »kennengelernt« hatte, war mir vieles klarer. Die Einsicht, dass eine heftige Verletzung im präfrontalen Kortex, also dem Hirnlappen direkt hinter der Stirn, dazu führen kann, dass sich ein Charakter schlagartig zum Schlechten verändert, während der Rest soweit normal bleibt, war für mich wie – bildlich gesprochen – eine Fußmatte vor dem großen Haus Psychologie, auf der steht: »Willkommen in Ihrem Kopf!«

2

Von Gehörnen, der Seele und denkenden Toastern

Das kleine große Wunder unserer Psyche

»Das heißt nicht Gehörn«, bekommt man als Rheinländer in Münster ungefähr so oft zu hören wie »Guten Tag« oder »Auf Wiedersehen«. Zugegeben, meine Aussprache ist nicht astrein. Das weiß ich spätestens, seit ich mein faules *Gehörn* wiederholt dabei ertappte, Torte mit »ch« statt »r« zu schreiben. *Tochte*, *Güchtel*, *Förma* und *Gehörn* stoßen jedem echten Westfalen ganz übel auf. Zum Glück hatte ich zu Beginn meines Studiums schon in verschiedenen Ländern gelebt und wusste, wie man in der Fremde klarkommt. Man passt sich an. Aus *Güchtel* machte ich also *Gürteehl* und aus *Gehörn* eben *Gehiiern.* Mit dieser sprachlichen Adaptation war ich gut beraten, denn das Wort »Gehirn« braucht ein Psycho-Ersti unweigerlich fast jeden Tag.

Der Grund dafür liegt auf der Hand. Unser Hirn ist, was wir sind. Das hatte der Professor uns Studenten mit dem seltsamen Fall des Phineas Gage klarzumachen versucht. Stellen Sie sich vor, alle Organe in Ihrem Körper müssten transplantiert werden. Herz, Niere, Leber, Augen und so weiter, all dies käme neu aus einem fremden Körper in Ihren. Solange die Organe fleißig tun, wofür sie da sind, wären Sie nach so einer krassen Operation immer noch Sie selbst. Die Idee allerdings, dass Sie mit dem transplantierten Hirn einer anderen Person noch immer Sie selbst wären, ist absurd.

Dieser Umstand führt zu einem Problem. Unser Hirn besteht aus Nervenzellen. Etwa hundert Milliarden Stück. Die genaue Zahl ist unklar, aber man ist sich einig: Es sind extrem viele. Diese vielen Nervenzellen sind über Synapsen miteinander verbunden und bilden so ein riesiges Netzwerk. Das Netzwerk ist hungrig nach Energie, die aus der Verbrennung von Glukose, also Zucker, gewonnen wird. Obwohl unser Hirn – proportional gesehen – nur einen Bruchteil vom Körper ausmacht, ist es ein echter Energiefresser und verbraucht ein Fünftel aller Power, die wir zur Verfügung haben. Klingt alles ein bisschen erschlagend, aber am Ende ist das, worauf es ankommt, nicht viel.

Die Nervenzellen schalten und walten mit Chemie und Elektrizität. Irgendeine Säure mit vier Positronen da, eine andere Säure mit zunächst nur drei, dann plötzlich fünf Elektronen dort, und schon entsteht ein Signal, das von einer auf die nächste Zelle überspringt. Und das ist dann schon die Grundlage allen Denkens und Handelns.

Wenn unser Hirn alles ist, was wir sind, und dieses Hirn nur mit Zellen, Säuren und ein bisschen Strom arbeitet, wie kann es dann über sich selbst nachdenken und ein Bewusstsein entwickeln? Oder anders gefragt: Wenn unser Körper, zu dem das Gehirn gehört, nur aus Dingen besteht, dann stellt sich die Frage, wieso diese Dinge zusammengenommen denken können?

Am Ende sind wir nichts anderes als ein biologischer Apparat, der auf zwei Beinen durch die Gegend rennt. Und in diesem System schaltet die Chemie und wirkt die Physik. Klingt doch alles irgendwie nach Maschine, oder? Heute sind wir vielleicht noch nicht so weit, aber wenn wir Menschenmaschinen eine Psyche haben können, warum sollte dann nicht in ein paar Hundert Jahren auch ein megaschlauer Toaster mit viel Arbeitsspeicher – von mir aus auch mit ein paar Chemikalien – ein Bewusstsein entwickeln?

Das Leib-Seele-Problem, wie die Philosophen es nennen, gibt es schon viel länger, als wir Menschen von Computern wissen oder uns fühlende Toaster vorstellen können. Der schlaue Philosoph René Descartes schlug in der frühen Neuzeit vor, Leib und Seele zu trennen. Man nennt das Dualismus. Körper als Maschine oder Hülle hier, Seele als etwas anderes, etwas Übernatürliches da. Zwei voneinander völlig verschiedene Dinge. Die Seele stellte sich Descartes als nichtphysisches Irgendwas vor und den Körper als physischen Rest. Zusammen macht das dann den Menschen. Den Job mit den Gefühlen, dem Bewusstsein, unserem Denken und jeder willentlichen Handlung schrieb Descartes der Seele zu, die für den augenscheinlich gottesfürchtigen Philosophen natürlich auch ohne die Körperhülle – unsterblich – weiterbestehen würde. Eigentlich eine schöne Idee, dass da irgendwas ist, was nicht zu unserem Körper gehört, das kein Ding, sondern etwas Höheres darstellt.

Der Begriff »Seele« wird ganz unterschiedlich definiert und ist sehr vielschichtig. Zu einem gewissen Grad beinhaltet er aber immer das Transzendente. Etwas Übernatürliches, das sich in den Religionen findet. Im Altertum wurde der Begriff der Seele mit dem Begriff der Psyche gleichgesetzt. Ich persönlich bin nicht getauft und nicht gläubig und insofern froh, dass Psyche im heutigen Sprachgebrauch für die wissenschaftliche, die faktische Betrachtung unseres geistigen Inneren steht. Aber auch wenn sich die beiden Begriffe »Seele« und »Psyche« auf unser Wesen, unser Sein und unseren »Geist« beziehen, bleibt das Leib-Psyche-Problem bestehen.

Wenn ich auf dem Zehnmeterturm im Schwimmbad stehe und ins Wasser springe, taucht mein Körper wie ein nasser Sack ins kalte Blau. Und wer hat meinen Beinen den Befehl gegeben, über die Kante des Sprungbretts hinauszutreten? Meine Psyche. Runter fällt dann mein Körper inklusive Hirn, aber die Anweisung kam doch ganz eindeutig von woanders. Oder? Jetzt lege ich noch eine Schippe drauf: Vielleicht kennen Sie das Gefühl, wenn man sich fragt, warum man gerade so gute Laune hat. Sich gute Laune als eine Verkettung von feuernden Nervenzellen in unserem Hirn vorzustellen, geht für mich klar. Aber wie kann ich mir das Denken über mein Fühlen erklären? Oder noch schlimmer, wie geht es, dass ich mit meinem Hirn über mein Denken nachdenke, wenn dieses Denken selbst meinem Hirn entspringt? Ziemlich verwirrend. Der schlaue Physikprofessor John Barrow aus Cambridge hat mal etwas über das Universum gesagt, das der schlaue Psychologieprofessor David Myers wiederum auf unsere Psyche angewandt hat: Ein Gehirn, das einfach genug gebaut wäre, um es zu verstehen, wäre zu einfach, um eine Psyche zu produzieren, mit der man es dann verstehen könnte.

An dieser Stelle mache ich einen Cut. Wenn Sie gerne an die Existenz eines unsterblichen Etwas glauben möchten, das unser Wesen ausmacht, dann tun Sie das. Ich werde in keiner Weise versuchen, Sie davon abzubringen. Denn was die Psychologie Ihnen als Wissenschaft im Vergleich anzubieten hat, ist zwar hoch spannend, aber noch lange nicht fertig und wird es vermutlich auch nie werden. Sie können jetzt also selbst entscheiden, den Text weiterzulesen und Descartes' schöne Idee auseinanderzupflücken oder den Rest dieses Kapitels zu überspringen. Falls Sie unentschlossen sind, lesen Sie vielleicht doch weiter. Am Ende biete ich Ihnen nämlich einen Kompromiss an, mit dem ich persönlich ganz gut zurechtkomme.

René Descartes wurde 1596 geboren. In dieser finsteren Zeit konnte man ohne Weiteres noch auf dem Scheiterhaufen enden für die Idee, irgendwem den Kopf aufschneiden zu wollen, um zu schauen, wie das da drinnen alles funktioniert. Und auch Dr. Harlow einige Jahrhunderte später, der den seltsamen Fall des Phineas Gage für die Nachwelt dokumentierte, hätte sich vermutlich im Traum nicht vorstellen können, was für Möglichkeiten wir mittlerweile haben, unserer Psyche auf den Pelz zu rücken.

Die moderne Neurowissenschaft macht möglich, was den Philosophen und anderen Hirninteressierten vergangener Tage vorenthalten blieb. Heute können wir Hirne scannen und so Licht ins Dunkel bringen. Die Verfahren dazu haben ziemlich freakige Namen wie Positronen-Emissions-Tomografie, Magnetresonanztomografie oder die Elektroenzephalografie. Besser bekannt sind sie den meisten unter ihren Abkürzungen: PET, MRT und EEG. Die genaue Funktionsweise ist jeweils recht kompliziert. Beim PET zum Beispiel bekommt man erst eine leicht radioaktive Flüssigkeit gespritzt. Dann geht es in die Röhre. Die radioaktive Flüssigkeit verteilt sich in allen Körperzellen, und das Gerät in der Röhre kann diese Flüssigkeit dann am Monitor »sichtbar« machen. Eine Zelle, die besonders viel Energie verbraucht, nimmt viel von der radioaktiven Flüssigkeit auf, was dann als hell leuchtendes Areal im computerberechneten Bild erscheint. So weiß man, wo im Körper Action ist, und entsprechend auch, was in den Hirnzellen so vor sich geht. Die anderen Verfahren verfolgen das gleiche Ziel: eine Abbildung unseres Innenlebens, unserer Psyche.

Seitdem wir nun immer besser darin werden, unsere Hirne zu entschlüsseln, kristallisiert sich etwas heraus: Körper und Psyche (oder Leib und Seele, wie Descartes es nannte) gehören zusammen. Um zum Beispiel herauszufinden, wo Liebe wie wirkt, steckten die beiden Forscher Andreas Bartels und Semir Zeki in einer Studie des renommierten University College London ihre Probanden in die Röhre. Sobald die Versuchspersonen ein Foto ihrer großen Liebe sahen, zeigte sich Aktivität in Hirnregionen, die die Wissenschaft bisher mit Drogenkonsum in Verbindung gebracht hatte. Ein findiger Journalist schrieb daraufhin, dass man Liebe, beurteilt nach den rechtlichen Standards des Substanzmissbrauchs, als absolut illegal betrachten und rigoros verbieten müsse.

Die Auswertung der Wissenschaftler zeigte eindeutig, dass es im Hirn bestimmte Liebeshauptdarsteller gibt. Zum einen der vordere Kortex, der für das Erkennen von Emotionen verantwortlich ist, also genau der Bereich, den sich der arme Phineas zersprengt hatte. Außerdem der Nucleus caudatus, eine Bohne mit Schwänzchen, und das Putamen, zu Deutsch die Schale, beide im Großhirn ansässig und für die erotische Würze verantwortlich, sowie der Insellappen, der als Teil der Hirnrinde unsere Sinneseindrücke verarbeitet. Fertig ist die Erklärung von Liebe im Hirnscanner.

Einen anderen Versuch zur Verbindung von Körper und Psyche, der heute wohl zu den meistdiskutierten Experimenten der Neurowissenschaften zählt, unternahm der amerikanische Physiologe Benjamin Libet. Er begab sich auf die Suche nach dem freien Willen, und zwar mit einem einfachen wie genialen Versuchsaufbau. Der Wissenschaftler setzte seine Probanden vor eine schnell laufende Uhr auf einem Monitor. Die Aufgabe der Probanden bestand darin, dass sie sich, wenn sie den bewussten Drang verspürten, ihre Hand zu heben, merken sollten, wie spät es gerade auf der Uhr war. Nun sollte man annehmen, dass der Ablauf so aussieht: Wir fällen die Entscheidung, unsere Hand zu heben, und dann gibt unser Hirn den Befehl, genau das zu tun. Es ist also so und so spät auf der Uhr, wenn wir die Entscheidung fällen, und ein bisschen später, wenn wir die Hand tatsächlich heben. Die Probanden waren während ihrer Aufgabe verkabelt. Handgelenk und Kopf hingen an Elektroden. So konnte Libet messen, wann genau die Hand gehoben wurde und was im Kopf der Probanden vor sich ging. Die Auswertung ergab, dass der Zeitpunkt der Entscheidung weniger als eine Viertelsekunde vor dem Heben der Hand lag. So weit, so klar. Erst entscheiden, dann Hand hoch.

Völlig überraschend war nun aber, dass im motorischen Kortex, also dem Teil des Gehirns, der willkürliche Bewegungen steuert, die Hirnströme weit vor dem Zeitpunkt einsetzten, zu dem sich die Probanden bewusst entschlossen hatten, die Hand zu heben. Um genau zu sein, etwa eine Drittelsekunde vorher, was in der Neurologie eine halbe Ewigkeit ist. Das muss man sich einmal auf der Zunge zergehen lassen. Der Wille sagt: »Jetzt die Hand hoch«, aber unser Hirn sagt: »Hab ich schon längst befohlen.« In einem ähnlichen, wenngleich sehr viel moderneren Experiment forderte ein Team um den Wissenschaftler John-Dylan Haynes Probanden dazu auf, einen linken oder einen rechten Knopf zu drücken. Stolze sieben Sekunden, bevor sich die Probanden bewusst wurden, ob es nun links oder rechts werden würde, konnte die Entscheidung schon im Probandenhirn gemessen werden. Haynes' Schlussfolgerung daraus ist eindeutig: Wie kann ich einen Willen »mein« nennen, wenn ich noch nicht mal weiß, wann er auftaucht und was der Wille zu tun entschieden hat? Libets und Haynes' Versuche werden oft als Argument gegen die Willensfreiheit angeführt. Das geht vielleicht zu weit, und mittlerweile gibt es auch alternative Deutungen der Ergebnisse. Was die Versuche aber in Bezug auf unsere Willenskraft sicher zeigen, ist, dass unser Hirn der Boss unserer Psyche ist.

Wie passen die Liebe im Hirnscanner und die Macht unseres Gehirns über unser Handeln jetzt zu Descartes' Idee zur vom Körper losgelösten Seele? Gar nicht. Die Neurologie kann heute noch lange nicht alle Fragen beantworten. Was aber feststeht, ist, dass unsere Psyche nichts anderes ist als ein fantastisches Netzwerk aus Nervenzellen, zusammengepackt in unserem Körper, mit einem Schaltzentrum nördlich des Nackens.

Dieses Schaltzentrum, unser Gehirn, ist das bisher spannendste bekannte Organ des Universums. Denn es vollbringt ein Wunder: das Wunder, eine Psyche entstehen zu lassen. Und wenn man sich mit der Idee irgendwie anfreunden kann, dass damit das, was uns ausmacht, am Ende aus einer schwabbeligen Albinowalnuss entspringt, die nichts anderes ist als eine hochkomplexe Denkmaschine, hat das einen immensen Vorteil. Es hilft einem, sich auf den Gedanken einzulassen, dass diese Psyche veränderbar ist. Wie bei jeder Maschine gibt es Rädchen, an denen man drehen kann, Stellschrauben, mit denen sich adjustieren lässt, was sonst aus den Fugen gerät. Auch wenn wir von dieser Psyche heute vielleicht erst so viel wissen wie vom Universum, in dem alle Hirne segeln, gibt es doch schon eine ganze Reihe von hoch spannenden Geheimnissen, die die Psychologie zutage gefördert hat.

Und damit ergibt sich für mich ein wunderbarer Kompromiss. Als Wissenschaftler und Psychologe glaube ich nicht an Wunder oder irgendetwas übernatürlich Transzendentes. Aber die Idee, dass wir es irgendwann vielleicht schaffen, die Funktionsweise unserer Psyche so weit zu entschlüsseln, dass wir einem Toaster zum Orgasmus verhelfen können, ist doch mindestens so wunderbar wie der Glaube an eine Seele, die zu Gott fliegt. Und bis es so weit ist, freue ich mich über jedes neue Geheimnis, das die Psychologie unserer Psyche entlockt.

3

Unterhosenmillionär

So durchbricht man die Spirale der Angst

Mein *Wer wird Millionär?*-Abenteuer begann mit meiner Unterhose und hatte ziemlich viel mit meiner Psyche zu tun. Davon hat man im Fernsehen jeweils nichts gesehen. Bevor man als Kandidat bei *Wer wird Millionär?* das erste Mal überhaupt wirklich aktiv wird, hat man nur einen Job. Und zwar strahlend in die Kamera zu gucken, während eine verheißungsvolle Erzählerstimme aus dem Off einen kleinen Spruch zum jeweiligen Kandidaten vorliest. Wer dabei in die falsche Kamera guckt, kommt gleich ziemlich verpeilt rüber. Und natürlich ist die Sorge vor einer öffentlichen Blamage eine der größten Ängste, die man hat, wenn man bei Günther Jauch im Studio sitzt. So grinste ich also in Kamera eins, während die Erzählerstimme vorlas: »Leon Windscheid aus Münster. Der Psychologe hat sich in Unterhosen auf die Sendung vorbereitet.« Irgendwie kamen Jauch und ich dann aber gar nicht auf die Unterhose zu sprechen. Doch ich weiß, dass mir meine zugegebenermaßen etwas spezielle Psycho-Vorbereitung auf dem Weg zur Million sehr geholfen hat.

Als unser Dozent in Psychologie Semester eins, »Anleitung zum wissenschaftlichen Arbeiten«, Themen für unser erstes Referat an der Uni zuteilte, blieb ich ganz entspannt. Eine Viertelstunde Vortrag? »Nichts leichter als das«, dachte ich und stellte am Abend vorher ein paar PowerPoint-Folien zusammen. Üben? Nicht nötig. Wir waren zum freien Vortragen aufgefordert worden. Auf einer Seite in meinem Collegeblock hatte ich also in

Stichpunkten die wichtigsten Eckdaten der Studie notiert, die ich vorstellen sollte. Eine witzige Einleitung und das Fazit würde ich mir dann spontan überlegen. So der Plan. Aber alles kam anders.

Am Morgen des Referats beschlich mich zum ersten Mal ein noch eher unbewusstes Gefühl von Beklemmung. Ein Fachvortrag vor dreißig Studenten, die man kaum kennt – das war doch etwas anderes als ein Referat in der Schule. Das wurde mir schlagartig bewusst, als unser Dozent seine kurze Begrüßung schwungvoll mit dem verheißungsvollen Spruch »The stage is yours, Leon Windscheid« beendete.

Mit einem Mal war die Angst voll da. 62 Augen richteten sich erwartungsvoll auf mich. Jetzt spürte ich jede Ader in meinem Körper. Mir wurde heiß. Sehr heiß. Obwohl es schon Ende Oktober war, fühlte ich mich nassgeschwitzt wie in der Sauna. »Bumm, bumm, bumm«, hämmerte es in meinem Kopf, und ich wartete nur darauf, dass mein Hirn wegen Überhitzung den Geist aufgab. Das Schlimmste: Es war weiter gar nichts passiert. Ich saß noch immer auf meinem Platz in Reihe vier.

An den Vortrag selbst habe ich keine Erinnerungen. Irgendwie muss ich das Ganze halb stotternd, halb schweißwischend überstanden haben. Jedenfalls lebe ich noch. Nachher war ich stinksauer auf mich. Woher kam die Angst? Es gab doch gar keinen Grund dafür. Und wieso hatte mich die Angst so aus der Bahn werfen können? Die Antwort zeichnete eine Dozentin ein paar Wochen später in einem anderen Seminar mit einem dicken schwarzen Edding auf ein Flipchart: eine Windhose aus nur einer Linie. Darüber schrieb sie in großen Lettern: Die Spirale der Angst.

»Die Spirale der Angst«, so erklärte sie, »ist der Feind von Menschen mit Angststörung.« Angststörungen sind sehr verbreitet. Sie reichen von Spinnenphobie oder Höhenangst über Zwangsstörungen mit krankhaftem Händewaschen bis hin zu Ängsten vor sozialen Kontakten. Wenn man eine Angststörung aus psychologischer Sicht verstehen möchte, muss man zuerst klären, was Angst überhaupt ist. Auch wenn jeder das unangenehme Gefühl Angst kennt, wissen nur wenige, dass Angst überlebenswichtig ist. Unsere Angstreaktionen sind alt. Mit ›alt‹ meine ich: steinalt. Wenn der Neandertaler einen Bären sah, stieg sein Blutdruck. Er atmete schneller, und das Blut wurde aus Händen und Füßen abgezogen, um in die quer gestreifte Muskulatur zu fließen. Das bereitet den Körper auf Flucht und Kampf vor. Alle furchtlosen Macho-Neandertaler wurden vom Bären gefressen. Die auf die Flucht vorbereiteten Angsthasen konnten fliehen. Psychofakt eins zur Angst ist also, dass sie eine ganz natürliche und durchaus nützliche Reaktion ist.

Natürlich ist es leichter, nicht vom Bären gefressen zu werden, wenn man dem Bären gar nicht erst begegnet. So haben wir alle auch heute noch ein paar Neandertaler-Angsthasengene in uns. Und die bewirken, dass wir nicht nur dann Angst kriegen, wenn wirklich ein Grund dafür besteht – wenn der Bär also plötzlich vor uns auftaucht –, sondern sicherheitshalber auch dann schon, wenn es nur sein könnte, dass irgendwo hinter uns ein Bär steht. Rascheln im Busch? Ein komischer Geruch in der Luft? Für nicht lebensmüde Neandertaler muss das gereicht haben, um Angst zu bekommen und zu fliehen. Lieber umsonst weglaufen als einmal vom Bären gefressen werden. Psychofakt zwei zur Angst ist, dass wir auch dann Angst bekommen können, wenn gar keine echte Gefahr im Verzug ist.

Und genau hierin besteht das Problem. Menschen, die unter einer Angststörung leiden, machen bei der Bewertung von Situationen »Fehler«. Sie reagieren zu stark. Während ein normaler Kinobesucher im Dunkeln den Film genießt, macht dem Angstpatienten die Dunkelheit richtig zu schaffen. Wohin fliehen, wenn es anfängt zu brennen? Man kann ja kaum den Ausgang sehen. Und diese engen Gänge zwischen den Stuhlreihen – was, wenn eine Panik ausbricht? Dann sterben doch alle.«

Diese Gedanken sind der Anfang der Spirale der Angst. Jeder von uns kennt sie, auch wenn längst nicht jeder an einer Angststörung leidet. Vielleicht haben Sie sie so wie ich erlebt, bei einem Vortrag vor Kommilitonen oder Kollegen (»Oh Gott, ich schwitze, und alle können es sehen«), beim Weg zur S-Bahn (»Habe ich den Stecker vom Bügeleisen sicher rausgezogen?«) oder aber im Keller (»Da sitzt eine riesige schwarze Spinne in der Ecke«).

Der Kerngedanke bei der Spirale der Angst ist, dass sich unsere Angstreaktion aufschaukeln kann. Genau das hatte ich bei meinem Referat in der Uni erlebt. Ein kleines Anzeichen von Angst bringt uns in Habachtstellung. Jetzt sind wir besonders sensibel für alles, was eine Gefahr sein könnte: Ich denke, dass ich schwitze. Das ist peinlich. Alle sehen das. Jetzt steigt mein Angstniveau. Sofort wird mir noch wärmer. Jetzt sehe ich, dass ich unter den Achseln schon zwei Schweißpfannkuchen auf dem Hemd habe. Die Mädels in Reihe drei fangen an zu kichern, oder? Für mein Hirn sind das alles Gefahren. Was tun bei Gefahr? Noch mehr Angst! Ich fange an, mich zu verhaspeln. Mein Vortrag wird in einem Fiasko enden!

Es kommt zu einem Aufschaukeln zwischen Reizen aus der Umgebung, die man als Gefahr interpretiert, und unserem Hirn, das uns mit Angst auf die Gefahren vorbereiten möchte – und alles (anscheinend) nur noch schlimmer macht. Sobald man in den Strudel der Spirale gezogen wird, geht es immer weiter nach oben, wie in einem Tornado. Gefühlt wird diese Kurve nach oben niemals abflachen und die Angst immer schlimmer.

Nachdem unsere Dozentin die Idee hinter der Spirale der Angst erklärt hatte, zückte sie wieder den dicken Edding. Energisch zog sie einen waagerechten Strich durch die gemalte Spirale. Die Spirale der Angst hat ein natürliches Ende. Irgendwann ist Schluss. Angst flacht ab. Man gewöhnt sich an alles. So unangenehm der Weg dahin auch ist und so unmöglich es einem am Anfang erscheinen mag.

In der Therapie lernen Angstpatienten, ein »Angst-Immunsystem« gegen die falschen Gefahrensignale aufzubauen. Und das geht am besten, indem sie mit der vermeintlichen Gefahrenquelle konfrontiert werden. Das nennen wir Psychologen Exposition. Vereinfacht gesagt, wird einem der Auslöser der Angst so lange vorgehalten, bis die Angst von allein abnimmt. Dabei ist klar, dass ein Profi jemandem mit Spinnenphobie niemals unvermittelt eine Vogelspinne auf den Kopf setzen würde. Im Gegenteil. Die Exposition beginnt ganz unten. Genau wie die Spirale der Angst. Vielleicht mit dem Foto einer Biene. Die ist immerhin schon ein Insekt. Schrittchenweise geht es dann weiter bin zum Spinnenfoto. Dann eine ganz kleine Spinne im Käfig und irgendwann vielleicht die Vogelspinne auf dem Kopf. Bei jedem einzelnen Schritt lernt der Patient seine Angst ein wenig besser kennen und beginnt, mit ihr umzugehen. Dadurch nimmt die Angst ab.

Für mich war die gemalte Spirale auf dem Flipchart ein Psycho-Schlüsselmoment. Und zwar aus drei Gründen. Erstens habe ich hier zum ersten Mal richtig verstanden, warum Psychologie den Leuten helfen kann. Zweitens wurde mir klar, dass es vollkommen egal ist, ob man tatsächlich an einer psychischen Störung leidet oder nicht. Die Grundideen vieler psychotherapeutischer Ansätze kann man wunderbar auch dann auf sich selbst anwenden, wenn man seine Psyche in einem bestimmten Bereich besser in den Griff bekommen möchte. Und drittens, weil mir erstens und zweitens zu einer Million Euro verholfen haben.

Nachdem ich nämlich damals im Seminar von der Spirale der

Angst gehört hatte, setzte sich ein Gedanke in meinem Kopf fest: Man kann seine Ängste überwinden, wenn man nur lange genug trainiert. Sie können sich vorstellen, dass eine Kandidatur bei *Wer wird Millionär?* auch mit extremer Aufregung zu tun hat.

Ich wollte mich darauf gut vorbereiten. Etwas Adrenalin ist gar nicht schlecht für unser Gehirn. Aber was meinen Sie, warum Kandidaten oft schon bei Fragen unter 500 Euro ihre Joker zücken müssen oder im schlimmsten Fall rausfliegen? Aufregung, Verunsicherung oder tatsächlich blanke Angst. Dafür kann Herr Jauch gar nichts. Es ist die besondere Umgebung im Studio und die Situation vor den Kameras. Also bereitete ich mich schon im Vorfeld auf diese Angst vor. Und zwar, gemäß dem Ansatz der Angsttherapie, durch Exposition. Zwar hatte ich keinen Schlüssel zu einem Fernsehstudio und auch keine Kameras oder Scheinwerfer zu Hause. Aber ich hatte einen Stuhl. Einen Schreibtischstuhl mit Armlehnen, so ähnlich wie der bei *Wer wird Millionär?*

Es war aber noch mehr erforderlich, um die Aufregung auszulösen, mit der ich im Studio fest rechnete. Darum setzte ich mich vor den Mitbewohnern aus der WG meines Bruders auf den Stuhl – in Unterhose. Und die Jungs löcherten mich mit typischen *Wer wird Millionär?*-Fragen. Das war unangenehm und irgendwie peinlich. Genau das war das Ziel der Übung.

Der Trick mit der Exposition funktioniert nicht nur zur Vorbereitung auf Quizshows. Wer eine Rede oder einen Vortrag halten muss und schon vorher Angst hat, rot anzulaufen und vor lauter Aufregung keinen geraden Satz herauszubekommen, der sollte einen dicken Strich durch die Spirale der Angst ziehen, indem er seine Ängste kennenlernt und trainiert, mit ihnen umzugehen. Sie müssen nicht gleich in Unterhose vor anderen üben. Fangen Sie mit Ihrem Spiegelbild an und steigern Sie sich dann langsam. Egal, wie gut das Training läuft, Sie werden sich verbessern.

4

Aufmerksamkeitsgummibärchen

Warum wir die Wirklichkeit in Wirklichkeit nie sehen

»Willst du mit mir ficken? Recht herzlichen Dank für die Aufmerksamkeit.« Mit diesem Satz machten meine Kommilitonen und ich im ersten Semester Werbung am Schwarzen Brett des Psychologischen Instituts in Münster.

Schwarze Bretter psychologischer Institute hängen immer voller Zettel, auf denen verzweifelt um Teilnehmer an Experimenten gebuhlt wird. Denn jeder Psychologiestudent muss zur Übung während des Studiums irgendwann mal ein Experiment durchführen. Dafür braucht es dann meist Personen, die bereit sind, mitzumachen. Und um sicherzustellen, dass es genug »Freiwillige« gibt, verdonnert einen das Dekanat nach einem Tauschprinzip dazu, sogenannte Versuchspersonenstunden abzuleisten.

Das geht so: Student A muss ein Experiment durchführen, und die Studenten B, C und D müssen daran teilnehmen, um ihre Versuchspersonenstunden vollzukriegen. Wenn dann demnächst Student B, C oder D ein Experiment durchführt, muss Student A als Versuchskaninchen ran. Die Stunden werden als kleine Zettel ausgegeben, und auf diese Währung sind alle heiß. Denn nur wer dreißig Zettel zusammenhat, wird zur Abschlussprüfung zugelassen.

Die Teilnahme an den Experimenten ist oft extrem nervtötend. Ich musste zum Beispiel einmal mehrere Stunden in einem Kernspintomografen liegen, angeschlossen an unzählige bunte Drähte, um alle meine Hirnströme registrieren zu lassen. Immer wenn auf dem kleinen Bildschirm direkt vor meiner Nase ein Pfeil nach rechts aufblinkte, musste ich den Drücker in meiner linken Hand betätigen. Einschlafen oder schwächeln war nicht drin, da mir vorher mehrmals versichert wurde, dass mein Hirn unter strengster Beobachtung stünde.

Da viele der am Schwarzen Brett beworbenen Experimente einen ähnlichen Ätzfaktor aufwiesen, sind mir Fälle von Fälschung und Schwarzhandel der Versuchspersonenzettel bekannt, weil keiner Lust auf die langweiligen Versuche der anderen hatte. Entsprechend groß war der Druck, an Teilnehmer für die eigenen Experimente zu kommen.

So fanden wir es absolut gerechtfertigt, eine sehr auffällige Anzeige ans Schwarze Brett zu hängen, die das Interesse möglichst vieler Studenten wecken sollte. Dafür schien meinen Kommilitonen und mir die Frage »Willst du mit mir ficken?« gerade recht. Tatsächlich stach die freche Frage, groß und fett auf das Blatt mit den Informationen zu unserem Versuch und den kleinen Abreißzetteln gedruckt, so dermaßen aus dem Wust an sonstigen Anzeigen heraus, dass wir schnell über Hundert Teilnehmer akquiriert hatten.

Das Prinzip hinter diesem Ansatz hatten wir in einer der ersten Vorlesungen kennengelernt. Die meisten Menschen gehen davon aus, dass ihre Sinne ihnen ein Abbild der Außenwelt liefern. Doch das ist Unsinn. Was wir sehen, hören, schmecken, riechen oder spüren, ist in keiner Weise das, was tatsächlich existiert. Auch beim Wort »ficken« liegen Welten zwischen Sehen und Wahrnehmen. Sehen heißt, dass Lichtwellen auf unsere Pupille treffen. Von da geht es weiter Richtung Netzhaut. Hier schalten sich die Sehrezeptoren ein. Millionen Stäbchen und Zapfen wandeln die

Lichtwellen im Innern unseres Auges in elektronische Signale um, die auf verschlungenen Bahnen Richtung Hirnsynapsen rasen. Hier ist jetzt Schluss mit dem »Sehen«. Denn sobald sich unser Hirn einschaltet, wird verzerrt. Im Auge kommt noch alles so an, wie es ist. Nur mit dem Auge können wir aber nicht sehen. Dafür brauchen wir unser Hirn. Das malt sich aus dem, was unser Auge an Infos übermittelt, sein ganz eigenes Bild der Realität. Dieser Umstand ist hoch spannend.

Luat enier Sutide eneir elgnihcesn Uvinisterät ist es nchit witihcg, in wlecehr Rneflogheie die Bstuachebn in eneim Wrot snid. Das Ezniige, was zhält, ist, dass der estre und der leztte Bstabhcue an der ritihcegn Pstoiion stheen. Der Rset knan dann ttoaelr Bsinöldn sien. Tedztorm knan man ihn onhe Pemoblre lseen.

Dass wir Menschen den vorhergehenden Absatz ohne größere Schwierigkeiten lesen können, liegt an folgendem Umstand: Was wir sehen, ist nicht das, was wir wahrnehmen. Wir *sehen* einen Buchstabensalat. Für unser Hirn ist es trotzdem kein Problem, in dem Chaos etwas Sinnvolles *wahrzunehmen*. In unserem Auge kommen schwarze Striche und Punkte als Lichtwellen in dieser Form an: »U-v-i-n-i-s-t-e-r-ä-t«, und unser Hirn macht daraus sofort das Wort »Universität«.

Wenn man sich überlegt, dass alles, was uns erreicht, über unsere Sinnesorgane kommen muss, aber erst im Hirn tatsächlich wahrgenommen wird, erklärt sich auch, warum ein dickes »Willst du mit mir ficken?« auf einem Zettel am Schwarzen Brett zu weit mehr Aufmerksamkeit führt als ein »Liebe Kommilitonen, wir suchen Versuchspersonen für unser Experiment ...«. Was wir wie wahrnehmen, entscheidet sich über ganz unterschiedliche Faktoren.

Stellen Sie sich unsere Wahrnehmung als eine Tüte voller Gummibärchen vor und die Reize, die uns umgeben, als eine

Horde Grundschüler. Unser Hirn entscheidet, welcher Knirps wie viele Gummibären bekommt. Dabei sind zwei Dinge zu beachten. Erstens: Unser Hirn ist unfair. Nicht alle Kinder bekommen gleich viele Gummibären. Es kann durchaus vorkommen, dass das am lautesten schreiende Kind die meisten bekommt. Wenn ein Student jeden Tag an einer Wand voller Aushänge vorbeigeht und zum Hörsaal trottet, wird sein Hirn der Wand vermutlich kein einziges Wahrnehmungsgummibärchen zuwerfen. Zwar sehen die Augen die Wand, aber wahrnehmen wird der Student sie kaum. Jetzt stellen Sie sich vor, dass da eines Morgens plötzlich in großen Lettern das Wort »ficken« prangt. Das Hirn des gerade aus der Pubertät entlassenen Studis wird sofort anfangen, nur so mit Gummibären zu schmeißen. Vor lauter Konzentration auf den vielversprechenden Aushang übersieht der Student sogar den Eimer des Hausmeisters und stolpert. Das Wort »ficken« fesselt seine Aufmerksamkeit und bekommt alle Gummibärchen.

Zweitens: Nichts von dem, was unsere fünf Sinne an ihren Boss – das Gehirn – melden, gelangt von dort unbearbeitet in die Welt unserer Aufmerksamkeit. Unser Hirn pickt sich heraus, was es sehen möchte. Wenn Sie einen Unfall mit Fahrerflucht beobachten, können Sie im Idealfall der Polizei das Kennzeichen melden. Ein anderer Zeuge, der sich vielleicht für Autos interessiert, wird das Kennzeichen womöglich übersehen haben, kann dem Wachtmeister aber genau beschreiben, dass der Täter einen silbergrauen VW Passat, Baujahr 1996, mit Fließheck fuhr. Wieder ein anderer hat vielleicht vor drei Wochen seinen eigenen Friseursalon eröffnet und seitdem nichts als Haare im Kopf. Er kann eine perfekte Beschreibung der blond gefärbten Mähne des Unfallfahrers liefern. Die sechs Augen der drei Zeugen haben dieselbe Szenerie als Lichtstrahlen empfangen und in Signale umgewandelt. Aber die drei Hirne haben ihre Aufmerksamkeitsgummibärchen vollkommen unterschiedlich verteilt und aus den Signalen ganz unterschiedliche Schlüsse gezogen.

Für mich war eine der wichtigsten Erkenntnisse des Psychologiestudiums, dass unsere Psyche macht, was sie möchte. Nicht willkürlich, sondern nach bestimmten Mustern. Was wir sehen, passt zu unseren Einstellungen und zu dem, was wir gerne machen. Wenn wir auf einer Party sind und irgendwo im Getümmel jemand unseren Vornamen sagt, hört unser Hirn sofort hin, während unser Gegenüber den Namen vielleicht auch hört, aber nicht wahrnimmt.

Würde unser Hirn nicht solchen Schemata folgen, würden wir in der Reizflut untergehen, die uns permanent überschwemmt. Es hilft nicht, überall ein paar Gummibärchen hinzuschmeißen. Ganz automatisch legt unser Kopf den Fokus fest. Dabei besteht allerdings die Gefahr, dass wir uns verleiten lassen von Signalwörtern wie »ficken«, Werbespots oder unseren Vorurteilen. Wer sich das klarmacht, wird sensibler für die Fallstricke, die unsere Aufmerksamkeit lenken, oft gegen unseren Willen. Wir sehen eine Realität, die den Filtern unserer Psyche unterliegt. Es ist sehr hilfreich, sich dessen bewusst zu sein. Denn das ermöglicht neue Blickwinkel und erweitert den Horizont.

5

Hellgrau verrückt

Gegen unseren gestörten Umgang mit psychischen Störungen

Als Doppellehrerkind hat man es nicht immer leicht. Denn natürlich haben Lehrereltern den Anspruch, in der Erziehung alles perfekt zu machen. Entsprechende Regeln galten bei der Fernseherziehung für meinen Bruder und mich. Um einen sinnvollen Umgang mit der Flimmerkiste zu erlernen, wurden uns jede Woche selbst gebastelte Pappfernsehkärtchen ausgehändigt, die wir gegen Abgabe in Fernsehguckzeit umtauschen konnten.

Eines der wenigen akzeptierten Formate im Hause Windscheid war, neben den Lach- und Sachgeschichten mit der *Maus*, *Asterix und Obelix*. Ich vermute, das hatte mit dem rebellischen Kampf der Gallier gegen die imperialistischen Römer zu tun. So wurde Obelix' Lieblingssatz »Die spinnen, die Römer« zum Bonmot meiner Jugend. Dem sympathischen Gallier mit den schweren Knochen kann man es kaum verübeln, dass er die Römer »Spinner« nennt und mit seiner Hand vor dem Gesicht den Gaga-Scheibenwischer macht. Als ich aber Jahre später mit dem Psychologiestudium begann, fiel mir auf, dass die Frage, ob jemand ein Spinner ist oder nicht, gar nicht so einfach zu beantworten ist. Denn was ist »verrückt« und was »normal«?

Michi und die anderen Ultras treffen sich jeden Samstag vor dem Spiel abseits vom Stadion zur Schlägerei mit den gegnerischen Fans, bis das Blut spritzt. Peter lebt seine Liebe zum Dogging, dem Sex an öffentlichen Plätzen, seit ein paar Wochen mit

Joachim intensiv auf einem Rastplatz an der A 7 aus. Ulla und Andreas kaufen nur Bioprodukte mit durchgestrichenem Barcode zum Schutz vor den bösen Strahlen. Alle diese Leute sind irgendwie Spinner, oder? Wenn Sie aber ehrlich zu sich sind, werden Sie zugeben müssen, dass auch Sie Persönlichkeitsmerkmale haben, die im Graubereich liegen. Also solche Züge, die nicht ganz »normal« sind. Den Gedanken, dass irgendwer normal ist, können Sie getrost in die Tonne hauen. Jeder von uns ist hellgrau verrückt und hat damit etwas von einem Spinner.

Wenn man diesen Umstand akzeptiert, wird klar, weshalb das Thema psychische Störungen kein ganz einfaches ist. Denn wo zieht man die Grenze zwischen Weiß und Schwarz? Ab welchem Punkt ist man gestört, und was ist gerade noch normal? Solche Grenzen werden gesellschaftlich festgelegt.

In Deutschland ist man mit 18 volljährig. Keine Ahnung wer das entschieden hat, aber irgendwer hat das mal so festgelegt. Wenn ich an meine Freunde und mich mit 18 denke, hätte man die Volljährigkeit durchaus auch auf 21 Jahre hochschrauben können. So ist es in vielen Staaten der USA. Ganz ähnlich verhält es sich mit der Rente oder der Vierzigstundenwoche. Irgendwann, so legen wir fest, ist Feierabend. Im Vorfeld kloppen sich zwar die Gewerkschaften mit den Arbeitgeberverbänden, aber am Ende steht eine konkrete Grenze fest. Immer und überall dienen bestimmte Grenzwerte unserem Handeln und unserem Umgang miteinander als Eckpfeiler. Volljährigkeit, Rente und Wochenarbeitsstunden sind da nur ein paar Beispiele.

Obwohl diese Grenzwerte nicht aus der Luft gegriffen sind, sind sie am Ende doch willkürlich gesetzt. Sinnvoll sind sie trotzdem. Wer im Halteverbot parkt, bleibt unter der Grenze zur Straftat. Wer eine Bank ausraubt, liegt drüber. So weit, so normal. Allerdings war es bis 1969 auch vollkommen normal, dass es in

Deutschland unter Strafe stand, wenn zwei Männer miteinander in die Kiste stiegen. Diese gesetzliche Regelung ist heute zum Glück nicht mehr normal, diesen »Grenzwert« haben wir abgeschafft.

Genau dieses Ziehen einer Grenze ist die Achillesferse bei der Diagnose von psychischen Störungen: Ist der Chef ein launisches Arschloch oder leidet er an einer Borderline-Persönlichkeitsstörung? Ist das Kind einfach nur wilder als seine Altersgenossen oder hat es ADHS? Will die Freundin wirklich nur abnehmen und treibt gerne so viel Sport, oder sind das die ersten Anzeichen einer Anorexia nervosa, also der Magersucht? Bin ich einfach nur seit Tagen platt und lustlos, weil der Winter naht, oder ist das schon eine depressive Phase?

Das Gemeine an psychischen Störungen sind, aus meiner Sicht, nicht nur die Symptome, sondern noch zwei weitere Probleme: Erstens ist oftmals weder für den Betroffenen selbst noch für sein soziales Umfeld einfach zu erkennen, was Sache ist. Zweitens: Gerade weil das so schwer ist, scheuen viele, sich dem Thema zu stellen und Hilfe zu suchen. In Bezug auf beide Probleme bin ich der festen Überzeugung, dass es hilft zu wissen, wie eine psychische Störung von Profis erkannt wird und wie lohnend es sein kann, dem Problem dann mit offenem Visier zu begegnen.

Psychologische Psychotherapeuten (so der Fachbegriff für Psychologen mit Studium plus drei Jahre Ausbildung) und Psychiater (das sind Ärzte und keine Psychologen) haben zwei Bibeln. Bibel Nummer eins ist das DSM (*Diagnostic and Statistical Manual of Mental Disorders*), zu Deutsch in etwa: diagnostischer und statistischer Leitfaden für mentale, also psychische, Störungen. Bibel zwei hört auf den Namen ICD – hinter dem sich die *Internationale statistische Klassifikation der Krankheiten und verwand-*

ter Gesundheitsprobleme verbirgt. Sie wird von der Weltgesundheitsorganisation herausgegeben. Warum solche Sachen immer so heißen müssen, wie sie heißen, weiß kein Mensch. Ist aber auch egal, denn beide sind letztlich nichts anderes als dicke Bücher. Und in diesen dicken Büchern steckt Wissen. Wissen aus der Wissenschaft, die für ganz unterschiedliche psychische Störungen sogenannte Kriterien entwickelt.

Eine »Major Depression«, so die professionelle Bezeichnung für das, was die meisten meinen, wenn sie von Depression sprechen, liegt laut DSM zum Beispiel dann vor, wenn (vereinfacht dargestellt) über einen Zeitraum von mindestens zwei Wochen fünf oder mehr der folgenden Symptome bestehen: depressive Stimmung fast den ganzen Tag, das Interesse an fast allen Aktivitäten ist wie weggeblasen, starker Gewichtsverlust oder -zunahme, es wird viel zu wenig oder viel zu viel geschlafen, Unruhe oder Verlangsamung, Müdigkeit oder Energieverlust, Gefühle von Wertlosigkeit oder unbegründete Schuldgefühle, verminderte Konzentrations- und Entscheidungsfähigkeit sowie wiederkehrende Gedanken an den Tod, Suizidvorstellungen oder tatsächlich Suizidversuche.

So eine Checkliste wird nicht willkürlich festgelegt. Zu den Kriterien wurde und wird immer geforscht, um die Diagnosen so zuverlässig wie möglich zu stellen. Je nach Fall kann eine Diagnose für den Therapeuten damit so einfach sein, wie es dem Arzt keine Mühe bereitet, einen glatten Knochenbruch auf dem Röntgenbild zu erkennen. Ein psychisches Problem als Laie zu erkennen ist hingegen oft nicht einfach.

Als ersten Schritt gibt es eine Reihe von Fragen, die man sich stellen kann, um zu prüfen, ob man Hilfe braucht. Der Start geht so: Ich kenne mich so gar nicht, fühle ich mich irgendwie anders als sonst? Fühlt sich diese Veränderung beunruhigend an? Gibt es eine Erklärung für die Veränderung? Reicht mir die Erklärung für die Dauer und Heftigkeit meiner Beschwerden? Kann ich meine täglichen Aufgaben noch verrichten? Mache ich mir permanent Sorgen und habe Angst? Ist mein Körper okay? Schlafe ich normal? Bin ich aggressiv oder sogar hasserfüllt? Bin ich häufig krankgeschrieben? Sind da irgendwo Suizidgedanken? Gibt es kaum noch wen, mit dem ich über meine Probleme sprechen kann? Helfen die Gespräche mit anderen nicht mehr? Fällt meine Veränderung anderen auch deutlich auf? Ist das alles schon länger als drei Monate so? Und ist mir das alles egal?

Sich gegebenenfalls professionelle Hilfe zu holen, wäre der zweite Schritt. Ein Profi legt Sie nicht auf die Couch (was völlig in Ordnung wäre), er holt kein Pendel raus (was komisch wäre) und lässt Sie nicht hypnotisiert Tintenkleckse interpretieren (was Schwachsinn wäre). Vielmehr geht es zunächst darum, nach ganz konkreten Kriterien festzustellen, ob eine und, wenn ja, welche psychische Störung vorliegt. Doch so »weit« schaffen es die meisten erst gar nicht. Sehr viele Menschen mit psychischer Störung scheuen die Diagnose.

Dass das nicht gut sein kann, wird klar, wenn man sich die Fakten anschaut. In Deutschland sind laut einer Untersuchung des Robert Koch-Instituts jedes Jahr 33,3 Prozent der Bevölkerung – also jeder dritte Bundesbürger – von mindestens einer psychischen Störung betroffen. Platz eins belegen dabei Angststörungen (viel mehr Frauen als Männer), dann Alkoholstörungen (viel mehr Männer als Frauen), gefolgt von Depressionen (wieder viel mehr Frauen als Männer) und Zwangsstörungen (etwa gleich). Von diesen Menschen sucht sich aber nur eine Minderheit professionelle Hilfe. Bei »nur« einer diagnostizierten Störung berichtet der Großteil (68 Prozent), gar keine Leistungen in Anspruch genommen zu haben. Mehr als ein Drittel aller Betroffenen hat aber gleich mehrere psychische Störungen. Häufig im Paket kommen Angst und Depressionen oder Sucht. Solche Kombinationen, in der Psychologie spricht man von Komorbidität, sind besonders belastend. Auch hier ist die Inanspruchnahme von Hilfe eher mau. Dafür steigen die Schwere der Beschwerden und die Wahrscheinlichkeit, Fehltage im Job anzuhäufen, noch mal drastisch. Auch wenn die genauen Zahlen immer ein wenig schwanken, kann man die Lage in etwa so zusammenfassen: Sehr viele Menschen leiden unter psychischen Störungen. Viel zu wenige Menschen holen sich Hilfe.

Das ist ärgerlich, denn die Behandlung einer depressiven Störung zum Beispiel kann deren Dauer stark verkürzen, die Rückfallrate deutlich herabsetzen und das Wiederauftreten von depressiven Episoden reduzieren.

Der Vergleich einer psychischen Störung mit einem gebrochenen Bein hinkt an vielen Stellen, und ich werde sicher mit ein paar meiner Psycho-Kollegen Ärger bekommen. Wenn man sich aber darauf einlässt, wird etwas klar: Stellen Sie sich also bitte vor, Sie haben gerade den Flur gewischt. Blöderweise rutschen Sie auf dem nassen Boden aus und machen einen nicht so eleganten Abgang die Kellertreppe runter. Da liegen Sie nun. Alles tut weh, am Ellbogen ist Blut und Ihr Bein steht in einem merkwürdigen Winkel ab. Was machen Sie? Sie sind zwar kein Profi, aber Sie fühlen sich richtig beschissen. Mit Schmerzen ziehen Sie Ihr Handy aus der Tasche und rufen Hilfe. Im Krankenhaus bekommen Sie erst einen dicken Gips, dann ein Bett, dann viele Blumen, und dann geht es nach Hause, wo Sie nach ein paar Wochen wieder den Flur wischen können.

Spulen wir noch mal zurück. Sie liegen vor der Kellertür mit gebrochenem Bein, nur dass Sie sich das Bein jetzt bitte als psychische Störung vorstellen. Was machen Sie? Sie fühlen sich richtig beschissen. Oder doch nicht? Stellen Sie sich gerade einfach nur an? Wahrscheinlich. So schlimm ist das doch gar nicht. Erst mal schleppen Sie sich unter größten Schmerzen die Kellertreppe hoch. Oben angekommen, geht es doch ein bisschen besser. Sie setzen sich auf die Couch. »Wie peinlich«, denken Sie. »Ein gebrochenes Bein? Ich doch nicht!« Gleich kommen auch noch die Kinder nach Hause, und was wird Ihr Partner sagen? Erst mal eine Decke über das merkwürdig abgewinkelte Bein. Als die anderen reinschneien, geht es Ihnen keinen Deut besser. Sie werden gefragt, was los sei und ob Sie einen Tee möchten. »Danke!« Hilft aber nicht. Ihr Bein ist ja gebrochen. Am nächsten Tag beißen Sie die Zähne zusammen und lassen sich unter einem fadenscheinigen Vorwand von Ihrem Partner ins Büro fahren. Da fragen auch wieder ein paar Kollegen. Aber Sie sagen, dass nichts los sei. Nach ein paar Tagen haben Sie das Gefühl, sich mit dem Schmerz zu arrangieren. Aber irgendwie bleibt alles schlecht. Sie trauen sich nicht, mit jemandem zu sprechen, und wo könnte man mit so einem gebrochenen Bein überhaupt Hilfe bekommen?

Sie merken, worauf ich hinaus möchte. Ich bin kein Psychotherapeut. Zwar habe ich Psychologie studiert, aber im Anschluss keine dreijährige Ausbildung absolviert. Trotzdem lernt man als Psychologiestudent sehr viele psychische Störungen kennen, wie man sie diagnostiziert und wie professionelle Therapeuten und Psychiater dann damit umgehen. Am Anfang war ich selbst oft skeptisch. Psychische Störungen hatten für mich etwas Mysteriöses. Ich dachte, so etwas passiert mir bestimmt nicht.

Bisher hatte ich das Glück, an keiner psychischen Störung erkrankt zu sein. Ich habe mir auch noch nie das Bein gebrochen. Mit recht hoher Wahrscheinlichkeit aber wird mir beides in diesem Leben noch passieren. Wenn es so weit ist, weiß ich zumindest, was dann zu tun ist: Hilfe holen!

6

Frisch ausgekotzter Kirschkuchen

Wie man sich mit der klassischen Konditionierung dressieren und umdressieren kann

Ich liebe Katzen und kann Hunde nicht leiden. Doch als ich das erste Mal von den Hundeexperimenten Iwan Petrowitsch Pawlows hörte, hatte ich Mitleid mit den großen Vierbeinern. Für seine Studien spannte der Russe Hunde in Metallgestelle. In seinem Folterkeller (Labor) in Sankt Petersburg schnitt er den festgeschnallten Tieren Löcher ins Maul, um ihnen einen Gummischlauch direkt in die Speicheldrüse zu führen. Der Schlauch wurde an eine kleine Apparatur mit Zeiger angeschlossen, und fertig war Pawlows Hunde-Speichelfluss-Messmaschine. Das Erste, was die Maschine belegte: Hunden läuft das Wasser im Maul zusammen, wenn man ihnen einen Napf mit Futterpulver präsentiert. »Gähn«, muss Pawlow gedacht haben. Ein Hund sabbert, wenn er Fressen sieht. Dafür gibt es keinen Nobelpreis. Doch durch einen Zufall entdeckte der Wissenschaftler wenig später mit seinem Apparat die klassische Konditionierung und sicherte sich so einen Platz ganz oben im Psycho-Olymp.

Dieser Zufall könnte sich in etwa so zugetragen haben: Wie jeden Morgen, wenn Pawlow ins Labor kommt, mischt Igor, sein Gehilfe, schon das Futterpulver für die Hunde mit Wasser zu einem altrosafarbenen Brei in einer Metallschüssel für die bevorstehenden Experimente. Pawlow grüßt kurz und will direkt weiter in sein Büro am Ende des Gangs. Da sieht er, dass in Versuchsbox drei bei Bolschi, einem Hund, der schon lange im Labor ist, einer der Haltegurte lose sitzt. »Selbst ist der Chef«, denkt er grummelig und will gleich nachbessern. Gerade als er sich neben die Apparatur kniet, hört er ein metallenes Geräusch. »Kling, kling, kling«, macht es. Verwundert hält er inne. Dann fällt es ihm ein. Igor ist mit dem Anrühren des Futters fertig und schlägt die Breireste vom Löffel am Rand der Metallschale ab. Auf einmal sieht Pawlow, dass der Zeiger an Bolschis Hunde-Speichelfluss-Messmaschine wie wild ausschlägt. Das Tier sabbert, als gäbe es kein Morgen. Pawlow ist überrascht. Dann fällt es ihm wie Schuppen von den Augen. Genau wie er hat Bolschi verstanden, was das metallene Geräusch bedeutet. Gleich gibt es Fressen. In den Untiefen seines Hirns beginnt Pawlow zu ahnen, was er gerade entdeckt hat.

Noch mal der Reihe nach. Pawlow konnte zeigen, dass Hunde sabbern, wenn sie ihr Futter sehen (gähn!). Viel spannender ist, er konnte auch zeigen, dass Hunde ebenfalls sabbern, wenn sie ein Geräusch hören, das sie mit Futter assoziieren. Bolschi hatte über Monate im Labor gelernt, was das Geräusch bedeutete: Wird der metallene Löffel an den Rand des Gefäßes geschlagen, dann gibt es gleich leckeren Futterpulverbrei. Im Hundehirn war eine feste Verbindung entstanden. Ursprünglich war es das Futter, das als Reiz den Speichelfluss auslöste. Da ihm das Futter aber immer kurz nach dem Klang des Löffelschlagens gebracht wurde, reichte nun schon das »kling, kling«, um als Reiz das Sabbern auszulösen. Bolschi war konditioniert. Konditionieren heißt, dass ein ursprünglich neutraler Reiz (bei Bolschi das Löffelschlagen) durch die Paarung mit einem unbedingten Reiz (dem Futterbrei) seine Neutralität verliert und plötzlich genau dieselbe Reaktion hervorruft wie ursprünglich nur der unbedingte Reiz. Im Falle Bolschis hieß das, dass allein schon das Geräusch »zum Futter wurde« und den Speichelfluss auslöste.

Diese klassische Konditionierung konnte seit Pawlows Entdeckung noch mit ganz anderen Reizen an Fischen, Affen, Tauben, Ratten und Regenwürmern nachgewiesen werden. Auch wir Menschen sind hochgradig anfällig für Konditionierungen.

In ihrem weltberühmten und zugleich skrupellosen Experiment, dessen Bericht 1920 veröffentlicht wurde, machten die beiden Experimentalpsychologen John Watson und Rosalie Rayner den putzigen »Little Albert« zum Versuchskaninchen. Little Albert war kein Hund wie Bolschi, sondern ein elf Monate altes Kind. Die Idee der beiden Forscher war extrem. Sie wollten dem kleinen Albert über die klassische Konditionierung Angst »beibringen«. Die Aufzeichnungen zu diesem Unterfangen sind erhalten geblieben. Wie vermutlich alle Psychologiestudenten dieser Welt bekamen auch wir zu Beginn unseres Studiums den dazugehörigen Film – Watson und Rayner ließen eine Kamera laufen – vorgespielt. Darin sieht man den kleinen Albert zusammen mit den beiden Forschern auf einer Decke sitzen. An der entscheidenden Stelle bekommt Albert eine weiße Ratte vorgesetzt. Er bleibt ganz cool und vollkommen angstfrei. Wenn überhaupt, zeigt das Kind mildes Interesse. Das wollen die Forscher ändern. So fangen sie an, immer dann, wenn Albert die Ratte vorgesetzt bekommt, hinter seinem Rücken ein krachendes Geräusch zu erzeugen, das Albert offensichtlich sehr erschreckt und ihn vor Angst zum Weinen bringt. Nach einigen Durchgängen überträgt sich Alberts Angst vor dem Geräusch auf die Ratte. Genau wie Bolschi ist er nun konditioniert.

Mal ganz abgesehen von seiner ethischen Fragwürdigkeit, wurde das Experiment von Watson und Rayner vielfach wegen seiner Verletzung fundamentaler Prinzipien der Methodologie kritisiert. Trotzdem gibt es auch heute noch kein einführendes Buch über Psychologie, das ohne den kleinen Albert auskommt. Denn die Idee, dass das klassische Konditionieren auch bei uns Menschen wirkt, ergibt durchaus einen Sinn.

Ich weiß nicht mehr genau, wann es war, aber bei irgendeinem Kindergeburtstag bekam ich ein Stück Kirschkuchen auf mein Papptellerchen geladen. Voller Heißhunger stürzte ich mich darauf und fand mich umgehend mit dem Kopf tief in der Kloschüssel wieder. Mit aller Kraft kotzte mein Körper den gesamten Kuchen ziemlich unverdaut wieder aus. Wütend drückte ich die Spülung und schwor mir, die roten Biester nie wieder zu essen. In den kommenden Jahren reifte mein Ekel zu einer regelrechten Aversion. Kirschkonfitüre, Mon Chérie und selbst die süßen Kirschen von Haribo ließen es mir kalt den Rücken runterlaufen. Allein bei dem Gedanken daran, in ein Stück Kirschkuchen beißen zu müssen, wurde mir immer wieder übel.

Fast jeder von uns kennt mehr oder weniger unangenehme Fälle, in denen er zum Opfer der klassischen Konditionierung wurde. Ehemalige Drogenabhängige und Alkoholiker berichten zum Beispiel von großem Verlangen nach ihrem Stoff, wenn sie auf Reize stoßen, denen sie während ihrer Abhängigkeit häufig ausgesetzt waren. Das kann der Platz hinter dem Bahnhof sein, bekannte Gesichter aus der Szene oder der Geruch der Bar, in der immer gezecht wurde. Die klassische Konditionierung ist auch für die Medizin von größter Bedeutung. Durch die Kombination einer giftgrünen Lavendelerdbeermilch mit einem Allergieblocker gelang Forschern der Nachweis, dass die Milch am Ende auch ohne den Blocker ausreichte, um die Probanden vor einer Allergieattacke zu schützen. Die Körper und Hirne der Probanden waren darauf »dressiert«, den Geschmack der ekligen Lavendelerdbeermilch mit dem Effekt des Allergieblockers gleichzusetzen und entsprechend ohne allergische Reaktion auf den vorgehaltenen Allergieauslöser zu reagieren.

Eine ähnlich praktische Wirkung der Konditionierung können Eltern an Ampeln nutzen. Wer ein kleines Kind dazu erziehen möchte, nicht einfach auf die Straße zu laufen, kann das Kind darauf konditionieren, dass die Straße eine Gefahr darstellt. Das geht durch richtig viel Geschimpfe, wenn das Kind einfach bei Rot über die Straße läuft. Das laute Gezeter der Eltern wird im Kopf des Kindes eine Verbindung entstehen lassen: Straße – unangenehm – meiden.

Auch für findige Werber erfüllt die klassische Konditionierung ihren Zweck. Schalten Sie das nächste Mal nicht weg, wenn der Reklameblock im Fernsehen anfängt, sondern denken Sie an Pawlows sabbernde Hunde. Angenehme, schöne Bilder – zum Beispiel von bezaubernden Frauen mit Traumfigur und strahlendem Lächeln am Strand – erzeugen in unserem Hirn Zufriedenheit und Wohlbefinden. Wenn dazu immer wieder ein Produkt eingeblendet wird oder auch der Produktname einfach nur wiederholt genannt wird, reicht das aus, um aus uns Bolschis zu machen. Irgendwann bringen wir das Produkt, ohne dass wir uns dessen bewusst sind, mit den positiven Gefühlen der schönen Bilder in Verbindung.

Die Macht der klassischen Konditionierung ist extrem stark. Sie wirkt bei jedem von uns. Aber man kann Konditionierungen auch wieder loswerden. In den dreißig Jahren nach dem Morgen, an dem Igors Löffelschlagen Pawlow die klassische Konditionierung entdecken ließ, wird der Forscher gemeinsam mit seinen Kollegen über fünfhundert Arbeiten verfassen und viele weitere Bolschis aufschneiden. Er wird herausfinden, dass konditionierte Reaktionen unterdrückt werden können. Und zwar so: Je öfter der konditionierte Reiz, also für Bolschi das »kling, kling«, für den kleinen Albert die Ratte und für mich der Kirschkuchen, präsentiert wird, ohne dass die erlernte Folge eintritt, desto mehr wird die Konditionierung überschrieben (sie tatsächlich zu löschen, ist fast unmöglich). Wer also ein ungeliebtes konditioniertes Verhalten loswerden möchte, muss hart trainieren. Dabei sollte man unbedingt beachten, dass die Umgebung eine wichtige Rolle spielt. Lernt der Alkoholabhängige nur in der Praxis seines Therapeuten, dem verführerischen Anblick einer eisgekühlten Flasche Pils zu widerstehen, wird seine Psyche sicher wieder extrem nach dem konditionierten Muster mit Suchtdruck reagieren, wenn er am Bierkühlschrank der Tankstelle vorbeigeht. Entscheidend ist also, dass das Überschreiben einer ungewollten Konditionierung in ganz unterschiedlichen Kontexten passiert. Man sollte sich außerdem auf die sogenannte Spontanerholung einstellen. Damit ist gemeint, dass auch eine scheinbar vollkommen überschriebene Konditionierung plötzlich als eine Art Flashback zurückkehren kann. Sie ist dann zwar weniger ausgeprägt, aber wer nicht darauf vorbereitet ist, fällt durch die Spontanerholung oft zurück in alte Muster.

Pawlows Hunde und der bedauernswerte Albert haben es in jedes Psychologie-Lehrbuch geschafft. Denn beide stehen prototypisch für eine der einfachsten Formen, mit der sich zwei Ereignisse in unserem Kopf verknüpfen. So viel Skepsis das Phänomen der Konditionierung auch zunächst hervorrufen mag, sollte man nicht übersehen, dass erst sie es uns ermöglicht, uns anzupassen. Und zwar mit einem verträglichen Ausmaß an Aufwand. Wir lernen durch die Konditionierung – und das automatisch. Erfahrungen, die wir machen, formen unser Hirn. Stellen Sie sich vor, das wäre nicht so. Dann könnten wir entweder nichts Neues lernen, oder unsere Reaktionen müssten alle vorprogrammiert auf unserer Hirnfestplatte liegen. In beiden Fällen wären wir unfähig, uns an das Chaos dieser Welt mit ihren permanenten Veränderungen anzupassen.

7

Karohemd und Samenstau

Darum ist faules Denken oft schlaues Denken

Um uns die kulinarisch wenig erquicklichen Mittagspausen in der Mensa ein wenig zu versüßen, erfanden meine Freunde und ich das Mensaspiel. Für jede Runde braucht man ein Opfer. Ein typisches Opfer für eine Aufwärmrunde Mensaspiel sieht so aus: bordeauxrote Cordhose, Segelschuhe von Timberland, Poloshirt mit hochgestelltem Kragen und Krokodil auf der Brust, dazu eine Steppjacke von Moncler und die Haare im früheren Guttenberg-Style nach hinten gekletscht.

Die Mission beim Mensaspiel besteht nun darin, zu raten, welches Fach das Opfer studiert. Was meinen Sie? Im beschriebenen Fall ist die Sache doch ziemlich klar. Der Schnösel studiert mit Sicherheit Jura. Vielleicht noch BWL. Aber das wäre ein Außenseitertipp. Weit schwieriger ist es da schon, einen Maschinenbauer von einem Mathematiker zu unterscheiden. »Karohemd und Samenstau, ich studier Maschinenbau« – diese alte Binsenweisheit hilft beim Mensaspiel nämlich nur bedingt weiter. Denn die optischen Eigenschaften Hemd in der Hose, Brille mit dicken Gläsern und gesunde Schuhe von Mama passen genauso gut zum Maschinenbau-Bachelor wie zum Mathestudenten.

Probieren Sie das Spiel doch selbst einmal aus und wandeln Sie es bei Bedarf etwas ab. Man kann es überall spielen, wo sich fremde Menschen aufhalten. Raten Sie allein oder mit anderen, was diese Menschen für einen Beruf haben, welche Unterwäsche sie bevorzugt tragen oder ob sie Hunde lieber mögen als Katzen.

Versuchen Sie dabei stets, Ihre Urteile möglichst »fundiert« zu begründen. Sie werden zunächst viel lachen und dann schnell merken, was das Ganze für ein Quatsch ist.

Woher können wir wissen, dass der kleine Karl-Theodor in der Mensa mit Kletschfrisur und Lacoste-Poloshirt wirklich angehender Jurist ist? Er könnte doch genauso gut als Aushilfe bei einem spießigen Herrenausstatter jobben und heute nur ausnahmsweise im Arbeitsdress in die Mensa gekommen sein. Obwohl diese Annahme vollkommen plausibel wäre, ist sie für unser Hirn im Alltag schon zu anspruchsvoll. Denn unser Hirn ist faul. Es möchte nur gerade so viel nachdenken wie unbedingt nötig. Um das zu schaffen, greift es permanent auf sogenannte Heuristiken zurück.

Eine Heuristik ist eine Faustregel, die einfach und effizient anzuwenden ist. Beim Mensaspiel verglichen meine Kommilitonen und ich Studenten mit den Prototypen der verschiedenen Fachrichtungen. Je höher die Übereinstimmung zwischen dem zu beurteilenden Objekt (bei uns der kleine Karl-Theodor) und dem Prototyp, desto sicherer sind wir uns mit unserem Urteil. Was wir bewusst zum Spiel machten, findet in unseren Köpfen permanent statt, ohne dass wir es wissen. Unser Hirn liebt zum Beispiel die Repräsentativitätsheuristik.

Stellen Sie sich vor, Sie wollen Ihr Glück versuchen und spielen zum ersten Mal Lotto. Welche Zahlenreihe würden Sie lieber tippen: 1, 2, 3, 4, 5, 6 oder so etwas wie 1, 9, 22, 26, 33, 47? Entscheiden Sie sich wie die meisten Menschen, dann ziehen Sie die anscheinend zufällig gewählten Zahlen vor. Uns erscheint ein Zahlensalat repräsentativer für das Ergebnis der Lottozahlen als die Reihe eins bis sechs. Tatsächlich sind aber alle Zahlenkombinationen gleich wahrscheinlich.

Oder kennen Sie Linda? Linda ist 32. Sie ist ziemlich intelligent und nimmt nur selten ein Blatt vor den Mund. Linda hat Philo sophie studiert und redet mit ihren Freunden oft über soziale Gerechtigkeit. Während des Studiums engagierte sie sich bei den Jusos und macht auch heute noch gerne Wahlkampf für ihre Partei. Was ist wahrscheinlicher? A) »Linda ist Bankangestellte« oder B) »Linda ist Bankangestellte und politisch engagiert«. Bevor Sie anfangen, wirklich nachzudenken, glauben Sie mir, Ihr faules Hirn hat längst für B) votiert. Dabei braucht man weder einen Taschenrechner am Gürtel noch tiefere Kenntnisse in Wahrscheinlichkeitsrechnung, um zu wissen, dass die Verknüpfung von zwei Ereignissen *immer* unwahrscheinlicher ist als das einzelne Ereignis. Damit ist also Antwort A) wahrscheinlicher, es sei denn, Antwort B) hätte eine Wahrscheinlichkeit von hundert Prozent.

Statt für so eine einfache Aufgabe unsere Denkmaschine richtig anzuschmeißen, verlässt sich unsere Psyche intuitiv lieber auf die Repräsentativitätsheuristik. Selbst wenn man die richtige Antwort auf die Frage nach der Wahrscheinlichkeit erkannt hat, fällt es uns schwer, Linda nicht als engagierte Aktive zu sehen, die nur deshalb bei der Bank arbeitet, weil ihre Eltern ihr dringend rieten, einen ordentlichen Job anzunehmen. Ähnlich wie bei einer optischen Täuschung, haben wir den Trick durchschaut, können uns aber nur sehr schwer von der Täuschung loseisen. Viel zu sehr repräsentiert Linda die perfekte Genossin. »Nun gut«, denkt man vielleicht, »aber Studenten sind keine Lottokugeln, und Juristen sehen nun mal so aus, wie sie aussehen.« Richtig. In vielen Fällen führt die Repräsentativitätsheuristik zu einem absolut brauchbaren Urteil, und es wäre schrecklich, sie nicht zu haben. Stellen Sie sich vor, Sie würden an der Käsetheke im Supermarkt immer erst überlegen, ob vor Ihnen wirklich die Verkäuferin steht oder nur ein Schürzenfan mit seltsamer Kopfbedeckung.

Die Repräsentativitätsheuristik und viele andere Faustregeln helfen uns jeden Tag. Man darf sie nicht verteufeln. Vielmehr sind Heuristiken eine Strategie unserer Psyche, die es uns erlaubt, bestimmte Informationen zu ignorieren und so schneller ans Ziel zu kommen als durch komplexes Nachdenken. Überlegen Sie sich einmal, wie viele Entscheidungen Sie pro Tag in etwa treffen müssen. Schwer zu sagen, aber wenn Sie sich bei jeder Entscheidung alle Zeit der Welt nehmen könnten, bräuchten Sie keine Heuristiken. Dann könnten Sie ganz in Ruhe vor dem Supermarktregal Ihren Klappstuhl aufbauen und eine vollkommen fundierte Waschmittelwahl treffen. Sie könnten zunächst alle Preise vergleichen. Dann die Verpackungen testweise in Ihren Einkaufswagen legen, um zu sehen, wie gut der jeweilige Karton im Handling ist. Als Nächstes könnten Sie die Liste mit den Inhaltsstoffen studieren. Und wenn Sie damit fertig sind, nehmen Sie vor dem Marmeladenregal Platz.

Bei der Vielzahl an Dingen, über die wir täglich entscheiden müssen, und bei der Fülle an Informationen, die auf unser Hirn einprasseln, ist es nicht möglich, stets fundiert zu entscheiden. Um trotzdem zu funktionieren und durchs Leben zu kommen, brauchen wir die Heuristiken. Es gibt neben der Repräsentativitätsheuristik noch eine ganze Reihe anderer, hoch spannender Hirnfaustregeln.

Zum Beispiel die Wiedererkennungsheuristik. Stellen Sie sich vor, Sie bekommen zwei Städte genannt und eine Frage gestellt. Nehmen wir San Diego und San Angelo. Nun die Frage: Welche der beiden Städte hat mehr Einwohner? Bei den meisten greift jetzt die Wiedererkennungsheuristik. Wenn unser Hirn nur eines von zwei Dingen kennt, wir aber ein Urteil über beide abgeben sollen, tendieren wir dazu, nur weil wir das eine wiedererkennen, diesem auch den Zuschlag zu geben. Auch wenn die meisten, mit denen ich den kleinen Versuch mit den zwei Städten durchgeführt habe, angaben, nicht vollkommen sicher zu sein, war die Antwort am Ende doch immer San Diego. Einfach deshalb, weil kaum einer die Stadt San Angelo kennt. In diesem Fall ist die Entscheidung übrigens auch richtig. San Diego hat weit mehr als eine Million Einwohner. San Angelo in Texas aber weniger als 100.000.

Eine andere Abkürzung, die unser faules Hirn gerne nimmt, ist die Verfügbarkeitsheuristik. Sie müssen jetzt zweimal sehr schnell rechnen. Sagen wir drei Sekunden pro Aufgabe. Keine Angst, in dieser kurzen Zeit können Sie die Rechnung nicht lösen. Zumindest nicht genau. Schätzen Sie einfach. Aber bitte schnell! Sprechen Sie Ihre Schätzung laut aus. Was macht 1 x 2 x 3 x 4 x 5 x 6 x 7 x 8? Lösung bitte! Und jetzt die zweite Rechnung. Was ergibt 8 x 7 x 6 x 5 x 4 x 3 x 2 x 1? Lösen Sie bitte wieder!

Im Originalexperiment der beiden Psycho-Starforscher Amos Tversky und Daniel Kahneman wurden die Zahlenreihen separat gezeigt: Die eine Versuchspersonengruppe bekam die aufsteigende Reihe und schätzte Ergebnisse um die 500. Die andere Gruppe, die die absteigende Reihe nachrechnen sollte, lieferte Ergebnisse um die 2.200. Korrekt wäre 40.320 gewesen – und zwar für beide Rechnungen. Denn wie man noch aus der Grundschule wissen sollte, ist beim Multiplizieren vorwärts gleich rückwärts. Die Verfügbarkeitsheuristik schert sich um mathematische Regeln aber nicht im Geringsten. Sie besagt, dass sich unser Hirn auf solche Informationen und Eindrücke verlässt, die es leicht abrufen kann. Bei der ersten Gleichung sind das dann die kleinen Zahlen am Anfang. Die Zeit reicht ja gar nicht, um bis nach hinten zu rechnen. So fällt das geschätzte Ergebnis bei den meisten dann auch kleiner aus als für die zweite Multiplikation, die mit den hohen Zahlen beginnt.

Unser Hirn greift auch sehr gerne auf die Verfügbarkeitsheuristik zurück, wenn es um Gefahren geht. Wenn wir Menschen schätzen sollen, wie gefährlich etwas ist, stellen wir keine sinnvollen Überlegungen an. Im Gegenteil. Nehmen wir zum Beispiel Haie. Jährlich führen Haiattacken weltweit zu Todesfällen, die gerade mal knapp im zweistelligen Bereich liegen. Im Vergleich dazu sterben allein in Deutschland jährlich fünf- bis fünfzehntausend Menschen an der Grippe (Influenza). Solche Fakten sind unserem Hirn aber egal. Jeder hat Angst vor Haien und keiner vor Grippe, und zwar einfach deshalb, weil das Gefahrenverständnis von Grippe im Vergleich zum Weißen Hai mit seinem mörderischen Blick und dem blutverschmierten Todesmaul stinklangweilig ist und, wenn überhaupt, dann ganz unten im Hirnkeller herumliegt.

Was meinen Sie, warum in Casinos die Automaten alle in riesigen Hallen aufgestellt sind? Jeder im Raum wird sich noch lange daran erinnern, wie der Mann mit dem Cowboyhut in der vierten Automatenreihe eben unter lautem Jubel bergeweise Münzen als Jackpot kassierte. Das bleibt im Kopf. Was alle übersehen, sind die vielen Hundert Glücksspieler, die weiter fleißig ihre Coins in die Schlitze der einarmigen Banditen werfen, ohne eine müde Münze abzustauben.

Wenn man sich die typischen Faustregeln unseres Hirns so isoliert anschaut, könnte man meinen, dass sie nur zu Fehlschlüssen verleiten. Tatsächlich aber – das sei zusammenfassend nochmals hervorgehoben – sind sie für uns überlebenswichtig. Sie helfen uns, in begrenzter Zeit und ohne allzu viel Aufwand, Entscheidungen zu treffen, Dinge miteinander zu vergleichen oder Schätzungen abzugeben. Manchmal jedoch ist es durchaus vorteilhaft, die eigenen Denkmuster zu hinterfragen. Stellen Sie sich vor, ich halte Ihnen zwei Fotos hin. Foto eins zeigt einen Mann mit Turban und dunklem Bart. Vielleicht ein Syrer. Foto zwei zeigt einen lächelnden Blondschopf mit Sommersprossen. Vielleicht ein Däne. Einer der beiden ist Terrorist. Jetzt müssen Sie entscheiden: Welcher? – Sie sehen, es ist anstrengend, sich ohne Heuristik zu entscheiden oder ein Urteil zu fällen. Aber wenn es wirklich wichtig wird oder die Beurteilung von Mitmenschen ansteht, dann sollten Sie Ihr Hirn in Gang bringen und es auffordern, das zu tun, was es soll, nämlich denken und nicht über den Daumen peilen.

8

Besser im Bett

Warum Einschlafhilfen ohne Nebenwirkungen voll psycho sind

Schlaf erfüllt eine ganze Reihe sehr wichtiger Funktionen für uns Menschen. Rein evolutionär sind wir schon darauf getrimmt, nachts im Land der Träume zu schwelgen. Die wenigen unserer Vorfahren, die, anstatt sicher in der Höhle zu schnarchen, bei Dunkelheit draußen umherirrten, um vielleicht doch noch ein Kaninchen zu fangen oder ein paar Kräuter zu pflücken, sind mit ziemlich hoher Sicherheit Klippen runtergestürzt, noch bevor sie Kinder in die Welt setzen und ihre gefährliche Schlaflosigkeit so genetisch an spätere Generationen weitergeben konnten.

Außerdem dient Schlaf der Regenerierung des Gehirns. Stellen Sie sich unser Hirn doch mal als Großraumbüro vor, in dem tagsüber Hunderte fleißige Angestellte tippen, telefonieren und diskutieren. Wenn der letzte abends nach Hause geht, sind die Papierkörbe voll, eine Toilette im Herrenklo verstopft und in der Kaffeeküche herrscht heilloses Durcheinander. Nach Feierabend muss dringend aufgeräumt werden. Die hohe Stoffwechselaktivität in unserem Oberstübchen lässt tagsüber giftige Moleküle von der Leine, sogenannte freie Radikale. Die sind schädlich für unsere Nervenzellen. Im Schlaf nimmt sich unser Körper die Zeit, aufzuräumen und solche Gifte wegzuschaffen. Schlaf beeinflusst außerdem deutlich unser Gedächtnis, unsere Kreativität, unser Essverhalten und den Hormonhaushalt. Kurzum, kein Wunder, dass schlechter Schlaf uns so sehr zusetzt.

Schön blöd also, wer vor wichtigen Ereignissen nicht richtig schläft. Leider war ich immer ein ganz schön blöder Schläfer. Bis vor Kurzem konnte ich mit Sicherheit stets genau dann nicht gut schlafen, wenn ich am nächsten Tag besonders dringend fit und ausgeruht sein wollte. Zum Beispiel vor den ersten Klausuren an der Uni, vor Referaten oder Vorstellungsgesprächen.

Mein bisher schlimmstes nächtliches Fegefeuer begann mit einem lauten Gong, Applaus und Günther Jauchs Abmoderation der zweiten Folge von *Wer wird Millionär?*, in der ich auf dem Stuhl gehockt hatte: »Leon Windscheid steht bei 500.000 Euro. Ich freue mich auf unseren großen Showdown.«

Sobald die Kameras aus sind, geht im Studio alles ganz schnell. Jauch raus, Schminke runter, Zuschauer nach Hause, und schon sitzt du im Auto neben deiner Freundin und sollst nach Hause fahren und ins Bettchen gehen. Mal richtig schön ausschlafen, bevor am nächsten Tag wieder gedreht wird und es um eine Million Euro geht. Der Gefühlsbrei in mir drin schwappte hin und her zwischen Ungläubigkeit, Erregung, Freude, Angst und Überwältigung. Jedenfalls war ich so im Eimer, dass an Autofahren nicht zu denken war und meine Freundin das Steuer übernehmen musste.

Endlich zu Hause angekommen und in der Horizontalen, gab mir meine Freundin noch einen Gutenachtkuss, knipste das Licht aus und schlief fünf Minuten später so tief und fest wie ein Hinkelstein. Jetzt lag ich im Dunkeln allein, und der Stress fing an. Alle schlafen. Logisch, denn es ist schon nach Mitternacht. Nur ich schlafe nicht. Warum nicht? »Morgen ist dein großer Tag. Du musst fit sein.« Solche und ähnliche Gedanken schaukelten in meinem Kopf hin und her, und als ich gerade inständig gehofft hatte, eingedöst zu sein, war ich mit einem Mal wieder hellwach. Ich hatte Durst. Das konnte aber eigentlich gar nicht sein. Wenn bei RTL an einem nicht gespart wird, sind es Getränke in den Studios. »Hilft ja nichts«, dachte ich und ging in die Küche, um ein Glas Wasser zu trinken. Zurück im Bett, wollte ich nun aber endlich schlafen. Gerade hatte ich mich hingelegt, da meldete sich die Blase. Na gut, also noch schnell auf den Lokus. Wieder unter der Decke, merkte ich erst, wie warm mir war. Nahezu heiß. Ich wälzte mich hin und her, und immer wieder sauste ein lachender Günther mit einer Geldschubkarre durch meine Gedanken.

Erschrocken stellte ich irgendwann fest, dass es schon nach zwei Uhr war und ich noch kein Auge zugetan hatte. »Jetzt musst du aber wirklich schlafen«, forderte ich mich selbst energisch auf. Von da an guckte ich im Viertelstundentakt auf den Wecker und wurde immer nervöser. Viele Millionen Leute würden die Sendung mit mir anschauen. Das hatte man mir netterweise mehrmals erläutert. Und wie würde ich dabei wohl aussehen: Augenringe bis zum Kinn, blass und vermutlich mehr gähnend als denkend auf dem Weg ins Verderben. Irgendwann gegen vier stellte sich bei mir völlige Resignation ein. »Bleibe ich halt wach«, dachte ich, »jetzt ist es auch egal.«

Warum und wie ich es dann doch geschafft habe, Herrn Jauch die Million abzunehmen, ist mir bis heute nur bedingt klar. Was mich aber nach dieser schlaflosen Nacht nicht mehr losließ, war der innige Wunsch, so etwas nie wieder zu erleben. Ich begann also mit einer Recherche nach Strategien, um endlich besser im Bett zu werden. Baldrian und sonstige Helferlein kamen für mich nicht infrage. Aber die Psychologie. Schlafen ist ein in starkem Maße psychologischer Prozess, und zum Glück gibt es mittlerweile diverse Therapiemöglichkeiten für Patienten mit Schlafstörungen. Dass man bei großer Aufregung oder vor wichtigen Ereignissen nicht gut schlafen kann, ist normal. Dennoch können die Grundsätze zur Behandlung von Patienten mit Schlafstörungen, wenn man ein bisschen übt, jedem helfen. Ganz ähnlich wie mit der Spirale der Angst.

Wenn Sie also öfter nicht gut einschlafen können, nachts von Ihren Gedanken geweckt werden oder viel zu früh aufwachen, sollten Sie sich als Erstes klarmachen, dass unser Körper ein System ist. Und Systeme brauchen Routinen. Versuchen Sie also, einen konstanten Schlaf-Wach-Rhythmus zu entwickeln, damit Ihr System Gewohnheiten entwickeln kann. Bemühen Sie sich, möglichst zur gleichen Zeit ins Bett zu gehen und aufzustehen. Vermeiden Sie Nickerchen am Tag. So augenscheinlich erholsam ein kleiner Powernap am Nachmittag ist, so schädlich ist er für den natürlichen Schlafdruck, der uns abends ins Land der Träume schicken soll. Erinnern Sie sich auch an Pawlow und Bolschi. Für die Hunde hieß das Glöckchen Futter. Der Anblick des Bettes muss Ihrem Hirn Schlaf signalisieren. Das erreichen Sie ganz einfach, indem Sie im Bett schlafen. Vermeiden Sie es, dort lange fernzusehen, zu essen oder Einkaufszettel zu schreiben. Ihre Schlafeffizienz, also das Verhältnis von im Bett verbrachter Zeit zu echtem Schlaf, sollte bei ungefähr 85 bis 90 Prozent liegen.

Wenn Sie wirklich nicht einschlafen können, verlassen Sie das Bett wieder. Kehren Sie erst zurück, wenn Sie richtig müde sind. Treiben Sie Sport, und halten Sie sich tagsüber draußen auf. Sonnenlicht hilft! Machen Sie sich klar, dass jeder gestresste Organismus wachsam und auf der Hut ist. Um abends den Stress loszuwerden und Grübeleien und Gedankenspiele zwischen Kissen und Bettdecke zu vermeiden, schreiben Sie Ihre Gedanken vor dem Schlafengehen auf ein Blatt und entmüllen Sie so Ihren Kopf. Zu guter Letzt kann es im akuten Fall sehr beruhigend sein, sich klarzumachen, dass zeitlich begrenzte Schlaflosigkeit noch kein Beinbruch ist. Sie meistern Ihren nächsten Tag trotzdem. Gerade wenn etwas richtig Wichtiges bevorsteht. Das habe ich am eigenen Leib erfahren: Trotz Augenringen bin ich mit einer Million Euro nach Hause gegangen.

9

Alles eine Frage des Rahmens

Wie man als Iraner mexikanische Burritos an den Mann bringt

Bevor ich mit 26 Jahren mit einem Schlag zum Millionär wurde, hatte ich jahrelang die verschiedensten Schüler- und Studentenjobs. Meine Bezahlung reichte von beschissen bis bescheiden. Ich hatte irgendwie immer schon das Bedürfnis, mein eigenes Geld zu verdienen, auch wenn das nicht viel war. Nach zwei Jahren als Prospektverteiler entschied ich mich, umzuschulen und mein Glück in der schillernden Welt der Gastronomie zu suchen. Da ich noch keine 16 Jahre alt war und damit offiziell zu jung, wollte mich zunächst keiner einstellen. Also musste ich ziemlich viele Klinken putzen, bis es irgendwann in einem kleinen italienischen Bistro endlich hieß: »Bene, du kannste unsere Koch eine kleine bisschen zu Hand gehen und Teller waschen.« Mit 4,50 Euro Stundenlohn war ich mehr als glücklich und spülte, wischte und trocknete, was das Zeug hielt. Man war so weit zufrieden mit meiner Arbeit, bis ich den Auftrag bekam, die Abzugshaube über dem Gasherd zu schrubben. Wer das zu Hause schon mal erledigt hat, kann sich vorstellen, wie viel Spaß das bei einer zwei Mal anderthalb Meter großen Profihaube macht. Natürlich konnte für so eine Aufgabe auf keinen Fall der Restaurantbetrieb eingestellt werden, und so hing ich, während unter mir die Fettuccine kochelten, in der Haube.

Obwohl die Hygieneansprüche meiner Chefs offenbar belastbar waren, überspannte ich den Bogen, als mir aus meinem Lappen eine ordentliche Portion des schmierigen Altfetts, das ich aus der Haube schrubbte, in den Topf mit der Zuppa di Tomate darunter floss. Um mein Malheur zu kaschieren, rührte ich die Fettspüliaugen in der Suppe schnell um. Leider hatte der grummelige Koch mein Vergehen aus dem Augenwinkel wahrgenommen. Er verpetzte mich erst bei meinen Chefs, um dann, unter italienischen Flüchen, kopfschüttelnd zwei Teller mit Tomatensuppe zu befüllen und auf die Essensausgabe zu stellen. Während die Leute an Tisch 18 ihre Suppe serviert bekamen, musste ich meine Sachen packen und war gefeuert.

Da ich nun erste Erfahrungen in der Branche vorweisen konnte und inzwischen endlich sechzehn war, fand sich der nächste Job sehr viel leichter. Ich lernte meinen neuen Chef kennen, als er gerade vor seinem mexikanischen Restaurant aufräumte. Er trug ein Trikot der mexikanischen Nationalmannschaft und begrüßte mich mit einem schwungvollen »Hola, amigo«. Als ich in den nächsten Tagen die vier Brüder meines Chefs kennenlernte, Malik, Ali, Mani und Said, befielen mich erste Zweifel. Blauäugig fragte ich nach: »Mustafa, habt ihr eigentlich noch Familie in Mexiko?« – »Mexiko? Wir sind Iraner«, sagte er lachend und drehte sich weg, um die nächsten Gäste mit einem schwungvollen »Bienvenido, mis amigos« zu begrüßen.

Die Strategie der fünf Iraner, sich selbst und ihre Cocktails, Burritos und Enchiladas als waschechte Mexikaner zu verkaufen, funktionierte dank eines einfachen, aber sehr wirkungsvollen psychologischen Mechanismus: des Framings.

»Frame« bedeutet auf Deutsch »Rahmen«. Also könnte man »framing« mit »einrahmen« übersetzen. Und das passt als Metapher perfekt. Beim Framing geht es um die Einrahmung einer Information und darum, wie dieser Rahmen dann unser Hirn beeinflusst. Sie sehen einen Mann. Der möchte Sie in ein mexikanisches

Restaurant locken und Ihnen einen Burrito verkaufen. Er stellt sich Ihnen als Mustafa vor, dessen Eltern mit ihm und seinen Brüdern vor dem ersten Golfkrieg aus Teheran nach Deutschland geflohen sind. Oder der Mann begrüßt Sie mit einem überschwänglichen »Hola«, behauptet, Santos zu heißen und trägt dazu ein Mexiko-Trikot. In beiden Fällen ist der Mann derselbe. Das Restaurant und das Essen auch. Aber für unser Hirn ist es natürlich viel attraktiver, ein mexikanisches Essen auch von einem »waschechten« Mexikaner serviert zu bekommen.

Wenn unser Hirn so schlau getäuscht wird wie von Mustafa und seinen Brüdern, können wir ihm kaum böse sein. Denn es ist rational gedacht, ein landestypisches Essen lieber von jemandem zu kaufen, der sich vermeintlich damit auskennt (im Übrigen schmeckte das Essen der Jungs exzellent). Aber Framing geht noch viel weiter, und gerade im Bereich der Manipulation von Verbrauchern wirkt es Wunder. Rahmen wir zum Beispiel zwei identische Schokopuddingtöpfchen ein und stellen sie ins Kühlregal. Auf Topf eins kommt ein großer Schriftzug in knallendem Pink: »Enthält 25 Prozent Fett«. Auf Topf zwei schreiben wir dagegen mit gleicher Schrift und Farbe: »75 Prozent fettfrei«. Den Ergebnissen einer wissenschaftlichen Studie von Forschern der Universität Glasgow zufolge wird die große Mehrheit von uns nun nach Topf zwei greifen. Das macht eigentlich keinen Sinn. Denn in beiden Fällen macht das Fett ein Viertel des Puddings aus. Aber der Rahmen ist ein anderer. »Fettfrei« klingt viel besser als »Enthält Fett«. Kein Wunder also, dass vorne auf den Produkten häufig in großer, gut lesbarer Schrift steht, welche bösen Dinge alle nicht enthalten sind, wohingegen Farbstoffe und Konservierungsmittelchen auf der Rückseite winzig klein und übersetzt in einem kryptischen Buchstabenzahlensalat versteckt werden.

Ein sehr berühmtes Beispiel für die Macht des Framings, in unserem Hirn das Ruder zu übernehmen, ist die Entscheidungsaufgabe der beiden Forscher Tversky und Kahneman. Diese Herren haben Sie schon bei der Rechenaufgabe mit den Heuristiken kennengelernt. Stellen Sie sich vor, die Vereinigten Staaten von Amerika müssten sich auf den Ausbruch einer seltenen Krankheit aus Asien vorbereiten. Experten haben berechnet, dass die Krankheit sechshundert Menschen töten wird. Jetzt müssten Sie als Gesundheitsminister entscheiden, welches von zwei Rettungsprogrammen der Regierung umgesetzt wird. Dabei stehen die Konsequenzen der beiden Programme sicher fest (alles etwas hypothetisch): Wenn Sie sich für Programm A entscheiden, werden zweihundert Menschen überleben. Wenn Sie hingegen Programm B wählen, besteht eine Chance von einem Drittel, dass sechshundert Menschen gerettet werden, und eine Chance von zwei Dritteln, dass niemand gerettet wird. Welches Programm wählen Sie?

Die Probanden der Studie entschieden sich mit großer Mehrheit (72 Prozent) für Option A. Die Aussicht, das Leben von zweihundert Menschen zu retten, ist attraktiver als die riskantere Option B. Wenn man das Ganze allerdings statistisch betrachtet, wird in beiden Fällen genau gleich vielen Menschen das Leben gerettet. Aber das ist erst mal egal, denn der Framing-Clou wird erst im zweiten Teil klar.

Einer anderen Gruppe von Probanden beschrieben die Forscher die gleiche Bedrohung durch die Krankheit aus Asien. Wieder sollte zwischen zwei Programmen gewählt werden: Wenn Sie sich für Programm A entscheiden, werden vierhundert Menschen sicher sterben. Wenn Sie hingegen Programm B wählen, besteht eine Chance von einem Drittel, dass niemand stirbt, und eine Chance von zwei Dritteln, dass sechshundert Menschen sterben. Welches Programm wählen Sie?

Nur 22 Prozent der Teilnehmer entschieden sich nun für Option A, während die überwältigende Mehrheit von 78 Prozent Programm B wählte.

Betrachtet man beide Teile des Experiments, ist das Ergebnis auf den ersten Blick sinnlos. Für beide Gruppen war klar, dass bei Programm A zweihundert Menschen überleben und vierhundert ins Gras beißen. Und auch die Chancen von Programm B waren für alle identisch. Der einzige Unterschied bestand im Rahmen: Die Folgen der Entscheidungen wurden unterschiedlich dargestellt – der ersten Gruppe als »Gewinne«, der zweiten als »Verluste«. Menschen würden *gerettet* werden, Menschen würden *sterben*. Wie beim Schokopudding kommt es nur darauf an, wie die Optionen verpackt werden. Und da zeigt sich, dass Menschen bei einer Gewinn-Verpackung lieber auf Nummer sicher gehen und ein Risiko vermeiden, während eine Verlust-Verpackung das Gegenteil bewirkt. Hier suchen wir das Risiko, um den Verlust doch irgendwie abzuwenden.

Beim Framing geht es also darum, in welchem Kontext uns eine Information präsentiert wird:

Rahmen A: Sie marschieren in ein Geschäft, um einen neuen Drucker zu kaufen. Der kostet fünfzig Euro. Sie zücken Ihr Handy und googeln den Drucker. Sofort stoßen Sie auf ein Angebot bei einem anderen Laden, wo es den Drucker für nur 25 Euro gibt. Der Laden ist zehn Querstraßen weiter die Hauptstraße runter. Was für ein Schnäppchen! Jetzt Rahmen B: Sie gehen in einen Laden, um einen neuen Computer zu kaufen. Ein Gerät der Extraklasse für 2.545 Euro soll es sein. Nur kurz zum Check googeln Sie nach dem Computer und finden den gleichen für 2.520 Euro in einem Geschäft zehn Straßen weiter, die Hauptstraße runter. Gehen Sie beide Male gleich gerne in den anderen Laden? In beiden Fällen A und B ist die Konsequenz dieselbe. Sie sparen 25 Euro.

Trotzdem entscheiden sich bei Fall A etwa drei Viertel der Menschen dafür, in den anderen Laden zu gehen. Dagegen würde nur einer von fünf den Weg für die 25 gesparten Euro beim Computerkauf auf sich nehmen.

Wie wir Dinge darstellen und beschreiben, wirkt sich massiv auf unsere Bewertung dieser Dinge aus. Da wundert es nicht, dass neben dem Framing auch das »Reframing« in der Psychotherapie genutzt wird: Also eine Art »Umrahmung« oder auch Umdeutung. Ein typischer Fall für Reframing im Alltag ist die Verbindung von Hundehaufen mit Glück. Wer in den Haufen tritt, wird Glück haben. Die Situation ist im wahrsten Sinne des Wortes eigentlich beschissen, aber durch eine kleine Umrahmung kann aus Scheiße Glück und damit aus etwas Negativem etwas Positives werden. Das ist überspitzt formuliert, denn am Ende freut sich vermutlich selbst der abergläubischste Mensch nicht über eine stinkende Tretmine unterm Schuh.

In einer Therapie kann der Ansatz des Reframing aber so eingesetzt werden, dass Verhaltensweisen, Situationen und Geschehnisse nicht mehr als doof, sondern positiv oder zumindest besser bewertet werden. Ein einfacher Fall: Wenn sich jemand selbst als »stur« bezeichnet und diese Eigenschaft loswerden möchte, muss er das »stur« umrahmen. Schrittweise kann das zum Beispiel so ablaufen: *stur* bedeutet *unbeweglich*, was wiederum *standhaft* heißt, was man als *überzeugt* verstehen kann. Vom eigenen Handeln überzeugt sein, bewerten wir sicher positiver, als uns selbst als stur zu bezeichnen. Dieses Beispiel ist eine Vereinfachung dafür, was das Verfahren des Reframing in einer Therapie beabsichtigt.

Es hat sicher seine Grenzen. Aber für jemanden, der beispielsweise an einer Major Depression leidet und seine gesamte Erfahrungswelt durch einen schwarzen Rahmen erlebt, kann es sehr hilfreich sein, zu versuchen, diesen Rahmen zu ändern oder das Bild direkt in einen neuen Rahmen zu hängen.

Ein anderes Beispiel aus einer Familientherapie: Die Eltern einer essgestörten Jugendlichen bleiben nur deshalb zusammen, weil es der Tochter schlecht geht. Der Therapeut kann diese festgefahrene Situation durch ein Reframing erschüttern, indem die Essstörung der Tochter neu interpretiert wird – und zwar als der verzweifelte Versuch, die sich anbahnende Trennung der zerstrittenen Eltern abzuwenden.

Der französische Schriftsteller und Maler Francis Picabia hat mal gesagt: »Unser Kopf ist rund, damit das Denken die Richtung ändern kann.« Als Psychologe finde ich die Idee des Rahmens unserer eigenen Welt so spannend, weil der Mechanismus äußerst simpel und gleichzeitig machtvoll ist. Wie ein Bilderrahmen, den man um das Gemälde einer impressionistischen Landschaft legt, sehen wir durch den Rahmen in unserem Kopf immer nur einen ganz bestimmten Ausschnitt. Ich mache mir gerne aus einem regnerischen Schmuddeltag einen tollen Sofanachmittag oder sehe den Verlust meines Anzugs, der mir neulich am Bahnhof in Osnabrück geklaut wurde, als Chance, das alte Ding endlich durch einen neuen ersetzen zu können. Das Reframing kann mit ein bisschen Training zum Automatismus werden. Mit dem Wissen über die Rahmen in unseren Köpfen können wir erstens die Gefahr der Manipulation durch andere abwenden und zweitens ein halb leeres Glas immer wieder halb voll machen. So macht Mustafa das im Mexiko-Trikot mit seinen Burritos auch – und das mit großem Erfolg.

10

Käsekuchen, Pappkisten und Labormäuse

Warum uns alles, was wir selber machen, besser gefällt

Wenn ich an meine Eltern denke, komme ich zu dem Schluss, dass sich Männer und Frauen beim Umgang mit dem Geburtstag grundlegend unterscheiden. Während sich meine Mutter jedes Jahr schon Wochen im Voraus einen Kopf um die Geschenke und ein mögliches Treffen macht, lief der letzte Anruf meines Vaters an meinem Geburtstag ziemlich genau so ab: »Leon, da ist ein Schreiben gekommen von der Versicherung. Die wollen eine Studienbescheinigung von dir für das letzte Semester.« Meine Zusage, die Unterlagen gleich am Montag zur Post zu bringen, reichte noch für ein väterliches »Danke und bis die Tage«, und schon hatte er aufgelegt. Keine Glückwünsche, keine Grüße, kein Nichts. Er hatte meinen Geburtstag schlicht nicht auf dem Radar. Frühere Erfahrungen waren ähnlich.

Mich stört das nicht im Geringsten, und zum Ärger meiner Freundin komme ich beim Umgang mit Geburtstagen so ganz nach Herrn Papa. Als meine Freundin mir eine Woche vor ihrem großen Tag vielsagend berichtete, dass ihre Freundinnen schon gespannt raten würden, was Leon wohl als Geschenk vorbereitet hätte, blieb mir nichts anderes übrig, als eine tolle Überraschung anzukündigen, von der bloß nichts verraten werden dürfte. In Wirklichkeit hatte ich noch nicht die leiseste Ahnung, was ich schenken könnte. In meinen Ohren hallte noch die Beschreibung des perfekten Präsents nach, die meine Freundin mir irgendwann mal gegeben hatte: »Es darf nicht viel Geld kosten. Es muss mit Liebe gemacht und mit Bedacht ausgewählt sein. Und es muss von dir und von Herzen kommen.« Schade. Als Neumillionär wären gefaltete Zehner an eine Flasche Sekt geschnürt natürlich leichter zu besorgen gewesen.

Ich machte mich also auf die Suche nach einem anderen Rezept zum Erfolg und wurde bei Dr. Oetker fündig. Fast selbst gebackenen Käsekuchen wollte ich zaubern, um neben dem gekauften Bilderrahmen (eine sichere Geschenkniete) zumindest ansatzweise den strengen Kriterien gerecht zu werden. Das Unterfangen mit dem Kuchen begann allerdings alles andere als vielversprechend. Ich hatte vergessen, Eier zu kaufen, und es war Sonntag. In meiner Not entschied ich, das benötigte Eiweiß durch Puddingpulver zu ersetzen. Der körnige Teigbrei quoll im Backofen zunächst auf wie Soufflé, sodass die obere Schicht meines »Kuchens« an den Glühstäben anbrannte, um dann mit einem leisen »pfffff« wieder in sich zusammenzufallen. Das Ergebnis stank, war offensichtlich verkokelt und so weit entfernt von dem wunderschönen Käsekuchen auf der Packung der Backmischung, dass ein Zusammenhang zwischen meinem Werk und Dr. Oetkers gedanklichem Nachlass nur schwer herzustellen war. Gerade das war es aber, was mich am Ende zum Geburtstagshelden werden ließ. »Wie süüüüß«, hieß es bei der Bescherung, »du hast dir ja richtig Mühe gegeben!« Ganz unabsichtlich hatte ich mit meiner Oetker-Mischung von einem spannenden psychologischen Effekt profitiert.

Mitte der 1950er-Jahre wurden in Amerika die ersten Backmischungen auf den Markt gebracht. Das war praktisch, dachten die Erfinder. Backen wurde dadurch viel einfacher. Zu einfach, wie sich bald zeigte. Die amerikanischen Hausfrauen empfanden das neuartige Produkt als Abwertung ihrer Arbeit. Schnell wurden die Backmischungen zum Ladenhüter, bis den pfiffigen Erfindern der rettende Einfall kam. Sie veränderten die jeweiligen Rezepturen nur ein kleines bisschen. Aber mit durchschlagendem Erfolg. Von nun an war für jeden Kuchen ein bestimmtes Maß an Mitarbeit erforderlich. Mal musste der oder die Backende wie ich ein paar Eier hinzugeben, mal Kakao untermischen, mal Glasur aufstreichen. Der psychologische Kniff ging auf und bekam Jahrzehnte später von Michael Norton von der berühmten Harvard Business School einen treffenden Namen verpasst.

Norton und seine Forscherkollegen baten Studenten in einem Experiment, eine Pappkiste von IKEA zusammenzubauen. Wir alle wissen: IKEA wäre nicht IKEA, wenn man dort zusammengebaute Pappkisten bekäme. Nachdem die Studenten also gefaltet, geschraubt und gesteckt hatten, wurden sie gebeten, ein Gebot für die Kiste abzugeben. Der Effekt der eigenen Anstrengungen war verblüffend. Im Durchschnitt lag das abgegebene Gebot um über sechzig Prozent höher als das Gebot von anderen Studenten, die auf eine gleiche Box bieten sollten, diese aber nicht selbst zusammengebaut hatten, sondern komplett fertig vorgesetzt bekamen. Norton schloss daraus etwas überspitzt, dass Anstrengung zu Liebe führt. Die Studenten, die sich die fertige Pappkiste erst im Schweiße ihres Angesichts erarbeiten mussten, liebten ihre Pappkiste viel mehr als die, die nichts dafür tun mussten. Diese Entdeckung nannte Norton treffend den IKEA-Effekt.

Der Effekt ist nicht nur in uns tief verwurzelt, sondern lässt sich auch bei anderen Lebewesen beobachten. Neurowissenschaftler konnten ihn zum Beispiel an Labormäusen nachweisen. In einem Testkäfig fanden die Nager ein kleines Hebelchen. Drückten sie ihn, bekamen sie einen kleinen Tropfen süßen Futtersaft. Aber Forscher sind gemein. Statt die Maus für das erlernte Hebeldrücken weiter zu belohnen, wurde nun die Anzahl an

Hebelbetätigungen erhöht, die die Maus absolvieren musste, um an den Saft zu kommen. Genau wie Nortons Studenten mit ihren Pappkisten zeigten die Mäuse später eine signifikant höhere Präferenz für den Futtersaft, wenn sie dafür mehr zu tun hatten, also häufiger den Hebel drücken mussten.

Mein Kuchen, Nortons Pappkisten und die Mäuse an den Hebeln zeigen, dass wir Dinge mehr wertschätzen, wenn uns dafür etwas abverlangt wird. Dessen sind wir uns oft nicht bewusst. Auf Nachfrage gaben fast alle Studenten aus Nortons Experiment an, lieber fertig zusammengebaute Produkte zu kaufen als solche, bei denen man selbst Hand anlegen muss. IKEA weiß, dass das nicht stimmt, und andere Firmen wissen das auch. Beobachten Sie Ihr Verhalten und seien Sie wachsam. Wenn Sie im Internet ein Fotobuch gestalten, beim Neuwagenkauf gemeinsam mit dem Händler stundenlang jedes Detail des Autos konfigurieren oder den Sechskantschlüssel in die erste Schraube Ihres neuen Billy-Regals stecken, denken Sie daran: Der IKEA-Effekt sitzt tief in Ihnen und wird Ihre Einstellung zu dem, was Sie da selber machen, extrem beeinflussen.

11

Vollassis zähmen für Anfänger

So kann man mit der sich selbst erfüllenden Prophezeiung (ein wenig) die Zukunft bestimmen

Seitdem ich denken kann, reizt mich das Unternehmertum. Ich wollte immer schon selbstständig sein. Vermutlich trugen dazu auch meine Erfahrungen als junger Arbeitnehmer bei. Mit 17 habe ich also angefangen, im ganz kleinen Rahmen als Selbstständiger aus meinem Kinderzimmer heraus zu arbeiten. Das war zugegebenermaßen nur am Rande der Legalität möglich, da man in Deutschland nun mal erst mit 18 Jahren volljährig ist (Sie erinnern sich an meine Ausführungen zu den »Grenzwerten«). Als ich dann endlich offiziell durfte, fuhr ich direkt mit dem Bus zum Gewerbeamt in Solingen, um meine eigene Firma anzumelden.

In den ersten Jahren habe ich insbesondere Flyer für Dönerbuden, Webseiten für Nagelstudios und T-Shirts für Einmannfahrschulen gestaltet. Schnell wuchs mein kleines Unternehmen und bald bekam ich Aufträge von Anwaltskanzleien und Steuerberatern, verkaufte der Telekom ein Marketingkonzept und hatte Kunden im Ausland. Mit meinem Umzug nach Münster entdeckte ich dann ein noch viel aufregenderes Geschäftsfeld: Studentenpartys. Wenn man als Student gewerblich Partys organisiert, schlägt man gleich einen ganzen Fliegenschwarm mit nur einer Klappe. Man zahlt beim Feiern keinen Eintritt, sondern verdient an jedem Gast. Man kennt die Türsteher der ganzen Stadt und Getränke gehen meist aufs Haus. Das fühlt sich am Anfang an wie der Himmel auf Erden. Wenn aber das erste Mal bei proppenvollem Haus das Damenklo verstopft ist und du dafür verantwortlich bist, literweise Pipi- und Tamponwasser von der Tanzfläche zurück ins Klo zu befördern, wenn die Polizei dich im Winter morgens um fünf, wenn alle anderen schlafen, mit Einsatzwagen und Blaulicht beim verbotenen Wildplakatieren erwischt oder wenn die DJs von dir verlangen, dass du Koks und einen Spiegel für sie besorgst, beginnst du, die Kehrseite des Ganzen zu verstehen.

Ein für mich psychologisch hoch spannendes, wenngleich sehr schmerzhaftes Negativ-Highlight in meiner Karriere als Partyveranstalter dauerte etwa zwei Minuten und endete mit einer gebrochenen Nase im Krankenhaus. Der Laden brummte, als ich auf der Tanzfläche einen Gast entdeckte, der sich damit amüsierte, unsere Dekoration anzuzünden. »So dumm kann nun eigentlich niemand sein«, dachte ich. Schnell bahnte ich mir einen Weg zum Übeltäter. »Was soll das?«, schrie ich genervt gegen den lauten Sound der Subwoofer an. Der Typ feixte nur zurück und bestätigte meine Annahme seiner eher eingeschränkten Geisteskraft mit einem süffisanten Achselzucken. Ich wurde sauer und kochte vor Wut. Da er in Begleitung eines etwa zwei Meter hohen und ein Meter breiten Gorillas war, entschied ich, die nächsten Schritte dieser wenig fruchtbaren Diskussion den Türstehern zu überlassen, und wollte sie zu Hilfe holen. In dem Moment tickte der Feuerteufel aber vollkommen aus und schleuderte mir seine halb volle Bierflasche mit aller Kraft ins Gesicht. Kurz bevor ich ohnmächtig auf den Boden fiel, schoss mir noch ein Gedanke durch den Kopf: Das war die sich selbst erfüllende Prophezeiung.

Stellen Sie sich vor, Sie könnten allein mit Ihren Gedanken Dinge bewirken und andere Menschen steuern. Tatsächlich ist das keine Fantasterei. Bei der sich selbst erfüllenden Prophezeiung handelt es sich um einen vielfach nachgewiesenen Vorgang. Nehmen wir an, ein Lehrer denkt, dass Mädchen mathematisch eher unbegabt sind. Wie wird sich der Lehrer den Mädchen in der Klasse gegenüber wohl verhalten? Er stellt ihnen weniger Fragen, setzt den Mädchen weniger herausfordernde Ziele und nimmt sie seltener dran. Wie werden sich die Mädchen wohl ihrem Lehrer gegenüber verhalten? Sie zeigen weniger Interesse an Mathe und strengen sich weniger an. »Wusste ich's doch«, denkt der Lehrer. »Mädchen sind mathematisch weniger begabt als Jungs.«

Die sich selbst erfüllende Prophezeiung besagt, dass unsere Erwartungen an eine andere Person deren Verhalten wiederum beeinflussen. Wenn ich erwarte, dass ich gleich auf einen Vollassi treffe, verhalte ich mich entsprechend und erhöhe damit die Chance, das erwartete Verhalten selbst herbeizuführen. Zugegeben, als ich den Schläger aus der Disco und seinen Gorilla später im Gerichtssaal wiedersah, schien selbst dessen Anwalt klar, dass bei diesem Mandanten mit Diplomatie nicht viel zu holen gewesen wäre. Aber stellen Sie sich vor, ich hätte an diesem Abend meinen Ärger runtergeschluckt. Dann hätte ich kurz erläutert, dass es gefährlich ist, in einem Raum voller Menschen Dinge anzuzünden, und ihn nett, aber bestimmt gebeten, es zu unterlassen.

Die sich selbst erfüllende Prophezeiung wirkt nicht nur im Klassenzimmer oder im Nachtclub, und Sie können sie nutzen. Wenn Sie sich innig wünschen, dass die Dame am Schalter der Zulassungsstelle nett und hilfsbereit ist, treten Sie Ihr mit genau dieser Erwartungshaltung gegenüber. Oder probieren Sie einmal Folgendes: Wenn Sie das nächste Mal auf einen Mitarbeiter in der elendigen Dudelschleife irgendeiner Hotline warten, bereiten Sie sich mental darauf vor, dass Ihr Gesprächspartner vermutlich ein kompetenter und hilfsbereiter Mensch sein wird, der Ihr Problem lösen will. Merken Sie sich, wie das Gespräch verläuft. Nachdem Sie aufgelegt haben, rufen Sie wieder an. Vermutlich kriegen Sie einen anderen Mitarbeiter an den Apparat. Jetzt stellen Sie die gleichen Fragen und bereiten sich mental aber auf ein echtes Arschloch vor, das Ihnen wie immer vermutlich nicht weiterhelfen kann. Sie werden sehen, die Kraft der sich selbst erfüllenden Prophezeiung ist enorm. Wenn Sie sie richtig einsetzen, können Sie Leute, mit denen Sie aus welchen Gründen auch immer zu tun haben, zu anderen Menschen werden lassen. Beachten Sie aber unbedingt, dass auch Sie zur sich selbst erfüllenden Prophezeiung einer anderen Person werden können. Der Effekt ist nicht bei allen Menschen gleich stark ausgeprägt. Wer Klarheit über die eigenen Ansichten hat und sich als Person sicher fühlt, ist resistenter gegen den Einfluss der Erwartungen anderer.

Sich selbst erfüllende Prophezeiungen sind dann am stärksten, wenn Ihr Gegenüber darum bemüht ist, von Ihnen akzeptiert und anerkannt zu werden, und Ihren Erwartungen unbedingt entsprechen möchte. Achten Sie also auf besonders krasse Effekte gegenüber Kindern oder Leuten, die Ihnen unterstellt sind. Wer die Erwartungen des anderen kennt, kann ihnen aktiv entgegenwirken: Zeigen Sie ein Verhalten, das den Erwartungen des anderen widerspricht, um den Kreislauf der sich selbst erfüllenden Prophezeiung zu durchbrechen. Wenn Sie seit Jahren Streit mit einem Nachbarn haben, grüßen Sie ihn beim nächsten Mal auf der Straße doch einfach mit einem Lächeln. Natürlich verlangt einem das viel ab und erinnert an biblische Weisheiten à la linke Wange, rechte Wange. Dennoch, wenn Sie das Ganze wiederholen und nicht künstlich übertreiben, sondern aufrichtig durchziehen, werden Sie merken, dass es nicht lange dauern wird, bis Ihnen der Nachbar mit einem zunächst zögerlichen Lächeln antwortet. »Niemals! Dieses Arschloch doch nicht«, denken Sie jetzt? Dann erinnern Sie sich an den Mathelehrer und die mathematisch angeblich unbegabten Mädchen. Man hat mehr in der Hand, als man glaubt.

12

Jesus mit Mundgeruch

Was George Clooneys Charme mit Kaffeekapseln zu tun hat

Ich bin ein Allesvergesser, vergesse so oft Dinge, dass ich mich mittlerweile damit arrangiere und immer mehr darauf spezialisiere, die vergessenen Gegenstände durch kreative Zweckentfremdungen zu ersetzen. Als ich einmal zu einem Bewerbungsgespräch nach München eingeladen war, traf mich meine Vergesslichkeit mit voller Wucht. Am Abend zuvor war ich, todmüde von einer chaotischen Anreise mit der Bahn, noch halb angezogen einfach ins Bett gefallen. Dabei ging mir das allabendliche Zähneputzen durch die Lappen. Entsprechend übel waren die Abgase, die am nächsten Morgen aus meinem Mund dünsteten. Irgendwo in den Furchen meiner Backenzähne hatte wohl ein kleines Stückchen Apfelschale mit mir übernachtet. Noch immer ziemlich müde, stellte ich erschrocken fest, dass mir nur noch eine knappe halbe Stunde blieb, bis ich in Anzug und Krawatte die kniffligen Fragen der Personaler zu parieren hätte.

Gehetzt sprang ich unter die Dusche. Zurück im Zimmer, stellte ich als Erstes fest, dass ich keine frischen Socken dabeihatte. Machte nichts. Das roch durch die Schuhe keiner. Frische Unterhose hatte ich auch nicht dabei, kein Problem. Einfach auf links drehen, und alles fühlt sich frisch an. Der dritte vergessene Gegenstand stellte mich allerdings vor eine ganz neue Herausforderung. Zahnpasta war da. Die Zahnbürste allerdings entspannte sich auf Fronturlaub daheim im Becher. Einfach vergessen. Da die

Zeit tickte und man meinen fiesen Atem fast sehen konnte, entschied ich kurzerhand, den linken Socken auf meinen rechten Zeigefinger zu ziehen, um so ein wenig Rubbelfläche zu schaffen. Ein Quetscher Zahnpasta obendrauf und los. Leider entpuppte sich Zähneputzen mit Stinkesocke als hochgradig schmerzvoller Prozess, und so entschied ich mit Blick auf die Uhr und leicht blutendem Zahnfleisch, aufzugeben und das Bewerbungsgespräch eben als Mundstinker zu überstehen. Schließlich würde es doch wohl auf meine Antworten und Fähigkeiten ankommen. Eine vollkommen falsche Annahme. Denn wie andere uns sehen und bewerten, entscheidet oft einzig und allein der Halo-Effekt.

Der Halo-Effekt ist ein sehr gut untersuchtes psychologisches Phänomen. »Halo« bedeutet übersetzt »Heiligenschein«. Dabei liegt die Annahme zugrunde, dass ein einzelnes Merkmal einer Person so sehr strahlt, dass die anderen Eigenschaften der Person übersehen oder bei der Beurteilung nicht berücksichtigt werden. Was meinen Sie, wie schlimm Jesu Mundgeruch vor etwa zweitausend Jahren gewesen sein muss? Der Arme hatte ja nicht einmal Socken oder Zahnpasta, von einer Zahnbürste ganz zu schweigen. Trotzdem gelang es dem jungen Mann, die Massen zu begeistern. Kein Wunder, denn was ist schon Mundgeruch, wenn man einen Heiligenschein hat?

Eine der bekanntesten Studien zum Halo-Effekt wurde von Solomon Asch, einem der Pioniere der Sozialpsychologie, durchgeführt. Der Forscher gab den Teilnehmern seines Experiments eine Liste mit Eigenschaften einer Person. Die eine Hälfte der Teilnehmer las, dass die Person intelligent, fähig, fleißig, warmherzig, entschlossen, praktisch und vorsichtig sei. Die andere Hälfte las ebenfalls, dass die Person intelligent, fähig, fleißig, entschlossen, praktisch und vorsichtig sei. Nur das Adjektiv »warmherzig« tauschte Asch bei dieser Gruppe gegen das Adjektiv

»kühl« aus. Alle Studienteilnehmer wurden nach dem Lesen der Liste gebeten, die ihnen sonst völlig unbekannte Person zu beurteilen. Die Unterschiede zwischen den beiden Teilnehmergruppen waren frappierend. Das kleine Wörtchen »warmherzig« führte dazu, dass die Person als viel gewissenhafter, großzügiger, weiser und fantasievoller eingeschätzt wurde. Obwohl die beiden Wortlisten je sieben Eigenschaften enthielten, reichte eine einzige aus, um alle anderen Eigenschaften zu überstrahlen. Wichtig ist, dass nicht alle Persönlichkeitseigenschaften die Strahlkraft eines Heiligenscheins haben. In einem zweiten Versuch tauschte Asch »warmherzig« gegen »freundlich« und »kalt« gegen »rüde«. Die Unterschiede in der Beurteilung verschwanden fast gänzlich.

Vom Halo-Effekt kann man extrem profitieren, man kann aber auch sehr stark unter ihm leiden. Das wird deutlich, wenn man beim Warten auf den Friseurtermin vor lauter Langeweile doch wieder anfängt, in den bunten Blättchen vom »Lesezirkel« zu blättern. Hier lernt man die Stars wirklich kennen. Angeblich. Denn ohne den Redakteuren etwas unterstellen zu wollen, sind die Geschichten oft so aufgebaut, dass sie ein bestimmtes Merkmal eines Stars ganz besonders herausstellen, wodurch beim Leser aber ein Gesamteindruck entsteht. So wird zum Beispiel besonders viel über das Charisma und die Schönheit von George Clooney geschrieben. Der Halo-Effekt führt nun dazu, dass diese einzelnen Merkmale den Rest überstrahlen. Der geneigte Leser überträgt diese positiven Eigenschaften auf das gesamte Clooney-Bild in seinem Kopf. So wird der hübsche Schauspieler gedanklich plötzlich auch noch schlau, interessant und sympathisch, obwohl der Artikel und die Bilder eigentlich nur rein Äußerliches von Herrn Clooney preisgeben.

Umgekehrt geht das genauso. Als der damalige Verteidigungsminister Rudolf Scharping im Pool auf Mallorca vor der Kamera der *Bunten* mit seiner Geliebten Kristina Gräfin Pilati-Borggreve planschte, während sich die Bundeswehr auf einen Einsatz in Mazedonien vorbereitete, wurde das als pietätlos empfunden. Der Imageverlust war so stark, dass Kanzler Schröder ihn unter anderem deswegen rauswarf. Wenn einzelne negative Eigenschaften oder Handlungen einer Person unser Gesamtbild dieser Person maßgeblich trüben, spricht man vom Horn-Effekt. Passend zu Jesus mit Heiligenschein über dem Kopf gibt es also den dazugehörigen Teufel mit Hörnern.

Heiligenscheine und Teufelshörner leuchten permanent und überall auch in unserem Alltag so hell, dass wir oft geblendet sind. Wenn eine Lehrerin dreißig Schüler vorgesetzt bekommt, ist es nahezu unmöglich für sie, vom Halo-Effekt verschont zu bleiben. Ein Schüler, der sich korrekt und adrett verhält, wird unweigerlich auch insgesamt so eingeschätzt werden. Auch im Beruf ist der Halo-Effekt gefährlich: Ob bewusst bei Beförderungsentscheidungen oder unbewusst im täglichen Umgang, einzelne Performance-Merkmale bestimmen allzu oft, wie gut oder wie schlecht die Gesamtleistung eines Mitarbeiters eingestuft wird. Sobald sich beim Chef erst mal der Eindruck gefestigt hat, dass Mitarbeiter A besonders enthusiastisch zu Werke geht, während Mitarbeiter B schon zweimal bei der halbherzigen Erledigung einer Aufgabe erwischt wurde, ist A fein raus. Das Bild von ihm ist im Chefhirn eingepflanzt und wird sich nun auch auf die Bewertung anderer Leistungsbereiche positiv auswirken. Der arme B hat es hingegen schwer. Er trägt die Teufelshörner.

Das Gemeine am Halo-Effekt ist, dass er sich wunderbar ausnutzen lässt. Zum Beispiel in der Werbung. Noch mal zurück zu George Clooney. Den finden alle sexy, stilvoll und intelligent. Das alles sind Eigenschaften, die mit Kaffeemaschinen nichts zu tun haben. George Clooney ist das egal. Gerne gibt er ein bisschen von seinem Heiligenschein für kleine Kaffeekapselmaschinen ab. Im Spot marschiert der Star wie selbstverständlich in einem Kaffeemaschinenladen an zwei Frauen vorbei. Beide fangen hinter seinem Rücken an zu schwärmen: »Einzigartig, intensiv, mysteriös, ein kräftiger Körper und ein starker Charakter. Reich. Sehr reich.« Clooney guckt nickend in die Kamera. Dann geht er zu den Ladys. »Ihr sprecht von Nespresso, oder?« – »Ja«, kommt sofort. »Was sonst?«, erwidert der Star. Viel schlauer kann ein Werbespot kaum aufgebaut sein. Für alle, die vergessen haben könnten, wie großartig Clooney ist, gibt es eine kurze Erinnerung. Den Rest macht unser Hirn. Überteuerte, umwelttechnisch bedenkliche Kaffeekapseln werden von Clooneys riesigem Heiligenschein angestrahlt. Schlau von den Werbern.

Auch Fast-Food-Restaurants nutzen den Halo-Effekt geschickt für ihre Zwecke. Ist Ihnen aufgefallen, dass McDonald's mittlerweile ein grünes Logo hat? Die Pommestempel erweitern gezielt ihr Sortiment um Salat und anderen »grünen« Kram. Dass das Tütchen mit der Salatsoße dann immer noch fast mehr Kalorien hat als eine normale Mahlzeit, gerät schnell in Vergessenheit, denn das grüne Image überstrahlt den Rest. So konnten Wissenschaftler in einer Reihe von Studien zum Beispiel nachweisen, dass wir die Menge an Kalorien von Hauptgerichten in Fast-Food-Restaurants unterschätzen und automatisch zu kalorienlastigen, aber scheinbar gesünderen Beilagen greifen, wenn das Restaurant seine gesunde Ader betont.

Es gibt psychologische Phänomene, gegen die man sich wehren kann, indem man sie kennen- und zu durchschauen lernt. Der Halo-Effekt gehört nicht dazu. Ähnlich wie mit den heuristischen Faustregeln müssen wir unser Hirn ordentlich antreiben, um aktiv gegen die Strahlkraft der Heiligenscheine anzugehen. Es gibt keine Sonnenbrille, die man einfach aufsetzen könnte, um der Blendung zu entkommen. Wenn man eine andere Person also korrekt bewerten möchte, ob privat oder beruflich, sollte man sich bewusst machen, dass sich so eine Bewertung aus ganz verschiedenen Dimensionen zusammensetzt. Wer ein Haus kaufen will und den Pool im Garten gesehen hat, sollte trotzdem noch auf den Speicher steigen und gucken, ob das Dach dicht ist, und im Keller prüfen, ob es nach Schimmel riecht. Bei einer Leistungsbewertung sollten die Kriterien so gewählt werden, dass sie den gesamten relevanten Leistungsbereich abdecken. Außerdem ist es immer hilfreich, mehrere Bewerter einzubeziehen.

Zum Schluss ist mir noch wichtig zu betonen, dass nicht alles, was wir persönlich für einen Heiligenschein oder für Teufelshörner halten, von anderen genauso wahrgenommen wird. Anders kann ich mir jedenfalls nicht erklären, wieso ich nach dem Mundgeruchsvorstellungsgespräch in München einen Arbeitsvertrag mitnehmen durfte.

13

Darf noch ein bisschen mehr Geld aus dem Fenster geworfen werden?

Unser falscher Umgang mit den versunkenen Kosten

Im Laufe der Zeit wurde meine studentische Eventfirma immer größer. Das war gut, denn mit den 2.000 Euro Schmerzensgeld, die mir der Vollassi aus der Disco in monatlichen Raten à 60 Euro abzustottern hatte, konnte ich mich schwerlich über Wasser halten. Gemeinsam mit meinem Bruder und einer ganzen Reihe Freunde und Partner suchte ich also nach immer neuen Eventideen und Locations. Der Deal war fast immer derselbe. Wir hatten die Aufgabe, den Laden vollzukriegen, und konnten dafür das Eintrittsgeld kassieren, während der Besitzer am Getränkeverkauf verdiente. Diese Art von Arbeitsteilung erwies sich als sehr sinnvoll. Wir waren Teil der Zielgruppe und bereit, uns die Nächte um die Ohren zu schlagen. Die Betreiber hatten dafür die gastronomische Erfahrung, den Club und das Personal. Alles lief wunderbar, die Firma wuchs und wuchs, bis eines Tages ein Anruf aus Osnabrück kam.

Dort hatte man von unserem Erfolg in Münster gehört und wollte gerne eines unserer Partykonzepte an den Studenten vor Ort ausprobieren. Zugegeben, Osnabrück ist nicht Berlin, und während die meisten Münsteraner die Existenz von Bielefeld glatt leugnen, wird Osnabrück auf der Städte-Coolness-Skala kaum höher als Castrop-Rauxel oder Bergisch Gladbach eingestuft.

Trotzdem fühlte sich der Anruf ein bisschen an wie der Ritterschlag. »Wenn sich Clubs aus anderen Städten melden, ist das doch eine Ehre«, dachte ich vollkommen übermütig und begann gleich mit der Planung der Partyreihe in »Osna«. Ich ging vor wie immer: einen möglichst vielsagenden Namen erfinden (»Glaube, Liebe, Hoffnung«), der im Ohr bleibt und trotzdem besonders wirkt, ein Logo entwerfen, Zehntausende Flyer drucken, DJs bestellen, ausgeflippte Dekoration bauen, Werbeflächen anmieten und, und, und. Das alles kostet jede Menge Geld und Zeit.

Unser erstes Event in der neuen Stadt lief aber bereits desaströs an. Die Premiere war kaum besucht. Schon jetzt hätten bei mir alle Alarmglocken läuten müssen. Normalerweise kommen Partygänger gerade dann aus ihren Löchern, wenn es etwas Neues und viel Beworbenes gibt. Ein schlechter Auftakt verheißt also nichts Gutes. Natürlich fielen mir zunächst viele mögliche Gründe für den vergeigten Start ein: Regen, eine coole Party bei der Konkurrenz und zudem Klausurenphase. Doch in der Woche darauf kamen nicht mehr, sondern noch weniger Leute. Scheinbar hatte sich rumgesprochen, wie wenig bei unserem ersten Event los war, und niemand, der was auf sich hält, geht auf menschenleeren Partys feiern. Was tun? Mehrere Tausend Euro waren investiert, die DJs gebucht, die Werbeflächen schon im Voraus für die nächsten Wochen bezahlt. Ich entschied, weiterzumachen und den Werbedruck und damit die Ausgaben noch mal zu erhöhen. Viel zu viel war schon investiert. »Das darf jetzt einfach nicht schiefgehen«, sagte ich zu mir selbst. So ging es noch ein paar Wochen weiter. Ich pumpte immer mehr Geld in das Unterfangen, nur um das längst versunkene Startinvestment zu retten. Irgendwann war Schluss. Den anfänglich investierten 3.000 bis 4.000 Euro hatte ich mittlerweile mindestens genauso viel hinterhergeworfen.

Heute bin ich sehr froh, dass mir das Ganze als Jungunternehmer und »nur« mit ein paar Tausend Euro passierte. Die »Sunk Cost Fallacy« ist nämlich ein psychologischer Fallstrick, der gestandene Manager schon zu Millionenverlusten brachte.

Der Fehler bei der Sunk Cost Fallacy besteht in unserer Tendenz, ein einmal angefangenes Projekt auch zu Ende zu bringen. Koste es, was es wolle. Und zwar deswegen, weil wir schon in das Projekt investiert haben. Stellen Sie sich vor, Sie wollen einen Carport-Bausatz von Hornbach zusammenzimmern. Der hat 850 Euro gekostet. Ihre Frau hat Sie freundlicherweise schon vorab auf Ihre limitierten handwerklichen Fähigkeiten hingewiesen und von dem Vorhaben abgeraten. Aber der wollen Sie es jetzt zeigen. Am Freitag holen Sie den Bausatz mit einem gemieteten Anhänger vom Baumarkt ab. 850 Euro *ka-ching* plus 35 Taler für den Anhänger noch mal *ka-ching.* Außerdem fahren Sie vor lauter Elan auf dem Baumarktparkplatz einem anderen Auto den Seitenspiegel ab. Das kostet eine Stunde Zeit, bis die Polizei den Fall aufgenommen hat, eine gute Portion Nerven und sicher einen kleinen Zuschlag bei Ihrer Haftpflichtversicherung. Wieder *ka-ching.* Zu Hause angekommen, finden Sie die Bohrmaschine nicht. Zurück zum Baumarkt, eine leihen – *ka-ching.* Sie beginnen Ihr Werk. Unzählige Flüche, fünf Prellungen, zwei Tage und einen blauen Daumen später steht vor Ihnen tatsächlich ein Konstrukt. Das erinnert allerdings eher an die expressionistische Holzskulptur eines übermotivierten Kunststudenten als an einen Carport.

Was machen Sie jetzt? Aufgeben? Auf keinen Fall. Das ganze Geld, der Schweiß, das Blut und die Wut, die mit diesem verdammten Carport verbunden sind, sollen nicht umsonst gewesen sein. Und dann noch Ihre Frau mit dieser Vorahnung. Also schnell eine Woche ins Büro und am darauffolgenden Wochenende weiter. Beim Versuch, die erste Dachplatte auf das Wirrwarr aus Balken und Latten zu spaxen, stolpern Sie von der Leiter und brechen sich den Arm. Noch als die Sanitäter die Krankenwagentür zuschlagen, rufen Sie Ihrer Frau zu, dass Sie alles im Griff haben.

Unser Hirn hasst es, Geld aus dem Fenster zu werfen. Die Sunk Cost Fallacy besagt, dass wir mit »versunkenen Kosten« (so der deutsche Begriff) falsch umgehen. Im Fall des Carportbaus oder meiner Partys in Osnabrück werden, statt die Sache abzuschreiben und die bereits investierten Ressourcen als verloren zu betrachten, so lange Geld, Zeit und Energie hineingepumpt, bis die Katastrophe perfekt ist. Besonders dann, wenn wir selbst das Geld versenkt haben, tun wir uns schwer, von dem einmal begonnenen Projekt abzulassen. Statt einen Haken hinter das verlorene Geld meiner neuen Partyreihe zu setzen, bezog ich es immer weiter in meine Entscheidungen ein. »Ich habe schon so viel investiert, jetzt muss ich sehen, dass ich das wieder raushole.«

Bei der Sunk Cost Fallacy muss es nicht immer um die dicke Kohle gehen. Vielleicht finden Sie sich in einem der folgenden Beispiele wieder, die zeigen, wie sehr versunkene Kosten unser Verhalten beeinflussen: Sie gucken die doofe Netflix-Serie doch zu Ende, obwohl Sie seit vielen Folgen gelangweilt sind. Sie gehen weiter zum Yogakurs, dessen freakige Leiterin Sie extrem nervt, weil die Kursgebühr ja schon bezahlt ist. Sie treffen sich noch mal mit Tom, obwohl der Ihnen schon beim ersten Treffen ziemlich öde vorkam, aber mittlerweile haben Sie so viel Zeit und Hirnschmalz in Tom investiert, dass Sie ihm immer wieder eine weitere Chance einräumen.

Die Tendenz, unser Verhalten wie mit Kaugummi an unsere Entscheidungen aus der Vergangenheit zu kleben, konnte vielfach in psychologischen Experimenten nachgewiesen werden.

Erstmals beschrieben wurde der Effekt 1985 von den beiden Wissenschaftlern Hal Arkes und Catherine Blumer, die mit ihrem Experimentalklassiker zeigten, dass wir uns offensichtlich sinnlos verhalten, wenn wir Angst bekommen, andernfalls Kosten zu versenken. Die Wissenschaftler forderten ihre Probanden auf, sich vorzustellen, einen kurzen Skitrip nach Michigan für hundert Dollar gebucht zu haben. Kurz darauf, so die Geschichte, hätten sie aber ein noch viel besseres Angebot in Wisconsin gebucht, das nur fünfzig Dollar kostet. Das Ganze ging so schnell, dass die Teilnehmer leider übersehen hätten, dass die beiden Trips am selben Wochenende stattfinden. Ein Umtausch oder Weiterverkauf ist nicht möglich. Und jetzt die Frage an die Teilnehmer: Welche Reiseoption nehmen Sie wahr? (Halbieren können sie sich schließlich nicht.) Die gute Option in Michigan für hundert Dollar oder die viel bessere Option in Wisconsin für fünfzig Dollar? Mehr als die Hälfte der Teilnehmer wählte die Reise für hundert Dollar. Damit schien ihnen vollkommen egal, dass beide Reisen bezahlt und das Geld damit sicher versunken war. Allein der Widerwille vor »versunkenen Kosten« trieb die Probanden dazu, die Reise mit dem geringeren Verlust zu wählen, obwohl sie als eindeutig weniger attraktiv beschrieben wurde.

Ein ähnliches Szenario wählten die Forscher Barry Staw und Frederick Fox. Sie setzten BWL-Studenten vor eine Investmententscheidung für die Adams & Smith Company, eine Firma in den USA. Da es um Millionen gehen sollte, fand das Experiment natürlich nur auf dem Papier statt. In ihrer Rolle als Manager hatten die Studenten zwei Optionen. Entweder sie investierten das Geld der Firma in ein Forschungsprojekt der Abteilung »Doof«, die schlechte Ergebnisse lieferte, oder in eine andere Abteilung. Nennen wir sie Abteilung »Toll«. Dazu unterteilten die Forscher die Probanden in zwei Gruppen. Gruppe eins bekam die Schuld an der schlechten Performance der Abteilung »Doof«. In ihrem Szenario hatten die »Manager« schon vorher in diese Abteilung investiert. Gruppe zwei hingegen hatte noch kein Geld versenkt. Den Studenten dieser Gruppe wurde erklärt, dass in der Vergangenheit ein anderer Manager, der mittlerweile aber leider an einem Herzinfarkt verstorben sei, die Entscheidung eines Investments in Abteilung »Doof« gefällt habe.

Wenn man das Ergebnis der Studie auf das wahre Leben und ein echtes Unternehmen überträgt, kann einem ganz mulmig werden. Die Teilnehmer aus Gruppe eins investierten zunächst viele Millionen Euro mehr in die enttäuschende Abteilung (Abteilung »Doof«) als die Teilnehmer aus Gruppe zwei. Unterstellen wir, dass Manager am Ende auch nur Menschen und ihre Hirne genauso anfällig für Fehler sind wie die von Normalsterblichen, dann ist davon auszugehen, dass in Firmen weltweit Holzwege oft nur deshalb weiterverfolgt werden, weil in der Vergangenheit entschieden wurde, den Holzweg zu beschreiten, und diese Fehlentscheidung Kosten verursachte.

Wie die meisten anderen psychologischen Fallstricke auch, lässt sich die Sunk Cost Fallacy wunderbar nutzen – zum Beispiel, um Kunden Geld aus der Tasche zu ziehen. Dafür gibt es sogar einen eigenen Begriff. »Freemium« ist der Name eines Geschäftsmodells und bedeutet, dass der Anbieter mit einer kostenlosen Dienstleistung startet (also »for free«), um dann, nach einer gewissen Zeit und ersten eigenen Investments des Kunden, diesen so schnell wie möglich auf den Trichter zu bringen, dass das Premiumpaket (also nicht mehr »for free«) doch noch viel besser ist und sich vor allem lohnt, wenn der Kunde mit dem, was er schon erarbeitet hat, weitermachen möchte. Handyspiele, bei denen man als Zauberer durch unendliche Welten flitzt, als Farmer seinen eigenen Bauernhof aufbauen soll oder als Zoodirek tor Eisbären, Löwen und Zebras züchten kann, gibt es zuhauf kostenlos als Freemium-Download. Die ersten paar Stunden als Zoodirektor sind ganz unterhaltsam. Nette Daddelei. Aber dann steht das Löwengehege, der Eisbär hat Junge bekommen und die Zebras fühlen sich pudelwohl. Kurz bevor es wirklich langweilig wird, poppt ein Fenster auf dem Display auf: »Möchtest du ein riesiges Aquarium bauen?« Für nur 1,49 Euro kann man dann mit einem Fingerwisch das verfügbare Tierrepertoire um Rochen, Haie und Seeschlangen erweitern, damit das Spiel spannend bleibt. Das findet unser Hirn viel besser, als die App zu löschen. Denn in den digitalen Zoo haben wir ja schon ordentlich Mühe und Zeit investiert.

Ich muss bei der Sunk Cost Fallacy immer auch an Projekte wie den neuen Berliner Flughafen oder die Elbphilharmonie denken. Irgendwann kommt jemand auf die Idee, solche Mammutprojekte anzugehen. Dass diese am Ende immer deutlich mehr kosten als anfänglich veranschlagt, und der zeitliche Rahmen eigentlich nie eingehalten werden kann, ist vollkommen egal. Denn sobald einmal angefangen wurde, steht schon so viel auf dem Deckel, dass ein Abbruch unmöglich erscheint.

Die wenigsten von uns bauen Flughäfen oder müssen über Investitionen in Millionenhöhe entscheiden. Aber die meisten von uns bauen irgendwann mal einen Carport, spielen ein Handyspiel oder stecken, wie ich, immer mehr Zeit und Geld in ein Projekt, das offensichtlich zum Scheitern verurteilt ist.

Kein Mensch steht auf Verluste, und niemand schmeißt gerne Geld aus dem Fenster. Aber wenn es passiert ist, ist es passiert. Wir können die Vergangenheit nicht ändern. Nehmen Sie Ihre Psyche hier an die ganz kurze Leine. Es mag tugendhaft scheinen, wenn man nicht aufgibt und alles dafür tut, eine Fehlentscheidung auszubügeln. Diese Eigenschaft unterscheidet uns Erwachsene von kleinen Kindern und uns Menschen von Tieren. Bei Projekten wie dem Berliner Flughafen hat es vermutlich keinen Sinn, die bereits entstandene Anlage von Efeu überwuchern zu lassen. Trotzdem ist es fatal, wenn der Gedanke an Abbruch nicht mal auf die Liste der Optionen kommt.

Bei jedem neuen Euro, jeder weiteren Minute Zeit und jedem weiteren Tröpfchen Schweiß, die Sie in Ihr Projekt fließen lassen, sollten Sie die Kostenuhr gedanklich auf null stellen. Ist der nächste Schritt sinnvoll und würden Sie ihn auch gehen, wenn Sie der Weg bis dahin noch keinen Cent gekostet hätte? Wenn Ihnen dieses Buch bis hierhin noch nicht wirklich gefallen hat, legen Sie es weg. Machen Sie es genauso mit allem anderen, das Sie vielleicht nur tun, weil Sie schon damit angefangen haben. Liegt die Kohle erst einmal auf dem Grund des Meeres, kommen Sie nicht mehr dran. Dann macht es auch keinen Sinn, immer mehr hinterherzukippen. Denn Sie können noch so lange kippen, Sie werden es nie schaffen, das Meer vollzuschütten.

14

Fast tödliche Gedanken

Warum was wir denken sich anfühlt wie was wir tun

Von typischen Brüderkämpfen einmal abgesehen, würde ich sagen, dass mein jüngerer Bruder und ich im Grunde unzertrennlich sind. Zeugen unserer frühen Kindheit berichten mitunter jedoch anderes. Glaubt man zum Beispiel meiner Mutter, habe ich als eifersüchtiger Hosenscheißer dem Kleinen gleich nach der Geburt schon ganz schön zugesetzt. Versuche, derartige Anschuldigungen abzuwehren, widerlegt Frau Mama mit einem Büchlein. Seitenweise hat sie auf kariertem DIN-A5-Papier ein Best-of meiner Kindersprüche zusammengestellt. »Der soll im Putzeimer im Keller schlafen!« Das war (angeblich) mein erster Kommentar, als das Bruderherz mit den glücklichen Eltern nach Hause kam. Unwiderrufliche Beweise liefern die verwackelten V8-Aufnahmen meines Vaters. Im Bild sieht man immer wieder, wie ich den kleinen Knirps vom Bobby-Car trete, wenn vermeintlich niemand hinsieht, ihn beim Spazieren im Park mit einem Stöckchen pikse, bis er weint, oder seine gesamten Cola-Kracher klaue, während er im Kinderwagen festgeschnallt sitzt.

Wenn ich ehrlich bin, erinnere ich mich auch noch daran, wie wir an einem Sonntag gemeinsam das Kinderzimmer aufgeräumt haben. Als die erste Schicht aus grobem Chaos widerwillig von uns abgetragen war, trat wie üblich die weit feinere Restchaosschicht zum Vorschein. Darin fand ich gut ein Dutzend abgebrochener Buntstiftspitzen in allen Regenbogenfarben. Gelangweilt von der Aufräummission und ohne weiter nachzudenken, steckte ich mir eine der Spitzen ins Ohr. Schwups, weg war sie. Verschwunden in den Tiefen meines Gehörgangs. Der Schmerz war unbeschreiblich. Frei nach dem Motto »Geteiltes Leid ist halbes Leid« biss ich die Zähne zusammen und erklärte meinem ahnungslosen Bruder, welchen Spaß es macht, sich Buntstiftspitzen ins Ohr zu schieben. Der Kleine war leicht zu überzeugen. So endete das Wochenende unserer Eltern mit einem heulenden Teufelchen und einem heulenden Pampersträger in der Notaufnahme des Kölner Krankenhauses.

So schlimm das alles klingen mag, ein schlechtes Gewissen hatte ich nie. Viel zu herzlich wurde gelacht, wenn meine Eltern Jahre später derartige Geschichten zum Besten gaben und befreundete Ehepaare ganz Ähnliches von ihren Erstgeborenen beisteuern konnten. »Puh«, dachte ich dann immer. »Du bist kein Unmensch, sondern warst ein ganz normales, eifersüchtiges Einzelkind, das erst lernen musste, die Liebe der Eltern zu teilen.« Doch dieser Schluss war voreilig.

Es geschah an einem Montagabend, am Anfang der Pubertät. Ich muss so um die zwölf, dreizehn Jahre alt gewesen sein. Da lernte ich mich wirklich kennen: Leon, den Mörder. Als ich vom ungeliebten Fußballtraining nach Hause kam, sollte ich sofort in die Wanne. Genervt reiße ich die Badezimmertür auf. Erschrocken zuckt Hannes aus der Wanne hoch. In dem Moment macht es »klick« in meinem Hirn. Ich weiß nicht mehr, wie mir geschieht. Meine Gedanken machen sich selbstständig. Wie im Tunnel sehe ich nur noch den Fön. Wie immer liegt er auf der Kommode. Meine Augen springen hin und her. Bruder, Fön, Bruder, Fön, Bruder, Fön. »Nimm den Fön! Wirf ihn in die Wanne. Jetzt.« Wie in einem Film sehe ich meine Hand nach dem Fön greifen. In Sekundenbruchteilen lege ich den Schalter um. Das

Gebläse geht an. Die Glühfäden sind feuerrot. Ich blicke meinem Bruder tief in die Augen und werfe den Fön ins Wasser. Es knallt und zischt. Peng! Dann ist alles kurz dunkel.

»Was ist denn mit dir los?«, fragt mein Bruder genervt und reißt mich aus dem Gedankengang, der mein Leben auf Jahre ändern sollte. »Siehst du nicht, dass ich bade? Mach 'ne Fliege.« Verdattert stammle ich eine Entschuldigung und ziehe mich zurück. Was war geschehen? Wie konnte ich so etwas Grausames auch nur denken? Den eigenen Bruder ermorden. Einfach so. Ich war schockiert und schwor mir, mit niemandem darüber zu reden. Beim Frühstück am nächsten Morgen traute ich mich gar nicht, ihm in die Augen zu sehen. Und in den kommenden Tagen vermied ich jede Begegnung. Immer wieder keimte der Gedanke in mir auf. Ich wollte meinen Bruder töten. Wollte ich das wirklich? Ja. Oder doch nicht? So oft, wie ich daran dachte, musste da doch etwas dran sein.

Von diesem Abend im Badezimmer an war alles anders. Ohne erkennbares Muster ertappte ich mich immer wieder bei den grausamsten Gedanken. Mal stand ich nichts ahnend am Bahnsteig, wenn meine Gedanken mich plötzlich fast schreiend dazu aufforderten, einen Schritt nach vorne zu tun und vor den einrollenden ICE zu springen. Mal rasten meine Gedanken mit mir auf meinem Fahrrad bei Rot über die Kreuzung.

Die schrecklichen Gedanken waren oft so greifbar und erschütternd real, dass ich immer heilfroh war, wenn sie genauso schnell wieder verschwanden, wie sie gekommen waren. Was blieb, waren Scham und Schuldbewusstsein. Und darunter litt ich.

Dass meine Erlösung aus den drei Buchstaben T, A und F bestehen würde, hätte ich mir nie träumen lassen. T–A–F kritzelte unser Professor Jahre nach dem Schock im Bad an einem Morgen im zweiten Semester des Psychologiestudiums an die Tafel. Ich bin kein Frühaufsteher, und meine Aufmerksamkeit hing entsprechend auf Halbmast. »Die sogenannte Thought Action Fusion tritt bei Patienten mit Zwangsstörung auf. Sie stellt eine Denkverzerrung dar. Ein typisches Beispiel für eine Gedanken-Handlungsfusion wäre, dass ich den Gedanken daran, mein Kind zu töten, mit der tatsächlichen Handlung gleichsetze.« Mit einem Mal war ich hellwach. Professoren (und besonders dieser) haben die Eigenart, alles etwas kompliziert zu formulieren. Schnell versuchte ich zu dechiffrieren. »Kind töten« kommt »Bruder töten« ziemlich nah. Und getötet hatte ich meinen Bruder bisher noch nicht. Es war allein der Gedanke daran, der mich oft quälte. Peng! Das war es. Das war ich.

Patienten mit Zwangsstörung leiden unter ihren grausamen Gedanken, weil sie sich Sorgen machen, diese könnten Realität werden. Der Gedanke wird mit der tatsächlichen Handlung gleichgesetzt oder es wird befürchtet, dass ein Gedanke allein das Risiko eines schrecklichen Ereignisses vergrößert. Der Professor fuhr fort, aber ich konnte nicht mehr folgen. Überglücklich stand mein Fazit fest: Du bist normal! Du bist kein Unmensch. Beflügelt von dieser Einsicht, packte ich eilig meine Sachen und fuhr nach Hause. Für den Rest des Tages recherchierte ich nach meinen drei neuen Lieblingsbuchstaben. Was ich fand, war verblüffend. Schon das erste T–A–F-Beispiel, über das ich stolperte, hätte ich selbst nicht treffender aufschreiben können. Zwar war hier davon die Rede, »den Bruder zu ersticken«, statt ihn mit dem Fön zu töten, aber der Rest passte. Patienten mit Zwangsstörungen sind sich bewusst, dass die eigenen Gedanken völlig übertrieben sind. Es ist der Umgang mit diesen Gedanken, der das Problem darstellt. In der Psychologie spricht man von Metakognition. Vom Denken über das Denken. Jeder kennt den verzweifelten Versuch, einen Gedanken bewusst loswerden zu wollen. Oft führt gerade das dazu, dass sich der Gedanke festsetzt. Bei Patienten mit

Zwangsstörung liegt hierin ein großes Problem. Sie gehen davon aus, dass die Häufigkeit eines schlimmen, aggressiven Gedankens dazu führt, dass dieser am Ende in eine Handlung übergeht. Es entsteht eine regelrechte Angst davor, dass die Gedanken-Handlungsgrenze verschwimmt. Auf den ersten Blick mag es wenig beruhigend sein, Symptome einer psychischen Störung bei sich selbst zu entdecken. Aber (mit fünf Ausrufezeichen) eine meiner wichtigsten Erkenntnisse aus dem Psychologiestudium ist, dass Elemente aus ganz vielen Störungsbildern in jedem von uns stecken. Erinnern Sie sich an den großen Graubereich zwischen Weiß für »normal« und Schwarz für »gestört«.

Ich selbst leide an keiner Zwangsstörung. Dennoch habe ich manchmal zwanghafte schreckliche Gedanken, wie sie bei Zwangspatienten vorkommen. Bei mir verschwinden diese Gedanken wieder. Ganz von allein. Auch wenn sie mich schockieren und unangenehm sind, beeinträchtigen sie mich nicht wirklich. Wer tatsächlich unter einer Zwangsstörung leidet, denkt vielleicht auch daran, den eigenen Bruder zu töten. Aber in einem ganz anderen Ausmaß. Man spricht dann von einer Störung, wenn es zu einer wirklichen Beeinträchtigung kommt. Wenn der Patient leidet. In der Therapie lernen Zwangspatienten, sich an die gefürchteten Situationen zu gewöhnen. Sie werden immer wieder damit konfrontiert. Der Patient erarbeitet mit dem Therapeuten Strategien zum Umgang mit den eigenen Gendanken. Man muss das Denken über das Denken in den Griff bekommen.

Für mich hat es gereicht, das Phänomen der Thought Action Fusion kennenzulernen. Das war eine extreme Erleichterung. Wenn ich heute im Bahnhof stehe und der Zug angerollt kommt, denke ich immer mal wieder daran, wie es wäre, auf die Gleise zu springen. Meine drei Buchstaben beruhigen mich dann sofort und versichern mir, dass Gedanken etwas ganz anderes sind als Verhalten.

15

Jedi-Ritter mit Eiterpickel

Wie man mit Mnemotechniken Millionenwissen schaufelt

Es gibt in Deutschland Turniere, Wettkämpfe und sogar Ligen, in denen leidenschaftliche Quizprofis mit ihrem beachtlichen Wissen gegeneinander antreten. Natürlich gibt es Menschen, die schneller als andere lernen. Manchen reicht es, eine Information nur einmal zu lesen, um sich später daran zu erinnern. Vermutlich führen genau solche Leute die Quizligen an. Aber auch die weltbesten Quizteilnehmer trainieren und werden so besser im Quizzen.

Als Psychologe weiß ich, dass man mit dem richtigen Training imstande ist, fast alles zu lernen. Mein erster Trainingsschritt war also eine Analyse der Fragen aus der Sendung. Ich habe mehrere Tausend Fragen nachgespielt und dabei nach Mustern gesucht. Manche Themen kommen immer wieder dran, andere fast gar nicht. Negativ besetzte Themen wie der Zweite Weltkrieg, Vogelgrippe und Schweinepest oder die Reaktorkatastrophe in Fukushima haben viel schlechtere Chancen, in einer Frage thematisiert zu werden, als Daniela Katzenberger, die Formel 1 oder die Tatsache, dass die meisten Menschen den Geruch von frischem Parmesan mit verbundenen Augen mit dem Geruch von Erbrochenem verwechseln. Das macht auch durchaus Sinn. Die Zuschauer gucken zu, um unterhalten zu werden. Lustige Fakten, skurrile Phänomene oder Klatsch und Tratsch unterhalten besser als Trauer und Leid.

Natürlich war mir nach dieser ersten Erkenntnis klar, dass es dennoch unmöglich ist, alles zu lernen, was in der Sendung abgefragt werden kann. Und ob man die Antwort auf eine Frage schon mal irgendwo gehört hat oder nicht, mag Glück beziehungsweise Pech sein.

Glück und Pech sind aber nichts anderes als Wahrscheinlichkeiten. Erinnern wir uns an die Lottozahlen. Die Wahrscheinlichkeit, mit dem ersten Lottoschein zu gewinnen, liegt bei eins zu 15,5 Millionen. Wer nun mehr als einen Schein abgibt, erhöht die Wahrscheinlichkeit, den Jackpot zu knacken. Das ist bei einer Quizsendung genauso, nur dass die Chancen, durch gutes Training eine Frage zu »treffen«, viel höher sind, als beim Lotto sechs Richtige zu tippen, selbst wenn man mehrere Scheine ausfüllt.

Leider gehöre ich nicht zu den weltbesten Quizspielern. Aber als Psychologe habe ich von Haus aus quasi einen guten Draht zu meinem Gehirn und wusste somit gleich, wo ich ansetzen musste, um mir innerhalb der kurzen Zeit so viel Wissen wie möglich auf die Platte zu schaffen. Mein oberstes Ziel für dieses Vorhaben war, aufgeschnappte Informationen schnell abzuspeichern, um sie später, wenn es bei Günther Jauch um alles gehen würde, aus dem Gedächtnis abrufen zu können. Bevor wir uns dem dafür notwendigen Gedächtnistraining widmen, ist es wichtig klarzustellen, was *Gedächtnis* überhaupt bedeutet.

Wenn man sich mit Leuten über das Gedächtnis unterhält, hört man oft so etwas wie »Ich habe ein gutes Namensgedächtnis« oder »Mein Sohn hat wirklich ein fotografisches Gedächtnis«. Das klingt ein wenig so, als ob man feststellt, man habe ein besonders gesundes Herz oder eine starke Leber. Die meisten verstehen ihr Gedächtnis als ein Ding, das sie besitzen. Aber unser Gedächtnis ist kein Ding. Man kann es nicht wiegen, röntgen oder irgendwo im Kopf finden, wenn man die Schädeldecke aufsägt. Das Gedächtnis ist ein Prozess. Kein Ding im Kopf, sondern ein Zusammenspiel von Systemen, die sich – ganz grob gesprochen – in ein sensorisches Gedächtnis für unsere Sinneseindrücke, in ein Kurzzeitgedächtnis für den Augenblick und in ein Langzeitgedächtnis für alles andere unterteilen lassen.

Um die Leistung des eigenen Gedächtnisses nun zu steigern, erhoffen sich die meisten einen Zaubertrick. *Den* Zaubertrick zum besseren Gedächtnis gibt es aber nicht. Kein Kniff wird Sie von harter Arbeit befreien. Denn für den Fall, dass Sie es bereits wieder vergessen haben: Das Gedächtnis ist ein Prozess, und Prozess heißt Arbeit. Mit einer ganzen Reihe von verschiedenen Zaubertricks lässt sich diese Arbeit allerdings erleichtern und effizienter gestalten. In der Psychologie hören diese Tricks auf den etwas merkwürdig auszusprechenden Namen *Mnemotechniken.*

»Mnemo« leitet sich dabei vom griechischen Wort für »erinnern« ab. Und genau darum geht es. Techniken, die einem dabei helfen, Dinge besser und sicherer zu erinnern, lassen sich fast überall einsetzen.

Das theoretische Fundament aller Mnemotechniken ist das Encodieren neuer Informationen, also eine Kopplung an Informationen, die schon in unserem Langzeitgedächtnis gespeichert sind. Das klingt sehr hochtrabend, aber im Grunde sind Mnemotechniken nichts anderes als Eselsbrücken: schlaue Eselsbrücken ganz unterschiedlicher Art.

Eine der bekanntesten Mnemotechniken ist die Loci-Methode. Weil sie so unendlich effektiv ist, greifen die meisten Gedächtniskünstler auf diesen Kniff zurück, und schon die alten Griechen haben die Loci-Methode genutzt, um den Inhalt ihrer langen Reden nicht zu vergessen oder durcheinanderzubringen. Die Idee hinter der Loci-Methode ist das Verbinden: das Verbinden von abstrakten Informationen mit ganz Konkretem. »Loci« ist der Plural von »locus«, lateinisch »Ort«. Und auf Orte kommt es bei der Loci-Methode an. Auf dem Weg vom Schlafzimmer zum Bad durchquere ich in meiner Wohnung erst das Arbeitszimmer, dann den schmalen Flur, gehe vorbei an der Küche, und schon stehe ich vor dem Klo. Alle diese Orte kann ich ganz leicht und sehr bildhaft vor meinem geistigen Auge abrufen, also erinnern. Die Loci-Methode macht sich das zunutze, indem nur schwer zu erinnernde Informationen mit leicht zu erinnernden Informationen verbunden werden.

Das Prinzip wird am Beispiel klar. Ich wollte mir an einem Tag während meines Trainings die Reihenfolge der Staaten Mittelamerikas merken. Bei fast jeder *Wer wird Millionär?*-Runde kommt auch irgendeine Frage zur Geografie. Das hatte ich bei meiner Analyse der Fragen aus vergangenen Sendungen schnell erkannt und so beschlossen, möglichst viel von der Welt zu kennen. Also auch die Reihenfolge der Staaten rund um den Golf von Mexiko und die Karibik. Das geht mit der Loci-Methode, indem man die Staaten einfach in der eigenen Wohnung abläuft und sie auf dem Weg jeweils mit einem ganz bestimmten Ort verbindet.

Start ist im Schlafzimmer. Hier habe ich ein Bild an der Wand hängen mit einem großen Kreis drauf. Sieht von oben aus wie ein Sombrero. Und wo trägt man den? In Mexiko. Erster Staat: check. Im Arbeitszimmer gefällt es mir sehr »guat«, weil ich einen schönen, alten Schreibtisch vor großen Fenstern stehen habe. Und ein, warum auch immer, bayerisch ausgesprochenes »gut« klingt wie der Anfang von Guatemala. Zweiter Staat: check. Sitze ich am Schreibtisch, höre ich draußen oft die Motorräder vorbeiknattern. Manchmal ist da sicher auch eine Honda dabei. Das passt, denn als nächsten Staat möchte ich mir Hond(a)uras merken. So geht die Reise weiter Richtung Nicaragua (was ich mir ohne Ort merken kann – ich weiß nicht, warum), vorbei an der Küche, wo wir immer Cottapanna statt Pannacotta essen (Costa Rica und Panama), bis ich endlich im Bad bin, wo mich das kleine

Quietscheentchen auf dem Wannenrand an den wagemutigen Christoph Kolumbus auf dem Meer erinnert. Und Kolumbus passt perfekt zu Kolumbien. Wenn ich mich heute an die Reihenfolge der mittelamerikanischen Staaten erinnern soll, fällt mir das deshalb überhaupt nicht schwer, weil ich in meinen Gedanken nur den Weg durch meine Wohnung ablaufen muss. Und das ist ein Kinderspiel.

Neben Geografie wird bei *Wer wird Millionär?* oft auch »klassisches« Wissen abgefragt. Genau wie mit der Geografie könnte man natürlich alleine aus diesem Wissensgebiet am Ende so viele Fragen generieren, dass man noch Stoff für unzählige weitere Sendungen hätte, ohne auch nur eine einzige Frage zweimal stellen zu müssen. Nicht sehr motivierend, dieser Umstand ... Da unsere Stimmungen aber einen großen Einfluss auf unsere Lernfähigkeit haben, möchte ich hier kurz etwas einschieben: Bei der ganzen Lernerei war mir stets klar, dass alles für die Katz sein könnte. Aber das war mir egal, weil ich persönlich Spaß daran habe zu wissen, wo welcher Staat am Golf von Mexiko liegt. Wenn es dafür später mal eine Million geben würde, gerne und danke, falls nein, nicht schlimm. Denn soweit es möglich ist, habe ich bei der Lernerei für die Sendung immer versucht, mich auf Gebiete zu konzentrieren, die mich auch so interessieren und von denen ich später auch noch etwas haben würde, unabhängig davon, wie es bei Günther Jauch enden würde.

Zurück zum klassischen Wissen. Da ich ein notorischer Pickelausdrücker bin, freute ich mich besonders, dass ich beim Lernen wichtiger Sprichwörter auf den weisen Satz »Ubi pus, ibi evacua« stieß. Denn wenn man an einen Pickelausdrückgegner gerät, kann man dessen Argumente (»Nicht drücken, das entzündet sich nur noch mehr!«) leicht mit der Weisheit der schlauen »Lateiner« entkräften. »Wo Eiter ist, entleere ihn.«

Aus irgendeinem Grund (vielleicht, weil ich nie Latein in der Schule hatte) fiel es mir extrem schwer, mir diese vier Wörter zu merken. Also griff ich auf die »Ersatzwortmethode«, ebenfalls ein mnemotechnisches Verfahren, zurück. Dabei ersetzt man die zu lernenden Fremdwörter durch Wörter, die ähnlich klingen und einem sehr vertraut sind. Aus *ubi* machte ich Obi-Wan, einen der berühmtesten Jedi-Ritter der *Star Wars*-Saga. Aus *pus* einfach »pusten«. Aus *ibi* wurde »Iris« und aus *evacua* »Eva kühl«. Macht dann zusammen den abstrusen Satz: Obi-Wan pustet Iris und Eva kühl. Versuchen Sie mal, den Schwachsinn wieder zu vergessen. Das ist fast unmöglich, und mit dieser Gedankenstütze zurück zum lateinischen Sprüchlein zu finden, ist leicht.

Es gibt noch eine ganze Reihe weiterer Mnemotechniken. Für den alltäglichen Gebrauch eignet sich zum Beispiel besonders das »Zahl-Form-System«. Statt sich die PIN für die EC-Karte als 2548 zu merken, macht man aus den Zahlen Formen. Die 2 wird zum schwimmenden Schwan, die 5 zu einer Hand mit fünf Fingern, die 4 zum Glückskleeblatt und die 8 zur Sanduhr. Diese Symbole findet unser Hirn viel anschaulicher als abstrakte Zahlen, und das macht es einfacher, sich an sie zu erinnern. Für mich persönlich war es außerdem immer sehr hilfreich, mir alles, was ich lernen wollte, aufzumalen. Egal ob Vokabelreihen oder Landkarten, was man einmal reproduziert und selbst wiedergibt – ob gemalt, geschrieben oder mit eigenen Worten ausgesprochen –, wird im Hirn besser verkabelt und ist damit später leichter abzurufen.

Die besten Gedächtniskünstler können Bücher auswendig aufsagen oder sich fast hunderttausend Nachkommastellen der Zahl Pi merken. Aber natürlich sind nur die wenigsten von uns Gedächtniskünstler. Ich auch nicht. Aber jeder von uns kann die eigene Gedächtnisleistung massiv steigern, wenn er die richtigen

Techniken kennt. Dabei ist die Grundregel immer dieselbe: Abstrakte, zusammenhangslose Informationen müssen so abgespeichert werden, dass unser Hirn es leicht hat, sie in seinen vielen Windungen und zwischen den Abermillionen grauen Zellen wiederzufinden. Das gelingt, indem man vernetzt: das, was schon da ist und gut erinnert werden kann, mit dem, was neu rein soll. Dabei sind der Kreativität keine Grenzen gesetzt. Vielmehr gilt: je verrückter und krachender, desto besser.

Ich hatte Glück, mein Training brachte mich weiter. Tatsächlich fragte Herr Jauch nach einem Abenteuerfilm mit Jake Gyllenhaal und Josh Brolin in den Hauptrollen. Auf meinem Lernplan hatten auch die Kinocharts der letzten Monate gestanden. So konnte ich mich an den Titel *Everest* erinnern und war ein Schrittchen weiter Richtung Million.

Natürlich ist die Situation auf dem heißen Stuhl bei Günther Jauch eine ganz besondere. Hier macht es sich buchstäblich bezahlt, wenn man sein Gedächtnis im Griff hat. Wenn ich aber an mich selbst und andere in meinem Alter denke, habe ich oft das Gefühl, dass ich zur Generation Wir-wissen-nix-aber-dafür-wo-was-steht gehöre. Das Smartphone merkt sich die Geburtstage, Google Maps weiß, wo ich abbiegen muss, und alles andere steht in Wikipedia. Das ist praktisch. Aber wer sich davon verabschiedet, immer weiterzulernen und das Hirn mit neuem Wissen zu versorgen, der wird sich irgendwann ärgern. Nicht weil das Internet ausfällt oder das Navi einen in die falsche Richtung schickt, sondern weil Lernen gut für unser Hirn ist. Es trägt zur Vitalität unseres wichtigsten Organs bis ins hohe Alter bei und hält damit das ganze System fit. Allein das ist schon Grund genug. Abgesehen davon finde ich, dass es etwas hat, wenn man den Jedi-Ritter Obi Wan zum Eiterpickel werden lässt und dabei auch noch etwas lernt.

16

Ankern im Hirn

Vorsicht vor Gedankenhaken

Es gibt Dinge im Leben, die vergisst man nie mehr. Egal ob mit oder ohne Mnemotechnik. Natürlich gehört für mich die Millionenfrage dazu. Kurz bevor Günther Jauch mir diese in der Sendung stellte, bat ich darum, die vier Antwortmöglichkeiten zunächst nicht einzublenden. Warum, erkläre ich gleich. Herr Jauch folgte bereitwillig meiner Bitte und las also vor: »Aus insgesamt wie vielen Steinchen besteht der klassische, von Ernö Rubik erfundene Zauberwürfel?« In diesem Moment war ich zum ersten Mal richtig froh, als Kind so oft gemein zu meinem kleinen Bruder gewesen zu sein. In unserer Spielzeugkiste nämlich hatte sich neben jeder Menge Lego auch ein Zauberwürfel befunden. Wie den meisten Besitzern dieses Relikts aus den 1980ern gelang es meinem Bruder und mir jedoch nie, mehr als eine oder bestenfalls anderthalb Seiten der Würfelchen vom bunten Durcheinander in unifarbene Ordnung zu bringen. Bekanntlich hat ein Würfel aber sechs Seiten, und entsprechend enttäuscht waren wir von unseren Leistungen. Irgendwann kam mir – wie wohl zahlreichen Altersgenossen auch – der rettende Einfall, der zumindest kurzfristig für Ruhm und Ehre sorgen sollte. In mühseligster Kleinstarbeit, versteckt in der hintersten Ecke des Kinderzimmers, knibbelte ich erst alle farbigen Aufkleber von den Steinchen ab und klebte den gesamten Würfel dann so wieder zusammen, als hätte ich das Wunderwerk vollbracht. Jeder, der schon mal einen Aufkleber abgeknibbelt und irgendwo wieder aufgeklebt hat, weiß, dass dieses Unterfangen nahezu unmöglich ist. Und natürlich erkannte auch mein Bruder schnell den Betrug. Der Schwindel flog auf und der Zauberwürfel in die Ecke. Dass dieser hinterlistige Täuschungsversuch knapp zwanzig Jahre später einen Beitrag zu meinem Millionengewinn leisten würde, ahnte ich damals natürlich nicht.

Günther Jauch wollte von mir also die Gesamtanzahl der Würfelchen des Zauberwürfels wissen. Da ich ja einige Erfahrung mit dem Ding hatte, begann ich gleich zu rechnen. In meiner Erinnerung war der Zauberwürfel vier Würfelchen lang, vier hoch, vier tief und innen hohl. Leider lag ich falsch. Der Würfel besteht je Kante nur aus drei Würfelchen und ist damit natürlich viel kleiner. Aber Günther Jauch wäre nicht Günther Jauch, wenn er in so einem Fall nicht die Reißleine ziehen würde. Der Quizmaster unterbrach mich und schlug vor, die Antwortmöglichkeiten nun doch vorzulesen: »A) 22, B) 24, C) 26 oder D) 28.« Ich war vorher in ganz anderen Zahlengefilden unterwegs gewesen und entsprechend dankbar für die Kurskorrektur. Und trotzdem war ich froh, dass ich mich zunächst ohne Antwortmöglichkeiten an der Frage versucht hatte. Denn als Psychologe kenne ich die verführerische Kraft des Ankereffekts.

Jeder hat den Ankereffekt schon einmal erlebt. Auch Sie. Entweder sind Sie dessen Opfer geworden oder haben ihn für sich genutzt. Ob bewusst oder unbewusst, der Ankereffekt ist ein unglaublich starkes Phänomen, das sich besonders eindrucksvoll an den Experimenten von Dan Ariely, dem »Papst« des Ankereffekts, zeigen lässt. Der berühmte Verhaltensökonom aus den USA veranstaltete für eine seiner Studien an der Uni eine Weinversteigerung für Studenten. Bevor geboten wurde, forderte der Wissenschaftler alle Teilnehmer auf, die letzten beiden Ziffern ihrer Sozialversicherungsnummer auf einem Zettel zu notieren.

Im Anschluss fragte er, ob sie bereit wären, diese Zahl als Preis für die Weinflaschen auszugeben. Auf demselben Zettel sollten die Studenten dann ihr tatsächliches Gebot notieren. Der verblüffende Effekt: Studenten mit einer eher kleinen Endziffer waren im Durchschnitt bereit, unter zehn Dollar zu bieten, während solche mit einer eher großen Zahl gewillt waren, mehr als das Dreifache auszugeben.

Obwohl die völlig zufälligen Ziffern der Sozialversicherungsnummer rein gar nichts mit dem eigentlichen Wert des Weins zu tun hatten, wirkten sie massiv auf die Gebote der Studenten. Dieses Verhalten lässt sich mit dem Ankereffekt erklären. Unsere bewusst getroffenen Entscheidungen werden unbewusst stark von Informationen aus der Umgebung beeinflusst. Sobald die Studenten anfingen, darüber nachzudenken, ob sie den Wein zum Preis der Endziffern kaufen würden, verhakte sich dieser Wert wie ein Anker im Kanalschlamm ihrer Köpfe und nahm so Einfluss auf die Gebote der Studenten, die von Wein vermutlich nicht wirklich Ahnung hatten.

Ich selbst erlag lange Zeit dem Irrglauben, dass Rosé nach dem Mezzomix-Prinzip aus Rot- und Weißwein gemischt wird, und würde mir nie zutrauen, die Qualität eines Weines anhand der Beschreibung auf der Flasche oder gar anhand des Geschmacks festzumachen. Meine Hilfe beim Weinkauf ist die Höhe im Supermarktregal. Je tiefer unten der Wein steht oder liegt, desto schlechter ist er und entsprechend niedrig sind unten im Regal auch Beträge auf den Preisschildern. Logisch, oder? Die Position im Regal ist in diesem Fall für mich der Anker. Was aber wäre, wenn ein findiger Supermarktbesitzer den billigen Weinverschnitt von ganz unten für ein bis zwei Wochen in die beste Lage – auf Augenhöhe – im Regal räumen würde? In diesem Fall würde mein Anker mich komplett in die Irre leiten, und ich würde viel zu viel für Fusel bezahlen. Je größer unsere Unsicherheit ist, desto dringender suchen wir nach Ankern, an denen wir uns festhalten können.

Dass aus den Ankern schnell Sirenen werden, die uns auf dem rauen Meer der Entscheidungsfindung in die Irre leiten, konnte Ariely in einem anderen Versuch eindrucksvoll an den superschlauen Studenten des Massachusetts Institute of Technology, kurz MIT, einer *der* amerikanischen Eliteschmieden, beweisen. Der Forscher zeigte einhundert Studenten eine echte Werbeanzeige für ein Abonnement der Wochenzeitschrift *The Economist*. Darin wurden drei Abo-Optionen beworben. Ein reiner Online-Zugang zum Magazin für knapp sechzig Dollar im Jahr, die Zustellung des gedruckten Magazins für 125 Dollar oder ein Kombipaket (gedrucktes Magazin plus Webzugang) für ebenfalls 125 Dollar. Natürlich entschied sich keiner der schlauen MIT-Studenten für die Zustellung des gedruckten Magazins ohne Online-Zugang. Warum auch? Für denselben Preis konnte man ja auch viel mehr bekommen. Ganze 84 Prozent wählten entsprechend das Kombipaket und der kleine Rest den reinen Online-Zugang. Niemand entschied sich für das reine Print-Abo. Wer braucht so eine scheinbar sinnlose Angebotsstruktur? Niemand. Außer dem Vertriebschef des *Economist*.

In einem zweiten Experiment wandelte Dan Ariely die Werbeanzeige leicht ab. Er entfernte die scheinbar sinnlose Option, nur das gedruckte Heft für 125 Dollar zu kaufen. Jetzt passierte etwas Merkwürdiges. Das Meinungsbild unter den Studenten kippte vollkommen. Nur noch knapp ein Drittel war bereit, das teure Kombipaket zu kaufen, während die große Mehrheit sich für den weit günstigeren Online-Zugang entschied. 125 Dollar erschienen den Studenten nur so lange ein gutes Angebot zu sein, wie sie daneben das weit unattraktivere Angebot mit dem reinen

Print-Abo für den gleichen Preis als Anker im Vergleich heranziehen konnten.

Beobachten Sie Ihr eigenes Verhalten genau. Ob im Supermarkt am Weinregal oder beim Kauf des nächsten Zeitungsabos, lassen Sie sich nicht von völlig irrelevanten Ankern leiten. Suchen Sie gezielt nach Informationen, die tatsächlich eine Auskunft über den Wert einer Sache geben. Ein großes Werbeschild für den Kracherpreis des Flachbildfernsehers muss noch lange nicht bedeuten, dass hier tatsächlich ein Schnäppchen zu machen ist. Das Schild und die Aufmachung des Angebots sind der Anker, der Sie an »preiswert« denken lassen soll. Strengen Sie sich bei wichtigen Entscheidungen an und versuchen Sie, Ihre Entscheidung von Umgebungsinformationen loszulösen. Diese sind irrelevant. Ziehen Sie Vergleiche mit ähnlichen Produkten. Lösen Sie sich, soweit es geht, von Emotionen.

Wer das alles versucht, wird schnell merken, dass es sehr anstrengend ist, sich dem Ankereffekt zu entziehen. Aber das ist kein Grund zum Verzweifeln. Beginnen Sie einfach, ihn für sich selbst zu nutzen. Wenn Sie das nächste Mal Ihr Auto verkaufen, weisen Sie den Interessenten doch zu Beginn der Verhandlung auf den Preis Ihres neuen Wagens hin. Wenn der Anker einhakt, ist Ihr Gegenüber jetzt auf viel höhere Preisdimensionen eingestellt als zuvor. Natürlich sollte Ihr neues Auto dazu teurer sein als das zu verkaufende und natürlich klappt das Ganze nicht mit jedem. Anker helfen Ihnen auch bei Gehaltsverhandlungen. Nennen Sie Ihre Gehaltsvorstellung zuerst. Ruhig hoch. Gerne auch sehr hoch. Damit ankern Sie, in welchen Bereichen sich die Verhandlung abspielen wird. Meist werden Ihre hohen Forderungen nicht ohne Abstriche durchgehen. Aber sei's drum. Solange Sie sich am Ende einig werden, können Sie sicher sein, durch den hohen Anker Ihr Möglichstes getan zu haben.

Der Ankereffekt kann also sowohl Fluch als auch Segen sein. Meine Bitte an Günther Jauch, die Millionenfrage zunächst ohne die Antwortmöglichkeiten zu stellen, zielte darauf ab, mich von den drei falschen Ankern – also den Antwortmöglichkeiten, bei deren Wahl ich auf 500 Euro zurückgefallen wäre – nicht beeinflussen zu lassen. So konnte ich unvoreingenommen den Zauberwürfel gedanklich in seine Einzelteile zerlegen. Hätte ich dank Günther Jauch aber nicht irgendwann doch die vier Antwortmöglichkeiten als Anker in meine Überlegung einbezogen, wäre ich nicht auf den Trichter gekommen, dass der Zauberwürfel nur aus drei statt vier Steinchen je Seite besteht und damit C) 26 der Schlüssel zur Million war.

17

Da kann ich nichts für

Der fundamentale Attributionsfehler

Vielleicht haben Sie, genau wie ich auch, schon einmal einem Freund oder Bekannten Geld geliehen. Anders als zuvor hoch und heilig versprochen, bekamen Sie die zwanzig oder fünfzig Euro aber nicht am nächsten Tag zurück, sondern erst ein bis zwei Wochen später – und das erst auf Nachfrage. Es ist eine natürliche Reaktion, den säumigen Schuldner dann als unzuverlässigen Wortbrecher im Kopf zu speichern und sich ein wenig zu ärgern. Wenn Sie dieses Gefühl kennen, kennen Sie vielleicht auch Situationen, in denen Sie sich Geld leihen mussten. Natürlich geben Sie den Betrag gleich am nächsten Tag zurück. Versprochen! Aber als es am Morgen darauf wie aus Eimern schüttet, verlassen Sie das Haus lieber nicht. Bei so einem Sauwetter würde man keinen Hund vor die Tür jagen. Und es sind ja auch nur zwanzig Euro. Am Tag darauf ist der Bankautomat defekt und Sie können kein Geld abheben. Ärgerlich, aber auf den einen Tag kommt es nicht an. So oder so ähnlich geht es weiter, bis die Woche um ist und Sie Ihren Bekannten wiedertreffen. Wie denken Sie nun über sich? Sind Sie ein gemeiner Wortbrecher mit der üblen Eigenschaft der Unzuverlässigkeit? Mit Sicherheit nicht. Die äußeren Umstände waren ja schuld.

In der Psychologie bezeichnet man das als den fundamentalen Attributionsfehler. Der Fehler besteht darin, dass wir uns das Verhalten anderer durch deren Persönlichkeit erklären. Äußeren Einflüssen schenken wir dabei oft keine oder viel zu wenig

Beachtung. Wenn es aber um uns selbst geht, ticken wir genau andersrum. Wir schieben alles auf die Situation. Der Fehler ist fundamental, weil er in fast allen zwischenmenschlichen Beziehungen wütet.

Stellen Sie sich vor, Sie beobachten, wie jemand in der Tram einen anderen Fahrgast anrempelt. Sie schütteln verärgert den Kopf. Ein rücksichtsloser Rempler, dem die Eltern vergessen haben Manieren beizubringen. Dabei lassen Sie außer Acht, dass die Bahn vielleicht gerade um eine Kurve fuhr und alle ein wenig durcheinandergerüttelt wurden. Vielleicht stoßen Sie an der nächsten Haltestelle selbst mit jemandem zusammen. Dann schütteln alle anderen den Kopf. Aber frei von jedem Schuldbewusstsein (»Wenn die Tram hält, ist es eben etwas holprig.«) merken Sie von alledem nichts und steigen mit Ihren feinen Manieren aus.

In einer berühmten Studie zum fundamentalen Attributionsfehler teilte der Wissenschaftler Lee Ross Versuchspersonen vollkommen zufällig eine von drei Rollen zu: Quizmaster, Kandidat oder Zuschauer. Anders als bei *Wer wird Millionär?* wurde der Quizmaster nun gebeten, sich selbst völlig frei Fragen zu überlegen. Natürlich sollte er die entsprechenden Antworten kennen. Wie bei jeder Rateshow wurde nun der Kandidat mit genau diesen Fragen vom Quizmaster gelöchert. Im Anschluss wurden alle Beteiligten aufgeklärt: Der Quizmaster hatte sich die Fragen selbst überlegen dürfen. Es war also, im Vergleich zum Kandidaten, für ihn gar keine Kunst gewesen, besonders schlau daherzukommen. Jetzt sollten die Probanden den Wissensreichtum des Quizmasters und den des Kandidaten bewerten. Obwohl allen bewusst war, dass der Quizmaster einen enormen Vorteil gegenüber dem Kandidaten gehabt hatte, wurde der Quizmaster als viel intelligenter eingestuft. Scheinbar schrieben alle das Wissen des Quizmasters dessen Intelligenz zu statt dem Umstand, dass er sich alle Fragen selbst hatte aussuchen dürfen. Eine vollkommen irrationale Bewertung also.

Der fundamentale Attributionsfehler wirkt auch dann, wenn wir die Meinungen anderer einschätzen wollen. Die beiden Wissenschaftler Edward Jones und Victor Harris setzten Ende der 1960er Jahre – also mitten im Kalten Krieg – amerikanische Studenten einen Essay über die positive Rolle Fidel Castros für Cuba vor – politischer Sprengstoff in den USA. Der einen Hälfte der Leser wurde erklärt, dass der Verfasser des Essays den Inhalt frei habe wählen dürfen. Der anderen Hälfte, der Verfasser habe nach genauer Anweisung geschrieben. Anschließend wurden alle Teilnehmer gebeten, eine Einschätzung der echten Meinung des Essay-Verfassers über Fidel Castro abzugeben. Das Ergebnis war erschreckend. Die Leser, die davon ausgingen, der Autor des Essays habe aus freien Stücken positiv über Castro geschrieben, nahmen folgerichtig an, der Text bilde auch den Standpunkt des Verfassers ab. Der gleichen Meinung waren aber auch die meisten Leser, die wussten, dass das Essay nach einer genauen Instruktion verfasst wurde. Obwohl also offensichtlich die Umstände die Ursache für den Inhalt des Essays waren, sahen die Teilnehmer die Verantwortung beim Verfasser.

Was wir bei anderen beobachten, erklären wir uns durch deren Persönlichkeit. Wir attribuieren es internal. Bei uns selbst ist es genau andersherum. Wenn ich mein Geld nicht pünktlich zurückgebe, liegt es an den äußeren Umständen (Regen, Uni, kaputter Bankautomat) und nicht daran, dass ich vielleicht auch ein wenig unzuverlässig und chaotisch bin. Seien Sie also auf der Hut. Andere sind nicht so nachsichtig mit Ihnen wie Sie selbst. Rechnen Sie statt mit Verständnis für perfekte Ausreden immer auch mit dem fundamentalen Attributionsfehler. Als wären Sie mit unsichtbarem Kleber eingerieben, bleibt Ihr Verhalten an Ihnen haften. Gerade dann, wenn andere Menschen Sie nicht gut kennen oder der Kontakt nur lose ist, verschwimmen Ihr Verhalten und Ihre Persönlichkeit in deren Augen. Umgekehrt sollten Sie nach der Lektüre dieses Kapitels anfangen, genauer hinzuschauen. Oft liegen Welten zwischen dem, was wir Menschen tun, und dem, was wir wirklich sind; zwischen dem, was wir sagen, und dem, was wir wirklich meinen; und zwischen dem, was wir ausdrücken, und dem, was wir wirklich fühlen.

18

Von Kacka und Klapperstörchen

Warum *SPIEGEL*-Leser doch nicht mehr wissen

Wenn man selbstständig ist, arbeitet man selbst und ständig. Diese Erfahrung hatte ich schon lange vor meiner Teilnahme bei *Wer wird Millionär?* als Jungunternehmer gemacht. Wer sich darauf nicht einstellt, hat die Bedeutung von Selbstständigkeit missverstanden. Nun hatte ich Günther Jauch also vor einem Millionenpublikum versprochen, meinen Gewinn in ein Partyschiff zu investieren, das dann auf den Namen »MS Günther« getauft würde. Gesagt, getan! Besonders in den ersten Wochen nach Eröffnung des gekauften Traumschiffs machten Olli, mein Geschäftspartner und Schiffseignerkollege, und ich die Erfahrung vom *selbst* und *ständigen* Arbeiten immer wieder.

Mein persönlich schwärzester Tag war ein Freitag etwa drei Wochen nach der ersten Fahrt. Nach einer langen Nachtschicht kamen Olli und ich frühmorgens an Bord. Hiobsbotschaft Nummer eins kam als SMS aufs Handy: »Moin Leon, wir schaffen es heute leider nicht zu kommen«, schrieb Cem, der Chef der Putzfirma, die uns half, die MS Günther nach den Feiern wieder auf Vordermann zu bringen. Wir hatten das Boot schon mehrmals selber geputzt, also war das noch halb so wild. Dachten wir! Das Problem auf jedem Schiff ist Platzmangel. Alles ist eng, jeder Quadratmeter wird gebraucht. Entsprechend hatten wir, statt eines Herren- und eines Damenklos, nur ein Sitzklo und ein Stehklo eingebaut und dem Gast mit der Beschilderung »sitzend« und »stehend« die Wahl des stillen Örtchens selbst überlassen.

Hiobsbotschaft Nummer zwei am schwarzen Freitag war nun, dass hier scheinbar jemand einem Missverständnis aufgesessen war. Irgendein Gast hatte einen riesigen Haufen in die von uns liebevoll in die Wand eingelassene Papierkorböffnung gelegt. Den Anblick und Gestank dieses mentalen Kackkunstwerks werde ich nie vergessen. Hiobsbotschaft Nummer drei: keine Putzhandschuhe weit und breit. Mit zwei Müllbeuteln um die Hände nahm ich mich der Sache an.

Am Nachmittag wurde es etwas besser. Keine weiteren Vorfälle. Doch man soll den Tag nicht vor dem Abend loben. Als wir gegen Mitternacht endlich Feierabend machen, kommt uns der grandiose Einfall, eine bis dahin unerprobte Abkürzung über unwegsames Gelände vom Schiff zum Parkplatz zu nehmen. Ein paar Hundert Meter würde das sparen. Unwegsam heißt in diesem Fall: eine alte, von allerlei Pflanzen überwucherte Fabrikruine. Um bei der schlechten Sicht und den zahlreichen Hindernissen auf dem Boden nicht zu stürzen, staksen Olli und ich im Storchengang mit schön hohen Schritten langsam vorwärts. Kurz vor dem Ziel passiert es dann. Mit dem linken Fuß, den ich gerade mit meinen neunzig Kilo belastet habe, trete ich auf eine rostige Metallstange, die, getarnt wie eine Gottesanbeterin, zwischen den braunen Ästen am Boden fast unsichtbar ist. Der Schmerz ist unbeschreiblich. Natürlich trage ich statt sicheren Arbeitsschuhen nur leichte Chucks, und so rammt sich die Stange ungebremst auf der einen Seite in den Fuß rein und auf der anderen Seite wieder raus. Das Blut strömt, und mir wird schwarz vor Augen. Nach diesem Tag, der im Wortsinne schon beschissen angefangen hatte, schleppt Olli mich mit letzter Kraft ins Krankenhaus. Gegen vier Uhr nachts falle ich, mit Verband und Krücken ausgestattet, endlich neben meiner Freundin ins Bett. Und die hat zum Glück direkt die Rettung parat: Globuli.

Wenn man als geschundener Krieger verwundet vom Schlachtfeld kommt, will man alles, aber keine Globuli. »Doch! Die wirken super«, erklärt sie. »Einfach morgens, mittags und abends zwei ›Bellis perennis‹ unter der Zunge zergehen lassen, und bald bist du geheilt.« »Pah«, denkt man als Psychologe in so einem Moment. »Typischer Fall von Verwechslung der Korrelation mit der Kausalität.« Doch um des lieben Friedens willen schlucke ich die beiden weißen Kügelchen gegen die Schmerzen und schlafe ein. Am nächsten Morgen geht es mir schon viel besser. »Siehst du, Globuli bewirken wahre Wunder.« Jetzt muss ich etwas erwidern und erzähle meiner Freundin von Günther Gediga und den Klapperstörchen.

Günther Gediga ist einer der besten deutschen Statistiker und hat in Münster unsere Einstiegsvorlesungen gehalten. Wer bei Günther Gediga eine Korrelation mit Kausalität gleichsetzt, fliegt aus dem Hörsaal. Warum? Weil dadurch Fremdenhass entsteht, Werbung ihre manipulative Kraft entfaltet und Diät-, Lebens- und sonstige Berater und Scharlatane seit Jahrhunderten Geld auf Kosten ihrer gläubigen Lämmer verdienen. Genug Gründe also, den Unterschied kennenzulernen.

Eine Korrelation bedeutet nichts anderes als einen Zusammenhang zwischen zwei Größen. Tiefe Temperatur korreliert mit der Dicke des Eises auf dem gefrorenen See. Je kälter es wird, desto dicker wird das Eis. In diesem Fall besteht auch eine einfache Kausalität. Die tiefe Temperatur ist die Ursache für das Zufrieren des Sees.

Ganz anders ist es mit den Klapperstörchen und den Babys. In Deutschland gibt es tatsächlich einen Zusammenhang zwischen dem Vorkommen von Klapperstörchen und der Geburtenrate. Je mehr Klapperstörche es in einer Region gibt, desto mehr Kinder werden dort geboren. Logisch, oder? Die Störche bringen die kleinen Scheißerchen ja bekanntlich in Tücher eingewickelt zu den künftigen Eltern. Jetzt merken Sie, worin das Problem besteht: Der Zusammenhang zwischen zwei Phänomenen bedeutet noch lange nicht, dass ein Phänomen kausal mit dem anderen verbunden ist, also dass das Auftreten des einen auch das Auftreten des anderen bedingt. Die Anzahl von Störchen hängt deshalb mit der Geburtenrate zusammen, weil Störche vermehrt dort nisten, wo es ländlich ist. Ich möchte nicht mutmaßen, aber aus irgendeinem Grund bekommen Leute auf dem Land eben mehr Kinder als Leute in der Stadt. An den Störchen liegt das aber sicher nicht.

Mit Globuli ist das genauso. Unser Körper verfügt über fantastische Selbstheilungskräfte. In vielen Fällen hängen Globuli deshalb scheinbar mit Heilung zusammen. Globuli rein, abwarten, und schon geht es uns besser. Aber sind die Globuli bei einem Loch im Fuß auch wirklich die Ursache für die Genesung? Vermutlich nicht. Hier hat die Wirkung, die Heilung der Wunde, nichts mit der vermeintlichen Ursache – den kleinen Zuckerkugeln ohne echten Wirkstoff – zu tun.

Die Verwechslung von Ursache und Wirkung ist ein altes Phänomen. Schon die weisen Römer der Antike kannten einen knackigen Spruch dafür: »Cum hoc ergo propter hoc.« Das heißt auf Deutsch etwa: »Mit diesem, folglich deswegen.« Wenn man diese einfache Gleichung auf die Klapperstörche anwendet, kommt raus: Mit diesen Störchen werden Babys gebracht, folglich gibt es deswegen mehr Babys, wo mehr Störche sind. Für den Satz gäbe es im Deutschunterricht eine »Sechs. Setzen!«. Wenn man aber tatsächlich glaubt, dass die Störche die Kinder liefern, macht das Ganze inhaltlich Sinn. Wenn A da ist, folgt deswegen B. Wenn es mehr Störche gibt, folgen deswegen mehr Kinder.

Korrelation heißt aber nur, dass A und B zusammen auftreten, und nicht, dass A auch die Ursache für B ist. Das ist unserem

Hirn jedoch ziemlich egal. Sie haben ja bereits gelesen, dass unser Oberstübchen ein Fan von »einfach« ist. Stumpf ist Trumpf, das könnte das Motto unserer Psyche sein. Entsprechend fährt unser Hirn auf einfache Wenn-dann-Beziehungen ab. »Wenn es mehr Störche gibt, dann werden mehr Babys geboren« ist so schwachsinnig, dass hier sofort einleuchtet, dass A) die Störche und B) die Babys vielleicht oft zusammen auftreten, aber A sicher nicht die Ursache für B ist.

Dass diese Art von Fehlschluss so klar erkennbar ist, kommt aber nur selten vor. Der deutsche Statistikprofessor Gerd Bosbach hat gemeinsam mit dem Historiker und Werbetexter Jens Jürgen Korff zahlreiche Beispiele zusammengetragen, in denen wir uns von Korrelationen täuschen lassen. Das Spannende an den Beispielen ist, dass sie jeweils ganz unterschiedliche Gründe für unsere Anfälligkeit aufdecken. Es lohnt sich, gegen diese Anfälligkeiten ein paar Warnschilder in den Vorgarten unseres Hirns zu rammen. Warum, verstehen Sie gleich.

Vor einigen Jahren wurde eine Korrelation zwischen der Einnahme des Schmerzmittels Paracetamol und Geschwüren im Zwölffingerdarm festgestellt. Daraus schlossen einige Mediziner, dass Paracetamol als üble Nebenwirkung zu Darmgeschwüren führt. Es wurde öffentlich vor dem Risiko gewarnt. Bis andere Forscher auf den Trichter kamen, dass der Zusammenhang genau andersherum zu erklären ist. Patienten, die an einem Geschwür im Zwölffingerdarm leiden, nehmen deshalb häufiger Paracetamol ein, weil Aspirin, der alternative Wirkstoff, die Symptome des Magengeschwürs verstärkt. Obwohl A) die Einnahme von Paracetamol und B) Darmgeschwüre zusammen auftreten, ist A nicht an B schuld. Sondern umgekehrt. Auf Ihrem Korrelationen-Warnschild Nummer eins notieren Sie also bitte: Achtung, was wir für die Ursache halten, kann oft die Wirkung selbst sein!

Ein weiteres interessantes Beispiel ist der scheinbare Zusammenhang zwischen der Schadensumme von Bränden und der Anzahl der Feuerwehrmänner, die den Brand zu löschen haben. Woran liegt das? Man könnte meinen, dass die Feuerwehrmänner nach Wochen der Langeweile auf ihrer Wache bei einem großen Brand so richtig Gas geben wollen. In Chuck-Norris-Manier rammen die Superhelden mit Wasserschläuchen dann Türen und Fenster ein, decken Dächer ab und spritzen alles mit Wasser und Löschschaum voll, was nicht bei drei auf den Bäumen ist. Klar, dass durch den Übereifer eines jeden zusätzlichen Feuerkämpfers, der zuvor unausgelastet war, die Schadensumme steigt. Kommunen sollten also unbedingt Unternehmensberatungen damit beauftragen, entweder die Mannschaftsstärke für Brände zu optimieren oder den gelangweilten Feuerwehrmännern attraktive Ablenkung zu verschaffen, damit diese im Brandfall nicht mehr zum Hulk mutieren. Beides ist Unsinn. Der wahre Grund für den Zusammenhang von A) der Anzahl an Feuerwehrleuten und B) der Schadensumme eines Brandes lässt sich erst mit C) erklären. In der Psychologie bekommen ganz verschiedene Zusammenhänge oft erst dann einen Sinn, wenn man nicht nur A) und B), sondern auch eine sogenannte Drittvariable, nämlich C), berücksichtigt. So gibt es zum Beispiel Hinweise auf einen Zusammenhang zwischen dem Konsum von Ballerspielen und aggressivem Verhalten. Nun könnte es aber sein, dass dieser Zusammenhang am Geschlecht liegt. Im Vergleich zu Frauen finden es vermutlich mehr Männer unterhaltsam, am Rechner zum Killer zu werden, und außerdem neigen Männer vielleicht eher zu Aggressionen als Frauen. Vielleicht lässt sich der Zusammenhang aber auch durch das familiäre Umfeld erklären. Es könnte sein, dass Jugendliche mit weniger fürsorglichen Eltern mehr Computer spielen und gleichzeitig aufgrund eher negativer sozialer Strukturen auch zu mehr Gewalt bereit sind. Das alles würde beuteten, dass der Zusammenhang zwischen Ballerspielen und Gewalt am Ende nur durch andere Faktoren zustande käme.

Noch mal zurück zu den Feuerwehrleuten: Wenn ein Feuer richtig groß ist, wird viel mehr abgefackelt als bei einem kleinen Feuer. Der Schaden ist entsprechend groß. Und wenn ein Feuer groß ist, lässt die Brandwache natürlich auch mehr Feuerwehrmänner ausrücken. Das C in diesem Fall ist also die Größe des Feuers. Auf Korrelationen-Warnschild Nummer zwei vermerken wir also: Der auf den ersten Blick erkennbare Zusammenhang zwischen zwei Dingen ist oft erst durch eine versteckte Drittvariable verständlich.

Im Wirrwarr der Korrelationen und Kausalitäten gibt es noch einen ganz wichtigen Akteur: den Zufall. Durchstöbert man das Netz, stößt man auf unzählige, scheinbar perfekte Korrelationen, die zum Teil so abstrus sind, dass sie durch nichts anderes zu erklären sind als den reinen Zufall.

Wenn eine psychologische Untersuchung durchgeführt wird, zum Beispiel ein Experiment, kommt man am Ende zu einem Ergebnis. Dieses kann statistisch signifikant sein, was übersetzt bedeutet, dass man davon ausgeht, dass ein Befund nicht zufällig ist, sondern mit hoher Wahrscheinlichkeit besteht. Stellen Sie sich eine ganz simple Untersuchung vor: Sie wählen nach dem Zufallsprinzip hundert Frauen und hundert Männer aus. Alle stellen Sie an die Messlatte und finden – oh Wunder – einen statistisch signifikanten Unterschied in der Körpergröße zwischen Männern und Frauen. Frauen in Deutschland sind im Schnitt etwa 1,65 Meter groß und Männer etwa 1,80 Meter. Signifikant heißt hier also, dass mit sehr hoher Wahrscheinlichkeit kein Zufall vorliegt, sondern das Geschlecht tatsächlich die Größenunterschiede erklärt.

Die Lage ist allerdings nicht immer so eindeutig. Man hat sich darauf verständigt, Ergebnisse von Untersuchungen dann als signifikant anzusehen, wenn die Wahrscheinlichkeit eines Zufalls gering ist. Gering heißt aber nicht gleich null. Die klassische Schmerzgrenze in der Psychologie liegt bei fünf Prozent. Anders gesagt bedeutet das, dass fünf von hundert signifikanten Befunden rein zufällig sein können.

Bezogen auf unser Thema Korrelationen heißt das: Wenn man nur genügend vollkommen abstruse Zusammenhänge sammelt, wächst die Chance, ein paar signifikante Ergebnisse zu angeln. So besteht zum Beispiel seit 1999 eine signifikante Korrelation zwischen der Anzahl von Menschen, die aus ihrem Rollstuhl fallen und daran sterben, und dem durchschnittlichen Preis für Kartoffelchips. Bevor Sie anfangen zu mutmaßen, ob Dickbäuche rein schwerkrafttechnisch dazu neigen, nach vorne zu kippen – glauben Sie mir: Dieser Zusammenhang ist zufällig. Ähnlich ist es mit dem berühmten Minirock-Index, der es immer wieder in die Schlagzeilen schafft. So ist belegt, dass ein Zusammenhang zwischen der weltweiten Konjunktur und der Höhe des gerade angesagten Rocksaums besteht. Rezession gleich Röcke runter. Boom gleich Röcke hoch. Tatsächlich gibt es auch für diesen Zusammenhang wissenschaftliche Belege, aber Mutmaßungen darüber, dass die hauptsächlich von Männern dominierte Managementwelt kopfsteht, wenn die Rocklänge abnimmt, und entsprechend anfängt zu investieren, scheinen doch arg weit hergeholt. Auf dem letzten Korrelationen-Warnschild vermerken wir deshalb: Vorsicht vor dem Zufall! Er lauert hinter vielen Ecken. Gerade die bizarren Korrelationen, auf die sich die Presse stürzt, weil sie so schön sexy, spannend, eklig, merkwürdig oder lustig sind, lassen sich zwar oft irgendwie erklären, sind am Ende aber vermutlich meist reiner Zufall.

Ich bin ein großer Fan von Statistik und Mathe. Das sollte man als Psychologe auch unbedingt sein. Deshalb reizen mich Korrelationen sehr. Mir ist es trotzdem extrem wichtig, vor ihnen zu warnen. Denken Sie an Populisten, die sich hinstellen und mit Statistiken um sich werfen, die einen Zusammenhang zwischen Zuwanderung und Kriminalität belegen. Mag sein, dass es den Zusammenhang gibt, aber das bedeutet noch lange nicht, dass der Fakt, Immigrant zu sein, ursächlich für kriminelles Verhalten ist. Nur wird das leider oft nicht erwähnt. Gleiches gilt in der Werbung. Wenn Sie den Slogan »*SPIEGEL*-Leser wissen mehr« hören, fragen Sie sich dann nicht auch, ob das Mehrwissen tatsächlich an der Lektüre des *SPIEGELS* hängt oder ob Leute, die mehr wissen, sich eben seltener für die *BILD* und häufiger für den *SPIEGEL* entscheiden? Gleiches gilt für Diäten, die zu »signifikantem« Gewichtsverlust führen sollen.

Wenn es am Ende der Werbung heißt, dass neunzig Prozent der pupsenden Omis, die den beworbenen Verdauungsjoghurt essen, mit dem Produkt zufrieden sind, ist Ihnen ab jetzt sofort klar, dass die meisten Kunden, die ein besonderes Produkt kaufen, damit vermutlich auch zufrieden sind. Glauben Sie von mir aus weiter an die Wirkkraft von Globuli (wie auch meine Freundin), so profitieren Sie zumindest vom Placebo-Effekt. In allen anderen Lebenslagen sind Sie aber nun im Vorteil, weil Sie den Unterschied zwischen Korrelation und Kausalität kennen und in Ihrem Hirnvorgarten drei Warnschilder stehen.

19

Lecker Pizza Bollo

Erfolgreich verhandeln mit Dönerbonzen, Gebrauchtwagenhändlern und der besseren Hälfte

Wenn man sich als siebzehnjähriger Schüler selbstständig macht und zu Beginn der Karriere vor allem mit viel älteren und gerissenen Geschäftsmännern zu tun hat, lernt man knallhartes Verhandeln von der Pike auf. Eine frühe Lehrstunde bekam ich gleich im Anschluss an meinen zweiten Auftrag. Für die Eröffnung des Ristorante Piccolo in Wuppertal sollte ich die Speisekarten gestalten. Der Wirt stellte sich mir als Murat vor, der nach der Pleite seines griechischen Imbisses Athenos nun etwas Neues versuchen wollte. Spätestens, als ich »Pizza Bollo-Hawaii mit Hackfleischsoße, Ananas und Formfleischschinken« mit den fünf hochgestellten Zahlen 2 für Geschmacksverstärker, 3 für Analogkäse, 6 für Farbstoffe, 7 für Glutamat und 8 tatsächlich für Koffein von der mit Fettflecken übersäten Speisekartenvorlage abtippte, kamen mir Zweifel am Konzept des neuen Ristorante.

Die zehntausend bestellten Pizzakarten mussten per Expressdruck hergestellt werden, da die Eröffnung bereits für wenig später geplant war. Als die Pakete bald darauf endlich mit der Post kamen, wollte ich gleich in Wuppertal Bescheid geben, dass es losgehen könne. Die Telefonnummer vom Piccolo prangte praktischerweise in Schriftgröße 30 direkt vorne auf den von mir gestalteten Speisekarten. Ich wählte und hörte es tuten. »AOK Wuppertal, Schmidt. Was kann ich für Sie tun?« – »Nichts!«, erwiderte ich perplex, »verwählt«. Also noch mal. Diesmal aber ohne Fehler. »Die AOK Wuppertal, Schmidt. Was kann ich für Sie tun?« – »Wieso ist da nicht die Pizzeria Piccolo?«, fragte ich vorsichtig. »Wieso sind Sie nicht der Weihnachtsmann?«, konterte Frau Schmidt schlagfertig und legte auf. Panisch begann ich, nach Murats krakeliger Vorlage zu suchen. 0202 für Wuppertal und dann, ganz eindeutig: 1637 … Stand da wirklich 7? Es könnte mit viel Wohlwollen auch eine eingefettete 2 sein. Ich wählte noch mal. Statt der 7 jetzt die 2. »Pizzeria Piccolo, Giovanni am Apparat«, meldet sich Murat. Mir rutschte das Herz in die Hose. Ich hatte zehntausend Karten mit der falschen Nummer gedruckt. Bedröppelt gestand ich meinem mühsam gewonnenen Kunden das Malheur und wurde direkt zum Rapport ins Piccolo einbestellt.

Jeder von uns erlebt immer wieder, dass die eigenen Interessen häufig leider nicht mit denen unserer lieben Mitmenschen übereinstimmen. Das reicht von nichtigen Kleinigkeiten wie dem Streit über das abendliche Fernsehprogramm bis zu kriegerischen Auseinandersetzungen zwischen Völkern. Egal, welches Ausmaß ein Konflikt hat, eine Verhandlung hat die Power, ihn zu beenden. Verhandeln bedeutet, sehr verkürzt dargestellt, nichts anderes als die Kommunikation zwischen mindestens zwei Parteien, die davon ausgehen, dass sie unterschiedliche Interessen haben und sich bemühen, eine Einigung zu erreichen. Die Wege hin zu dieser Einigung können ganz unterschiedlich. Es gibt drei Optionen, von denen eigentlich nur eine interessiert.

Option eins ist: Ich verzichte Jesuslike. Der andere kann alles haben, und wenn er mir zum Abschied noch eine reinhaut, halte ich gerne noch die andere Wange hin. Option zwei: Ich hole mir, was ich möchte, mit Gewalt. Wenn ich nicht kriege, was ich will, schlage ich zu oder lasse Flugzeugträger und Panzer vorfahren. Die dritte Option ist die schlaue: Ich verhandle.

Aus psychologischer Sicht sind Verhandlungen deshalb hochspannend, weil die meisten Menschen sie vollkommen verkehrt angehen. Verhandeln, Rabatte rausschlagen oder Deals finden ist uns Deutschen oft unangenehm. Das ist schade. Denn das Schöne an einer gut geführten Verhandlung ist, dass am Ende sogar mehr rauskommen kann als eine reine Win-win-Situation. Das gelingt aber erst, wenn richtig verhandelt wird und man die psychologischen Grundregeln einer schlauen Verhandlung beachtet.

Grundregel eins ist gleich die wichtigste. Sie besagt, dass das Ziel einer Verhandlung nicht sein sollte, den Kuchen fair aufzuteilen. Vielmehr muss das Ziel sein, den Kuchen so groß wie möglich zu machen. Mein Uni-Seminar »Verhandlungen und Konfliktmanagement« begann mit der wichtigen Unterscheidung zwischen *distributiver* und *integrativer* Verhandlung. Bei einer distributiven Verhandlung geht es ums Aufteilen eines einzigen Gegenstandes. Wenn die eine Verhandlungspartei etwas mehr von diesem Gegenstand haben möchte, muss die andere Partei sich mit etwas weniger zufriedengeben. Ziel ist es daher, einen Kompromiss zu finden, damit jeder einen fairen Anteil vom Kuchen bekommt. Als Beispiel für eine solche Verhandlung kann die Geschichte von den zwei Schwestern und der Orange dienen: Marie und Lisa treffen sich in der Küche an der Obstschale. Da liegt noch genau eine Orange neben den Äpfeln und Bananen. Beide greifen nach der Orange, und ein Streit bricht aus, denn beide möchten die Orange unbedingt haben. Nach einigem Hin und Her macht Marie einen fairen Vorschlag. Sie wird die Orange halbieren, und Lisa darf dann wählen, welche der beiden Hälften sie haben möchte. Was die beiden Schwestern aber übersehen, ist, dass es in den meisten Verhandlungen gar nicht (nur) darum geht, einen Gegenstand aufzuteilen. Denn neben der rein distributiven Verhandlung gibt es eben auch die integrative Verhandlung.

Im ganzen Streit um die eine Orange und die Frage, wie man diese nun am fairsten aufteilen könne, haben weder Marie noch Lisa danach gefragt, worum es ihnen eigentlich geht. Marie möchte eine leckere Limonade machen, Lisa einen tollen Orangenkuchen backen. Marie würde die Schale wegwerfen, weil sie nur an den Saft möchte, während Lisa nur die fruchtige Schale der Orange für ihren Kuchen braucht.

Das integrative Potenzial einer Verhandlung zu erkennen, bedeutet, die Interessen der Verhandlungsparteien zu integrieren. Oft lassen sich die Bedürfnisse zweier Verhandlungsparteien so zusammenführen, dass nicht nur eine Win-win-Situation entsteht, in der jeder mit dem Gewinn des fairen Anteils nach Hause geht, sondern ein Win-win-win-Ergebnis drin ist. Das dritte »Win« kommt dann zustande, wenn der Kuchen (oder die Orange), um die verhandelt wird, plötzlich aus mehr als hundert Prozent besteht. Im Fall von Lisa und Marie würde ein Teilen der Orange bedeuten, dass beide nur fünfzig Prozent von dem bekommen, was sie möchten, nämlich die Hälfte der Schale und die Hälfte des Safts. Geschickt verhandelt, hätten beide nach dem integrativen Potenzial suchen müssen – so hätte Marie am Ende hundert Prozent des Safts und Lisa hundert Prozent der Schale bekommen. Zusammen macht das plötzlich zweihundert Prozent Zufriedenheit: aus nur hundert Prozent Orange.

Nach diesem Beispiel war für mich klar, dass eine gute Verhandlung nicht Gegeneinander bedeutet, sondern dass man miteinander nach dem integrativen Potenzial suchen sollte, um den Gewinn für beide Parteien so groß wie möglich zu gestalten.

Grundregel zwei für erfolgreiches Verhandeln lautet: Wie du mir, so ich dir. Der englische Fachbegriff dafür lautet: Tit for Tat. Die Idee von Tit for Tat in einer Verhandlung ist so einfach wie effizient. Ziel der Methode ist Kooperation, ohne über den Tisch gezogen zu werden. Dazu kann man sich eine Verhandlung als eine besondere Art von Boxkampf mit abgewandelten Regeln vorstellen. Statt, wie beim Boxen üblich, direkt aufeinander einzudreschen, beginnen Sie die Verhandlung mit einem Zugeständnis an Ihr Gegenüber. Stellen Sie sich folgende Situation vor: Sie sind seit Jahren ein guter und treuer Mitarbeiter und möchten nun von Ihrem Chef nicht nur mehr Gehalt, sondern auch eine Beförderung, eine teure Fortbildung und ein größeres Büro. Was tun? Um Ihrem Chef direkt zu zeigen, dass Sie die Verhandlung in eine gute und kooperative Richtung lenken möchten, beginnen Sie das Gespräch mit dem Angebot, auf das größere Büro zu verzichten. Machen Sie ihm dabei klar, dass Sie das als Zugeständnis Ihrerseits verstehen. Ab jetzt orientieren Sie sich am Verhalten Ihres Chefs. Wird Ihre Bereitschaft zur Kooperation erwidert, machen Sie weiter. Runde für Runde.

Sie müssen dabei nicht immer Wünsche ganz von Ihrer Verhandlungszieleliste streichen. Aber vielleicht sind Sie bereit, die teure Fortbildung am Wochenende durchzuführen und statt im Hotel bei einem Bekannten zu übernachten. Das Wichtigste beim Tit for Tat ist, dass es Zug um Zug geht. Wie beim Boxen ist jede Runde entscheidend. So vermeiden Sie es, ausgebeutet zu werden. Denn wenn Ihr Chef aufhört, Ihre Zugeständnisse zu erwidern, stoppen Sie ebenfalls. Beim Tit for Tat empfiehlt es sich, stets freundlich und vergebend zu bleiben. Machen Sie Ihre Vorgehensweise transparent. Denn Tit for Tat ist fair, und fair wird akzeptiert. Natürlich ist es unerlässlich, sich vor einer Verhandlung im Klaren darüber zu sein, wo man Abstriche machen möchte und wie gut man diese verkraften kann. Dabei kann es sein, dass Ihr Gegenüber ein ganz anderes Verständnis davon hat, wie hoch Ihnen ein bestimmter Abstrich anzurechnen ist. Wenn Ihr Chef zum Beispiel gewohnt ist, im Hotel zu schlafen, kann es sein, dass er es Ihnen sehr hoch anrechnet, wenn Sie auf diesen Komfort verzichten möchten, um Hotelkosten für die Firma zu sparen. Ihnen macht das aber womöglich gar nichts aus. Im Gegenteil, Sie freuen sich, den alten Freund, bei dem Sie auf der Couch schlafen, endlich einmal wiederzusehen. Das muss Ihr Chef nicht wissen. Wenn Sie rundenweise Zugeständnisse machen, können Sie sehr genau abtasten, welche Art von Abstrich Ihnen ein wie großes Plus beim anderen einbringt.

Grundregel drei auf dem Weg zum Verhandlungsstar lautet: Kenne deine (bitte englisch betonen) BATNA. BATNA ist ein Akronym. Das B steht für »Best«. Das A steht für »Alternative«. Das T für »To«. Das N für »Negotiated«. Und das zweite A für »Agreement«. Zu Deutsch dann in etwa: »die beste Alternative zu einer ausgehandelten Einigung«. Seine BATNA zu kennen bedeutet, vor einer Verhandlung genau zu wissen, was die Alternativen für den Fall sind, dass man sich nicht einig wird. Auch wenn es verwundern mag, hilft genau das, um sich am Ende doch einig zu werden.

Setzen Sie sich gedanklich noch einmal Ihrem Chef am Schreibtisch gegenüber. Sie fordern viel, und es ist unwahrscheinlich, dass Ihr Chef allen Ihren Forderungen zustimmen wird. Genau hier wird es wichtig, dass Sie Ihre realistischen Alternativen kennen. Diese müssen Sie im Vorfeld einer Verhandlung ausarbeiten. Nehmen wir den schlimmsten Fall an. Sie wollen gerade mit Tit for Tat beginnen, da lacht Ihr Chef nur arrogant und sagt: »Ach, Schmitzilein. Du machst einen guten Job hier, aber wo willst du denn sonst auch unterkommen? Du bist weit über vierzig. Dich nimmt doch keiner mehr in unserer Branche. Mach einfach so weiter wie bisher, dann schmeiß ich dich schon nicht raus. Gehaltserhöhungen und Fortbildungen kannst du dir allerdings in deine Halbglatze schmieren.« Eine volle Abfuhr. Und nun?

Wenn Sie Ihre Hausaufgaben gemacht haben und Ihre BATNA kennen, können Sie entspannt zurücklächeln. Sie kennen Ihre Alternativen. In diesem Fall vielleicht eine Konkurrenzfirma, die gerade eine freie Stelle besetzen möchte und sich die Finger nach Ihrem Know-how leckt. Oder Sie haben schon vorher entschieden, dass Sie im Zweifel noch mal umschulen und sich einen neuen Job suchen wollen. Das können Sie Ihrem Chef nun vortragen. Und dann werden Sie sehen, ob er Sie mit Ihrer Qualifikation tatsächlich ziehen lassen möchte. Und wenn sich im Vorfeld herausstellt, dass eine Kündigung Ihres jetzigen Jobs keine Alternative ist, ist es ebenfalls gut, das zu wissen. Denn dann wissen Sie auch, dass Sie die unverschämte Abfuhr Ihres Chefs im Zweifel schlucken müssen.

Die eigene BATNA zu kennen bedeutet Arbeit – und die Bereitschaft, sich wirklich kritisch mit sich selbst auseinanderzusetzen. Wer dazu aber bereit ist, steigert die eigene Macht in Verhandlungen enorm. Dabei ist es grundsätzlich empfehlenswert, nicht nur die eigenen Möglichkeiten, sondern auch die Alternativen der anderen Partei zu kennen. Außerdem sollte man nie zu früh die Karten auf den Tisch legen. Sie wären im Ernstfall bereit zu kündigen? Wunderbar. Aber das heißt noch lange nicht, dass Ihr Chef das wissen sollte. Schauen Sie zunächst, wo die Verhandlung hinführt, ohne Ihre Asse zu früh zu zücken.

Das Erarbeiten einer BATNA wirkt außerdem wie ein Schutzschild gegen typische Gefahren in Verhandlungssituationen. Zum Beispiel kann der Fluss einer Verhandlung dazu führen, dass man am Ende richtig heiß darauf wird, einen Abschluss zu erzielen. Im Nachhinein steht man dann oft mit einem Ergebnis da, das im Vergleich zu den möglichen Alternativen schlechter ist. Um dem zu entgehen, ist es wichtig, seine Optionen genau zu kennen und für sich selbst kritisch bewertet zu haben.

Die Psychologie hält eine ganze Reihe von potenziellen Werkzeugen für eine erfolgreiche Verhandlung parat. Denken Sie nur noch mal an den Ankereffekt. Es empfiehlt sich in einer Verhandlung, zuerst vom Ankereffekt Gebrauch zu machen. Wenn es ums Gehalt geht, sollte Ihre erste genannte Zahl sehr ambitioniert sein und die Schmerzgrenze der anderen Partei übersteigen. Jede Verhandlung hat aber neben der inhaltlichen auch eine soziale Komponente. Wenn Sie mit Ihrer besseren Hälfte darüber verhandeln, welcher Film im Kino geschaut werden soll, ist Ihr Interesse an einer Einigung und vor allem an einer Einigung, mit der beide möglichst zufrieden sind, sicher ein ganz anderes als beim Gebrauchtwagenkauf von einem fremden Kleinanzeigen-Inserenten.

Wenn Sie die drei Grundregeln beachten und ein wenig üben, bin ich sicher, dass Sie bereits nach kürzester Zeit bessere Verhandlungsergebnisse erzielen werden. Dabei werden Sie im Übrigen auch feststellen, dass Sie Dinge zu verhandeln anfangen, die Ihnen bislang gar nicht in den Sinn gekommen sind, und dass Verhandlungen in viel mehr Situationen eine Rolle spielen, als man auf den ersten Blick meinen würde.

Von all den wissenschaftlichen Ansätzen, die ich im besagten Seminar kennengelernt habe, kannte ich noch keinen einzigen, als ich in die »Verhandlung« um die Schadensregulierung der falsch gedruckten Speisekarten für das Ristorante Piccolo ging. Entsprechend scheiterte ich kläglich. Denn mein Gegenüber war zwar kein studierter Psychologe, aber ein knallharter und sehr erfahrener Geschäftsmann. So musste ich am Ende zusammen mit Murats Sohn zehntausend am Computer ausgedruckte Etiketten mit einer Zwei drauf über die falsche Sieben in der Telefonnummer kleben.

20

Voll im Flow

So schön ist es, Berge zu versetzen, wenn man die Welt um sich vergessen hat

Psychologie ist oft ein düsteres Fach. Umso mehr freut es mich, dass die Wissenschaft in den letzten Jahren zunehmend einen Wandel erlebt und immer mehr positive Phänomene untersucht werden. Dazu zählt auch der Flow. Der Begriff »Flow« bedeutet auf Deutsch so viel wie »fließen, rinnen, strömen« und wurde vom berühmten Psychologen Mihály Csíkszentmihályi geprägt. Er beschreibt den Zustand des psychischen Dahinfließens bei der Erledigung von Aufgaben. Csíkszentmihályi fand heraus, dass Menschen auf der ganzen Welt, völlig unabhängig von ihrem Alter, Geschlecht oder Bildungsgrad, das Gefühl der vollständigen Vertiefung und des Aufgehens in einer Tätigkeit verblüffend ähnlich beschreiben. Es ist egal, ob man eine Herzchirurgin, ein Bergsteigerteam oder ein Tanzpaar fragt. Flow beschreiben alle gleich: Man vergisst die Welt um sich herum. Wie von einer unsichtbaren Kraft gezogen, schwimmt man scheinbar ohne Anstrengung in einem reißenden Fluss aus Energie und gelangt so zu größter Befriedigung. Das Fantastische am Flow ist, dass man ihn in ganz unterschiedlichen Bereichen und mit allen Sinnen empfinden kann. Guter Sex ist Flow. Die Lieblingsmusik laut hören ist Flow, oder beim Wandern von einer atemberaubenden Landschaft verschluckt werden. Uns Psychologen interessieren nach der Beschreibung eines Phänomens wie dem Flow immer zwei Dinge. Wie lässt sich das Phänomen erklären und wodurch entsteht es?

Beginnen wir mit der ersten Frage. Stellen Sie sich vor, es wird Frühling, und angespornt von den reißerischen Baumarktwerbespots im Radio entscheiden Sie, das Projekt Terrasse anzugehen. Ihr erster Versuch, die Holzdielen mit einem Tellerschleifer von dem grünen Schleier zu befreien, geht mächtig schief. Das Gerät ist schwer und kompliziert zu bedienen. Immer wieder rutscht das Schleifpapier ab. Die Benutzung übersteigt bei Weitem Ihre handwerklichen Fähigkeiten. Sie satteln um und versuchen nun, nur mit der Hand und einem Stück grobem Schmirgelpapier den Algen zuzusetzen. Einen halben Quadratmeter später geben Sie wieder auf. Immer nur vor, zurück, vor, zurück. Viel zu langweilig und dabei noch sehr mühselig. Da sehen Sie die Rettung. Neben der Regentonne, noch abgedeckt mit einer Plane, wartet schon sehnsüchtig Ihr bester Freund des letzten Sommers: der Hochdruckreiniger. Wenig später halten Sie die vibrierende Wasserspritze in Terminatorstellung im Anschlag und fixieren die Algen im Fadenkreuz des Kärchers. Systematisch beginnen Sie, den grünen Schleier wegzublasen. Das wunderschöne helle Holz kommt zum Vorschein. Sie schwitzen ein wenig, denn das Ganze ist leicht anstrengend. Das Ziel ist klar vor Augen und mit jedem Liter Wasser, der durch den Schlauch fließt, kommen Sie Ihrem Traum von der strahlenden Terrasse ein Stückchen näher. Sie sind voll im Flow.

Flow ist die ideale Balance zwischen Anforderung und Fähigkeit. Wenn Ihre Aufgabe Ihre Fähigkeiten übersteigt, macht sich Frustration breit. Ist es umgekehrt, die Anforderung geringer als Ihr Können, sind Sie gelangweilt. Flow entsteht dann, wenn beides im Einklang ist. Sie ahnen vermutlich, welch hohe Relevanz das Erreichen von Flow damit bekommt. Für Unternehmen gibt es nichts Besseres als Mitarbeiter im Flow. Denn Flow führt zu hoher Effizienz und Zufriedenheit. Natürlich ist es auch für jeden, der ein Instrument lernen möchte, für eine Klausur paukt oder eine Rede auswendig vortragen will, extrem wichtig, in einen Lern-Flow zu kommen. Auch Spitzensportler, denen komplexe Bewegungsabläufe und Höchstleistungen abverlangt werden, müssen im Training durch gute Anleitung und das perfekte Niveau an Forderung und Förderung in den Flow kommen. Wir halten also fest, dass Flow der permanente Drahtseilakt zwischen Überforderung und Langeweile ist. Aber auf einem Drahtseil zu laufen kann man lernen.

Wie? Das Wichtigste ist, das Hirn abzuschalten. Natürlich wissen Sie mittlerweile, dass das unmöglich ist. Was Csíkszentmihályi aber meint, wenn er von einem Verschwinden der Selbstbesinnung spricht, um in den Flow zu kommen, ist, dass man sich gehen lassen muss. Würde ein Fußballspieler auf den letzten Metern vor dem gegnerischen Tor anfangen, aktiv darüber nachzudenken, wie er den Fuß anwinkeln muss und von wo der Wind kommt, dann würde er, verkopft, nicht treffen. Natürlich sind der Fußwinkel und der Wind wichtige Größen beim Torschuss, aber im Flow darf darüber nicht nachgedacht werden. Um Flow-Erfahrungen zu machen, ist es wichtig, sich klare Ziele für die einzelnen Schritte auf dem Weg zum Erfolg zu setzen. Wenn Sie eine Herausforderung im Flow lösen möchten, stellen Sie sicher, dass Sie eindeutig definierte Etappenziele haben und deren Erreichen immer wieder überprüfen können. Vermeiden Sie dabei schwammige Zielsetzungen wie der beste Mitarbeiter werden zu wollen und zerlegen Sie dieses übergeordnete Ziel lieber in kleine, klar umrissene Teilziele. So können Sie auch sicherstellen, dass Sie stets eine Rückmeldung dazu bekommen, ob Ihr Tun richtig und zielführend ist. Auch das ist entscheidend, um Flow zu erreichen.

Jede Art von Störung oder Ablenkung ist schädlich. Wenn Sie im Flow einen Text schreiben möchten, schalten Sie das Internet aus und legen Sie Ihr Handy weg. Bitten Sie andere im Voraus, Sie nicht zu stören. Flow kann man mit einem seltenen Vogel vergleichen. Er ist schwer zu finden und beim kleinsten Geräusch fliegt er davon. Mit dem Flow ist es ähnlich. Eine der wohl entscheidendsten Voraussetzungen für einen perfekten Flow ist die Fähigkeit, den Moment zu genießen. Um das zu erreichen, muss Zeit in den Hintergrund und das Hier und Jetzt in den Vordergrund treten. Noch ein dringender Appell zum Schluss: Wenn Sie das nächste Mal Ihre Terrasse mit dem Kärcher behandeln oder egal welches andere Flow-Erlebnis haben, ersticken Sie alle Gedanken an dieses Kapitel im Keim und lassen sich nur von der Energie des Flows mitnehmen. Denn obwohl man Flow lernen kann, ist das Schönste daran, dass er in uns allen steckt und jeder ihn kennt. Flow funktioniert eben am besten ohne Theorie und Nachdenken.

21

Stresspusteblumen

Warum es keinen Sinn macht, Stressoren wegzublasen

Stress ist ein schillernder Begriff und hochgradig interessant für uns Psychologen. Warum? Weil Stress in so vielen Lebenslagen eine Rolle spielt, weil er oft zu Unrecht verteufelt wird, weil die meisten Deutschen ein stressfreies Leben jedes Jahr ganz oben auf ihren Wunschzettel für den Weihnachtsmann schreiben und weil die Wege in den Stress hinein und aus ihm wieder heraus so wunderbar psycho sind.

Sind Sie öfter mal gestresst? Bestimmt. Wer ist das nicht? Selbst Grundschulkinder sind heute gestresst. Aber was genau ist Stress überhaupt? Und wann schadet oder nützt er uns? Nach dem berühmtesten deutschen Lexikon der Psychologie, das auf den etwas ruppigen Namen »der Dorsch« hört, ist es zunächst einmal wichtig, zwischen bösem Stress und gutem Stress zu unterscheiden. Denn Stress ist nicht gleich Stress. Den guten Stress kennen alle, die wie ich schon einmal eine Veranstaltung organisiert haben. Die Vorfreude auf die bevorstehende Hochzeit oder den runden Geburtstag zum Beispiel kann das ganze Tohuwabohu während der Vorbereitungen zur positiven Energiequelle werden lassen. Firdaus Dhabhar, einer der berühmtesten Stressforscher weltweit und Professor für Psychiatrie an der Stanford University, betont sogar, dass akuter Stress wie eine Peitsche für unseren Organismus wirkt und damit ein wunderbares Geschenk von Mutter Natur ist.

Stellen Sie sich einen stressfreien Neandertaler vor. Völlig entspannt bleibt der vor seiner Hütte hocken, wenn der Säbelzahntiger ins Dorf springt. Während alle anderen Neandertaler – Stress sei Dank – zu Hochform auflaufen und besser sehen, schneller schalten und flinker fliehen, wird unser stressfreier Vorfahre ganz gechillt gefressen. Zum Glück, denn so sind die positiven Eigenschaften von Stress evolutionär bis heute an uns weitergegeben worden. Stress schiebt unser Immunsystem an, versetzt uns in die Lage, körperliche und mentale Höchstleistungen zu vollbringen, und schärft unsere Sinne. Das alles ist der gute Stress, den wir Psychologen als Eustress bezeichnen, weil die griechische Vorsilbe »eu« so viel wie »gut und richtig« heißt.

Wissenschaftler mögen hier genauer differenzieren, die meisten von uns meinen aber den bösen Stress, wenn sie von Stress sprechen und zum Beispiel klagen, wie stressig die letzte Woche war, oder nach einer Ursache für die ersten grauen Haare suchen. Der böse Stress heißt Disstress, vom griechischen »dis« für »schlecht«. Stress ist dann böse, wenn er immer wieder auftritt oder sogar dauerhaft bleibt. Dann entsteht ein Gefühl von Bedrohung und Überforderung.

Genau hier kann die Psychologie zum Glück Abhilfe schaffen. Zunächst muss man verstehen, wie der böse Stress entsteht. Stellen Sie sich vor, Sie bleiben mit drei anderen Personen im Aufzug stecken. Der Mann im Anzug guckt direkt genervt auf seine Rolex. Er möchte einfach nur weiter. Der Junge mit dem Skateboard grinst über beide Ohren und scheint gespannt, was jetzt passiert. Der Dritte lässt krachend seine Einkaufstüten fallen und ist kreidebleich vor Angst. Sie selbst fühlen sich irgendwo zwischen Anzug- und Tütenträger.

Das Beispiel verdeutlicht, dass dieselbe Situation ganz unterschiedlich bewertet werden kann. Stress entsteht durch unsere individuelle Einschätzung einer Situation. Das Steckenbleiben im Aufzug ist für den Mann im Anzug zwar nervig, aber nicht weiter bedrohlich. Der Skater findet das Ganze sogar spannend. Der Mann mit den Einkaufstüten hingegen hat richtig Schiss. Das Feststecken im Aufzug ist für ihn ein Stressor. Stressoren sind alle Reize, die bei einem Menschen Stress entstehen lassen. Bleiben wir beim Herrn mit den Tüten und schauen uns an, wie aus dessen erster Bewertung der Situation ausgereifter Stress wächst.

Der Vater der Stressforschung ist der Österreicher Hans Selye, berühmt für das Zitat: »Ich habe allen Sprachen ein neues Wort geschenkt – Stress.« Mit mehr als 1.700 wissenschaftlichen Arbeiten zum Thema gilt er als Begründer der Lehre vom Stress. Selye beschreibt die Entstehung von Stress in drei Phasen. Die erste Phase heißt Schockphase. Hier reagiert der Körper, indem er alle Kräfte für die Stressbewältigung mobilisiert. Der Sympathikus, also der Teil unseres Nervensystems, der für erhöhte Leistungsbereitschaft und den Abbau von Energiereserven zuständig ist, wird wie ein Außenbordmotor angeschmissen, und es wird kübelweise Adrenalin ausgeschüttet. In dieser ersten Phase passiert einiges mit unserem Körper. Die Pupillen werden groß, die Bronchien erweitert, der Blutdruck steigt, der Herzschlag auch, dazu kommt Gänsehaut. Die Magen- und die Darmtätigkeit werden runtergefahren. Die braucht jetzt keiner. Durch alle diese Maßnahmen erhöht der Sympathikus die Leistungs- und Widerstandsfähigkeit unseres Systems. Stress bringt also richtig Action in die Bude.

All das passiert jetzt gerade dem Mann mit den Einkaufstüten. In seinem Kopf kreist ein brodelnder Mischmasch aus Absturzszenarien, Rationierung seiner Einkäufe zum Überleben und Angst vor dem Ersticken, wenn im Aufzug die Luft knapp wird. Vielleicht denkt er schon darüber nach, wie ein Stückchen Skater-Wade schmecken würde. Genau jetzt beginnt Phase zwei, die Widerstandsphase. Alle Energie, die der Körper aktiviert hat, soll nun dazu genutzt werden, mit der erhöhten Belastung klarzukommen. Dauert der Stress aber zu lange an, ist irgendwann Ebbe. Die dritte Phase, die Phase der Erschöpfung, setzt ein. Unsere Widerstandskraft sinkt wieder. Wie nach einem Hundert-Meter-Lauf geht unserem System die Puste aus. Wir sind platt und erschöpft.

Natürlich fahren die meisten Aufzüge, die zwischen zwei Stockwerken hängen bleiben, nach kurzer Pause einfach weiter. Dann fällt der Stressor weg, und auch wenn der Mann mit den Einkaufstüten vielleicht kurz erschöpft ist, wäre er schnell wieder ganz der Alte. Doch viele Stressoren, denen wir im Alltag ausgesetzt sind, sind zeitlich nicht begrenzt. Lärm, Geschwindigkeit, Leistungsdruck, Überforderung, all das sind Stressoren, die sehr lange anhalten können und unser Leben fest im Griff haben. Genau solcher Dauerstress ist lebensgefährlich. Selye fasst seine drei Phasen als Anpassungssyndrom zusammen. Am Anfang, also in Phase eins und zwei, reagiert unser Körper effizient, indem er uns auf den Umgang mit der Stresssituation vorbereitet. Danach, in Phase drei, wenn das Stresslevel über längere Zeit hinweg nicht abnimmt, reicht eine einfache Reaktion nicht mehr. Unser System muss richtig anpacken. Der Hauptakteur dabei ist gerade mal zehn Gramm schwer, sieht aus wie ein kleines Hütchen, hockt im Bauch unter den Rippen und hört auf den Namen Nebennierenrinde. Wenn Stressoren bleiben, läuft die Nebennierenrinde an und produziert das Hormon Cortisol.

Cortisol ist im Vergleich zu Adrenalin, das in Phase eins und zwei an den Start geht, eine lahme Ente. Aber die Ente hat es in sich. Cortisol ist überlebenswichtig. Es hat zum Beispiel eine entzündungshemmende Wirkung, reguliert den Blutzuckerspiegel und steuert unseren Fettstoffwechsel. Zu viel Cortisol hingegen ist lebensbedrohlich.

Wenn Stress lange anhält, versucht unser Körper mit aller Kraft, uns trotz der hohen Belastung am Laufen zu halten. Dazu brüllt Chef Hirn die arme Nebennierenrinde so lange an, bis die kaum noch geradeaus gucken kann vor lauter Cortisol, das sie ausschütten soll. Das Cortisol lässt den Blutzuckerspiegel rapide steigen und setzt so Energie frei. Zusätzlich unterdrückt es das Immunsystem, denn das würde Energie kosten, die wir aber im Kampf gegen den Stress brauchen. Das Ganze können Sie vergleichen mit 180-fahren-ohne-Öl-im-Getriebe. Irgendwann fliegt alles auseinander.

Selyes Annahmen wurden in zahlreichen Tierversuchen bestätigt. Besonders die bedauernswerten Tupajas, eine Art Eichhörnchen aus Südostasien, wurden dafür im Labor unter Dauerstress gesetzt. Tupajas leben als Pärchen in Revieren, die die Männchen bis aufs Blut gegen Eindringlinge verteidigen. Wenn ein fremdes Männchen zu einem verliebten Tupaja-Paar in den Käfig gesetzt wird, ist Stress vorprogrammiert. Es kommt zu heftigen Kämpfen, die mit Unterwerfung enden müssen. Der Verlierer zieht sich in eine Ecke zurück und verlässt diese nur noch zum hastigen Trinken und Fressen. Vom Sieger wird er nicht mehr beachtet. Kämpfe gibt es kaum noch. Trotzdem geht es dem unterlegenen Männchen immer schlechter. Es hört auf, sich zu putzen, und verliert rapide an Gewicht. Nach wenigen Tagen wird es tot sein.

Daran sind aber nicht etwa die Verletzungen aus dem Kampf schuld, sondern die permanente Anwesenheit des Stressors in Gestalt des überlegenen Männchens. Trennt man die Tiere durch einen Sichtschutz im Käfig, erholt sich der Verlierer rasch und bleibt am Leben. Selbst dann, wenn man beide Tiere über Wochen jeden Tag für einen kurzen Kampf aufeinander loslässt.

Wird statt eines Sichtschutzes ein Gitter eingesetzt, dass die beiden Kontrahenten zwar sicher trennt, nicht aber vor dem Anblick der Bedrohung schützt, kommt es wiederum zum Tod des unterlegenen Tieres durch Stress.

Die Versuche mit den Tupajas belegen, wie gefährlich andauernder Stress sein kann. Natürlich sitzt keiner von uns mit seinem ärgsten Feind und dessen Frau in einem Käfig. Aber der Dauerstress, dem man in modernen Gesellschaften begegnet, kann genauso schlimm sein. Um mit der Überdosis bösen Stresses klarzukommen, muss man aktiv gegensteuern. Und dieses Gegensteuern bezeichnen wir Psychologen als »Coping«.

Die wenigsten wissen vielleicht, dass sie so heißen, aber alle Menschen nutzen Coping-Strategien. Diese zielen auf Veränderung ab. Veränderung in Bezug auf die Situation, unser Verhalten, unsere Gedanken oder unsere Emotionen – und zwar als Antwort auf Stressoren, die uns über den Weg laufen. Es gibt unzählige Coping-Strategien, aber am wichtigsten sind zwei: das problembasierte und das emotionsbasierte Coping.

Das problembasierte Coping ist am besten, aber es funktioniert nicht immer. Wie der Name schon vermuten lässt, geht es hier um das Problem. Genauer gesagt: um die Beseitigung des Problems. Ziel ist es, den Stressor an der Wurzel zu packen und ihm wie einem lästigen Löwenzahn auf englischem Rasen ein für alle Mal den Garaus zu machen.

Nehmen wir zum Beispiel den Stress, der in einer ungesunden Beziehung entsteht. Wer die Ignoranz und Gleichgültigkeit seines langweiligen Ehepartners seit Jahren nur deshalb erträgt, weil die Kinder noch nicht aus dem Haus sind, der könnte den Stressor mit der Scheidung »beseitigen«. Damit wäre dann zunächst vermutlich anderer Stress verbunden, aber auf lange Sicht wäre das »Unkraut« vom eigenen Rasen entfernt. Ein problemorientiertes Coping besteht aus drei Schritten. Schritt eins: Ich muss zu hundert Prozent sicher sein, was genau der Stressor ist. Vielleicht ist gar nicht der Partner die Wurzel des Stresslöwenzahns in meiner Beziehung, sondern ich bin es selbst. Vielleicht bin ich unzufrieden mit meinem Job und deshalb zu meinem Partner gemein und launisch. Am Anfang müssen die Karten auf den Tisch. Man sollte ehrlich zu sich selbst sein bei der Suche nach der Stressquelle und die Fühler lieber in viele Richtungen ausstrecken statt nur in die erstbeste.

Nehmen wir nun der Einfachheit halber an, dass tatsächlich der Partner des Übels Ursprung ist. Dann folgt Schritt zwei, das Finden von Optionen. Wenn mein Partner mich so sehr nervt, dass ich über eine Scheidung nachdenke, heißt das noch lange nicht, dass die Scheidung auch die einzige Option raus aus dem Stress ist. Paartherapie, zeitlich begrenzter Abstand voneinander, ausgiebige Gespräche und so weiter könnten es ja auch tun. Welche Option am besten ist, kann man vielleicht nicht immer mit Sicherheit sagen. Doch wenn es mir durch einen Stressor wirklich schlecht geht, sind die meisten Optionen besser, als weiter im Stress zu leben. Trotzdem ist es unerlässlich, seine Optionen – und wenn es nur eine ist – zu kennen. Das ist mit dem Kennen der eigenen BATNA bei Verhandlungen zu vergleichen

Stehen der Stressor und die Optionen fest, kommt der letzte Schritt: handeln! Klingt trivial, aber vermutlich ist das der schwerste Schritt. Wirklich zum Amt zu marschieren, um die Scheidungspapiere einzureichen, verlangt einem einiges ab. Nur, daran führt beim problemorientierten Coping kein Weg vorbei. »Taking action« heißt es in der Stressliteratur. Gemeint ist damit: das Zepter in die Hand nehmen, das Visier hochklappen und tun, was getan werden muss.

Das problemorientierte Coping hat nur eine Achillesferse: Der Stressor muss veränderbar sein. Unzählige Stressoren sind das aber nicht. Wenn man Krebs hat, hat man Krebs. Man kann das Problem an der Wurzel packen und eine Chemotherapie machen, aber wenn die nicht anschlägt, hat man weiter Krebs. Da beißt die Maus keinen Faden ab. Oder wenn das Gehalt als Pförtner nicht reicht und man nachts noch Taxi fahren muss, um den Kindern die Klassenfahrt zu bezahlen – dann ist die doppelte Belastung ein fieser Stressor, den man nicht abschalten kann. Es gibt unzählige weitere Beispiele, und auch wenn es in der Theorie doch irgendwie immer einen Ausweg zu geben scheint, um den Stressor als Problem zu beseitigen, ist das in der Praxis oft unmöglich.

Wenn man den Stressor also nicht loswerden, mindern oder zumindest umgehen kann, hilft emotionsbasiertes Coping. Hierbei geht es darum, die Stressreaktion zu verwandeln. Und zwar im Hirn, also über die Psyche. Emotionsbasiertes Coping zielt darauf ab, die eigenen Reaktionen, Gefühle und Emotionen, die ein Stressor auslöst, zu verändern, um seine negativen Auswirkungen zu stoppen oder zumindest einzudämmen. Wenn also ein Stressor A bisher bei Ihnen eine negative Emotion B ausgelöst hat, ist jetzt das Ziel, diese negative Emotion B in den Griff zu bekommen oder sie sogar in eine positive Emotion C zu verwandeln. Beim Beispiel Krebs mag das für Nicht-Betroffene nur schwer vorstellbar sein. Wenn man die Diagnose einer tödlichen Krankheit erhält, führt das erst einmal zu Stress und sehr negativen Emotionen. Im Verlauf solcher Krankheiten jedoch, berichten Betroffene immer wieder, ändere sich ihr Umgang mit dem Stressor und bewirke, dass sie mitunter sogar Kraft und Inspiration aus der Krankheit ziehen könnten.

Verlassen wir diesen Bereich und fliegen gedanklich noch mal zurück in den feststeckenden Aufzug. Der Herr mit den Einkaufstüten reagiert auf die vermeintliche Gefahr mit der Emotion

Angst. Wenn er diese Emotion als Reaktion auf den Stressor verwandeln möchte, könnte er zum Beispiel Unterstützung suchen, indem er die anderen anspricht und seine Angst offen eingesteht: »Ich muss zugeben, dass ich mir gleich in die Hosen mache, liebe Leute. Wie können Sie nur so ruhig bleiben?« Der Skater lässt einen coolen Spruch los, woraufhin der Mann im Anzug lacht. Tatsächlich fängt jetzt auch der Herr Schisshase an, ein wenig zu lachen. Noch zögerlich, aber er ist auf gutem Wege. Genau das ist der Ansatz des emotionsbasierten Copings.

Es gibt ganz verschiedene Möglichkeiten, die Verbindung zwischen einem Stressor und einer ungewollten negativen emotionalen Reaktion durch eine gewollte positive emotionale Reaktion zu ersetzen. Erinnern Sie sich noch an das Reframing, das Umrahmen unserer Wahrnehmung? Das funktioniert auch im Umgang mit Stress. Die anstehende Klausur stresst mich total. Dann rahme ich sie um und mache aus dem Stressor Klausur einen Treiber, der mich dazu bringt, mir neues Wissen in einem Fach anzueignen, in dem ich später beruflich Erfolg haben möchte. Ein weiterer Ansatz basiert auf dem Wissen um unsere kognitiven Verzerrungen. Ihr Ehepartner nervt Sie garantiert wieder bis zum Umfallen, wenn Sie nach dem stressigen Bürotag daheim nur noch auf die Couch kippen wollen, wodurch der Abend genauso stressig wird, wie es auf der Maloche schon war? Dann erinnern Sie sich an die sich selbst erfüllende Prophezeiung und überlegen Sie, was Sie an *Ihrem* Verhalten ändern könnten, damit es nicht zum erwarteten Verhalten Ihres angetrauten Stressors kommt. Tatsächlich ist unser Umgang mit Stressoren genauso von den Denkfehlern und faulen Abkürzungen unseres Hirns betroffen wie alle anderen Dinge, die wir tun. Sich dessen bewusst zu werden, kann den Blickwinkel auf einen Stressor und damit dessen Auswirkungen grundlegend verändern.

Eine ganz entscheidende Rolle im emotionalen Umgang mit Stress spielt außerdem das Umfeld. Wenn ich von etwas wirklich gestresst bin, rede ich darüber und mache mir Luft. Freundin, Familie und Kumpels können wie ein Ventil für stressgetrübte Emotionen wirken, weil bereits das Aussprechen und Teilen der negativen Gefühle dazu beiträgt, diese loszuwerden.

Emotionsbasiertes Coping zur Beseitigung von Stress ist wie eine Regenjacke. Wenn heute Sauwetter ist, ändern Sie das nicht. Aber Sie können sich so anziehen, dass Sie nicht nass werden. Es heißt so schön, dass es kein schlechtes Wetter gibt, sondern nur schlechte Kleidung. Ich gehe nicht so weit zu sagen, dass es keinen schlechten Stress gibt, aber sehr oft ist der Stress nur deshalb schlecht, weil wir ihm emotional ungeschickt begegnen.

Leider gibt es eine gewisse Skepsis gegenüber emotionsbasiertem Coping. Jeder mag die Idee des problemorientierten Copings und die Vorstellung vom Löwenzahn, den man bei der Wurzel packt und ausreißt. Weg ist das Problem, weg ist der Stressor. Sich etwas »schönzureden« beziehungsweise den emotionalen Umgang mit einem Stressor oder dessen Rahmen zu verändern, klingt da viel weniger radikal und fast ein wenig halbherzig. Aber das ist Unsinn. Überlegen Sie einmal, wie viele Stressoren sich in Ihrem Alltag tummeln. Bei mir sind es unzählige. Allein die Vorstellung, all diese Stressoren, die in meinem Leben wuchern, ausreißen zu müssen, bereitet mir mehr Stress als alle Stressoren zusammen. Da lebe ich lieber auf einer Wiese voller Löwenzahn und freue mich, wenn ich die Samen der verblühten Pusteblumen so wunderbar durch die Luft blasen kann.

22

Zusammen sind wir ein paar weniger

Wie soziales Faulenzen ganze Teams lahmlegen kann

Teamarbeit. Ich weiß nicht, wie es Ihnen geht, aber ich kann es nicht mehr hören. Egal, wo man sich bewirbt, kommt irgendwann die Frage nach der eigenen Teamfähigkeit. »Beschreiben Sie uns doch einmal eine besondere Herausforderung, die Sie im Team gelöst haben.« Wenn Sie diesen Satz in einem Bewerbungsgespräch zu hören bekommen, sind Sie gut beraten, schon beim Wort »Team« ein Glänzen in Ihre Augen zu zaubern. Voller Begeisterung sollte Ihre Antwort in etwa wie folgt beginnen: »Oh, da gibt es ganz viele. Besonders positiv ist mir in Erinnerung geblieben, wie ...« Hängen Sie jetzt die Beschreibung einer vollkommen beliebigen Teamsituation an. Dabei betonen Sie, dass Sie nur durch das erfolgreiche Zusammenarbeiten mit den anderen die beste Lösung erreichen konnten und Sie genau hierin den Mehrwert von Teamwork sehen. Vielleicht merken Sie noch an, dass Sie sich als echten Teamplayer empfinden und gerne mit anderen an einem Strang ziehen. Aus eigener Erfahrung verspreche ich Ihnen, dass – wenn Sie im weiteren Verlauf des Gesprächs nicht nur noch Bockmist verzapfen – Sie Ihren Traumjob schon so gut wie in der Tasche haben.

Teamarbeit ist modern und wichtig. Sagen alle, machen alle und dann muss es doch auch stimmen. Dass Teamwork zwingend zu größerer Effizienz, Kreativität und Leistung führt, ist aber in etwa eine so fundierte Aussage wie dass Zahnpasta Pickel verschwinden lässt. Manchmal sind Teams toll und genau das Richtige. Manchmal verschwinden allerdings auch in Elmex getränkte Eiterpocken aus Teenie-Gesichtern.

Schlecht organisierte Teamarbeit kann zum regelrechten Leistungskiller werden. Besonders dann, wenn zwar alle »teamen«, aber nur einer »wörkt«. Die Idee, die vier Buchstaben T–E–A–M in »Toll, ein anderer macht's!« zu übersetzen, bezeichnen wir Psychologen als *social loafing*, zu Deutsch also soziales Faulenzen. Das erste Experiment hierzu wurde von dem französischen Agraringenieur Maximilien Ringelmann durchgeführt. Dieser untersuchte Ende des 19. Jahrhunderts die Effizienz von allem, was in der Landwirtschaft Arbeit verrichtete. Also Ochsen, Pferde, Menschen und Maschinen. Uns interessieren die Menschen. Für seinen berühmten Versuch ließ Ringelmann eine Gruppe junger Männer antreten, um an einem Tau zu ziehen. Dabei maß der Franzose, wie viele Kilo die Männer ziehen konnten, als Größe für Effizienz. Ein Einzelner schaffte im Schnitt stolze 85 Kilo. Sieben zusammen 455 Kilo. Umgerechnet also nur 65 Kilo pro Person. Damit leisteten die Tauzieher in der Gruppe fast ein Viertel weniger als alleine. Statt Steigerung also ordentliche Leistungsverluste. Zusammen an einem Strang ziehen? Pustekuchen!

Ringelmanns Experiment wies Schwächen auf. Beim gemeinsamen Ziehen an einem Seil tritt man sich zum Beispiel gegenseitig auf die Füße oder hat einen schlechteren Stand und kann dadurch weniger leisten. Trotzdem stieß Ringelmanns Tauziehen eine Reihe von weiteren Versuchen an, die das soziale Faulenzen sicher belegen. Findige Forscher aus den USA statteten Probanden zum Beispiel mit Augenbinden aus und ließen sie im Glauben, Teil einer Gruppe zu sein. Diese Probanden erfüllten ihre Aufgabe weit schlechter als solche, die alleine waren. Wieder andere Forscher konnten zeigen, dass besonders Menschen, die ihre Fähigkeiten für überdurchschnittlich halten, bei eher simplen Gruppenaufgaben die Füße hochlegen und lieber die anderen die Arbeit machen lassen. Auch die Annahme, aus einem Raum voll kluger Köpfe bessere Ideen pressen zu können als aus mehreren Räumen mit allein denkenden Köpfen, ist Irrglaube. Eine wissenschaftliche Auswertung von mehr als achthundert Teams ergab, dass der Output an guten und kreativen Ideen abnimmt, je mehr Köpfe gleichzeitig und in Interaktion miteinander zum Rauchen gebracht werden. Natürlich gibt es auch unzählige Aufgaben, bei denen Teamarbeit nicht nur zu besseren Ergebnissen führt, sondern schlicht unumgänglich ist. Wir bräuchten multitaskingfähige Kraken-Chirurgen, die alleine Tupfer, Skalpell, Spreizer, Laser, Beatmungsmaschine und Halogenstrahler bedienen, um die Hochleistungsteams aus den OP-Sälen zu ersetzen. Segelschiffe würden kentern, Fußball würde langweilig und Hochseilartisten würden sterben, wenn Teams nicht funktionierten. Aber Teams funktionieren eben nicht von alleine.

Wenn Sie das nächste Mal in einem Team arbeiten, ob als Teamleiter oder einfaches Mitglied, setzen Sie alles daran, soziales Faulenzen so unbequem wie möglich zu machen. Ein wichtiger Hebel dafür ist erhöhte Identifizierbarkeit. Je einfacher erkennbar ist, wer welchen Teil zur Teamleistung beiträgt, desto mehr fallen fehlende Leistungsbereitschaft und mangelndes Engagement auf. Sobald potenzielle Faulenzer sich nicht mehr hinter der Anonymität der Gruppe verstecken können, sondern sich deren sozialem Druck ausgesetzt fühlen, können aus ihnen wahre Teamkraftpakete werden.

23

Vier Bier vor vier

Da kommen unsere Süchte her, und so jagen wir sie wieder weg

Mit dem Psychologe-Sein ist es genauso wie mit dem Lehrer-Sein, Pilot-Sein oder Tischler-Sein auch. Am Anfang muss man lernen, was man später als Profi in der freien Wildbahn machen soll. Daher ist es extrem wichtig, dass Psychologiestudenten, von denen viele – anders als ich – nach der Uni Psychotherapeuten werden möchten, früh Kontakt zu Patienten bekommen.

Als Psychologe arbeitet man, genau wie ein Arzt, in den meisten Fällen mit Menschen. Der Unterschied ist allerdings, dass man unseren Beruf nur schwer an einer Leiche erlernen kann. Entsprechend ist der Ansatz im Psychologiestudium ein anderer. In Rollenspielen und Diskussionsrunden wird man intensiv auf den Kontakt mit echten Patienten vorbereitet. Da kann einiges schieflaufen. Statt also direkt ans Eingemachte zu gehen, durchläuft man als Psychologiestudent eine umfangreiche Vorbereitung. Man lernt sehr viel über ganz unterschiedliche Störungsbilder. Man wird in sehr spezifischen Arten der Gesprächsführung geschult. Man liest Fallstudien und sieht Schulungsfilme. Man stellt Herausforderungen an einen Therapeuten in Rollenspielen realitätsnah dar und übt, übt, übt immer wieder. Erst wenn man ein sehr breites Spektrum an Fähigkeiten und Wissen durch das Studium erlangt hat, kommt die Realität.

Die Realität findet dann in Seminaren und damit in sehr kleinen Gruppen unter enger Anleitung der Dozenten statt. Dabei steht weniger die Interaktion mit dem Patienten im Vordergrund als vielmehr ein Kennenlernen des jeweiligen Profils. Natürlich wird niemand vorgeführt. Die Patienten kommen aus freien Stücken, vollkommen aufgeklärt und bewusst. Diverse Störungsbilder schließen sich damit natürlich gleich von selbst aus.

Eines der für mich prägendsten und aufschlussreichsten Seminare, das ich während meines Studiums in Münster besucht habe, zielte auf die Aneignung klinisch-psychologischer Basiskompetenzen ab mit einem besonderen Schwerpunkt auf Störungen durch Substanzkonsum. Das Seminar lebte einerseits vom Dozenten, der sich darauf verstand, uns Studenten die komplexesten Störungsbilder sachlich und sehr verständlich zu erklären, und andererseits von den verschiedenen Patienten mit einer Substanzstörung, die zu uns kamen und berichteten. Von Alkohol über Kokain bis hin zu Cannabis erinnerte die vertretene Drogenpalette an das Mantelinnere eines Dealers hinterm Bahnhof.

Zu allem, was man im Rahmen einer solchen Veranstaltung erfährt, gilt selbstverständlich eine strenge Schweigepflicht. Entsprechend werde ich hier Namen und Geschlechter ändern und die Fälle so stark abgewandelt beschreiben, dass sich niemand darin wiederfinden würde. Meinen Gesamteindruck aber gebe ich realistisch wieder.

Bei psychischen Störungen, die mit Substanzkonsum zu tun haben, ist es wie mit vielen anderen psychischen Störungen auch: Die meisten Menschen werden Teile der Störungsbilder von sich selbst her kennen. Entsprechend ambitioniert verfasst die Bundesregierung jedes Jahr einen dicken Bericht, in dem die vielen Millionen süchtigen Deutschen fein säuberlich nach »Droge« sortiert, gezählt und in schicke Balken- und Tortendiagramme gegossen werden. Dabei sind bei Weitem nicht alle nach Heroin, Kokain, Crystal Meth, Amphetaminen oder Alkohol süchtig, sondern sehr viele – Sie vielleicht auch – nach Stoffen wie Nikotin, Koffein, Steroiden, Fett und Zucker, Glücksspiel, Arbeit, Liebe oder Sex.

Nennen wir die erste Patientin, die zu uns ins Seminar kam, Susanne. Susanne hatte, wie sie meinte, früher einen ganz normalen Job und führte eine ganz normale Ehe. Aber irgendwann ließ sich ihr Mann scheiden, um eine andere zu heiraten. Die Kinder nahm er mit. Susanne wurde kurz darauf gekündigt. Sie fing an zu trinken: zwei Flaschen Wein am Tag, bevor sie mit der Therapie begann. Wenn eine Frau über den Tag verteilt mehr als zehn Gläser Wein trinkt, und das täglich, ist klar, dass sie süchtig ist. Süchtig nach Alkohol. Aber wo ist die Grenze? Erinnern Sie sich an die Grenzwerte, die bei der Diagnose einer psychischen Störung immer eine Rolle spielen. Ist das allabendliche Glas Rotwein oder das Feierabendbier auf der Couch auch schon Sucht? Ist der permanente Blick aufs Handy, das ständige Lesen von Facebook-Beiträgen irgendwann eine Abhängigkeit? Ist das immer neue Bestellen von Klamotten eine Kaufsucht?

Aus psychologischer Sicht wird Abhängigkeit ganz formell wie folgt definiert: Ein unangepasstes Muster von Substanzgebrauch, das in klinisch bedeutsamer Weise zu Beeinträchtigungen oder Leiden führt. Die klinisch bedeutsamen Leiden können sich dabei unterschiedlich äußern. Wer wie ich mehrmals pro Stunde auf sein Handy guckt und nervös wird, wenn das kleine Batteriesymbol oben im Display nur noch ein Schlückchen Saft anzeigt, wird im allgemeinen Sprachgebrauch vielleicht als handysüchtig bezeichnet. Aber in klinisch bedeutsamem Ausmaße leide ich sicher nicht darunter, und wenn ich nicht gerade vor eine Laterne renne, weil ich schon wieder auf das Display statt auf die Straße geschaut habe, bin ich durch meinen Handykonsum auch nicht eingeschränkt.

Bei Susanne war das anders. Ihr Weinkonsum schränkte sie ein, und da sie sich am Ende so elend fühlte, dass sie sich selbst mit dem Taxi ins Krankenhaus einlieferte, kann man auch von einem echten Leiden sprechen.

Um ganz offiziell eine Abhängigkeitsdiagnose zu bekommen, müssen neben der Tatsache des Leidens und der Einschränkung außerdem mindestens drei der folgenden sieben Kriterien in einem Zwölfmonatszeitraum erfüllt sein. (Wenn Sie mögen, picken Sie sich das Verhalten oder die Substanz raus, die auch für Sie ein Thema sind, und zücken Sie dazu einen Bleistift. Kreuzen Sie jedes Kriterium an, das auf Sie zutrifft.)

Kriterium eins: Man entwickelt eine Toleranz. Das heißt, dass die Messlatte nach oben geschoben wird. Körper und Psyche fangen an, sich an den Stoff zu gewöhnen, und tolerieren größere Mengen. Im Fachjargon spricht man von einer deutlich verminderten Wirkung bei gleicher Dosis oder dass eine größere Menge der Substanz benötigt wird, um eine Intoxikation zu erreichen. Übersetzt also: Michael, der ebenfalls in unser Seminar kam, berichtete, zu Beginn seiner Abhängigkeit schon nach zwei Joints so high gewesen zu sein, dass er Aladin auf seinem fliegenden Teppich überholt hätte. Nach drei Jahren Cannabiskonsum ohne Pause spürte er den Rausch erst nach der zwölften Tüte.

Kriterium zwei: Es gibt Anzeichen von Entzugserscheinungen. Den leidvollen und sehr belastenden Entzug von Heroin beschreibt John Lennon in seinem Song »Cold Turkey« zum Beispiel als fiebrige Hölle, mit Gänsehaut und Schmerzen am ganzen Körper, wenn die Wirkung des Stoffs nachlässt. Ein Alkoholiker, den ich außerhalb des Seminars kennenlernte, erzählte mir, dass sein Körper und sein Hirn ihn nachts um drei aus dem Bett schrien, weil der Alkoholpegel im Schlaf anfing zu sinken. An Ruhe und geschlossene Augen war nicht mehr zu denken, bis nicht nachgeschüttet wurde. Also auf zur Tanke, noch ein Sixpack kaufen. Und das schnell, denn wenn der Pegel weiter sank, so erklärte er mir, war an Autofahren nicht mehr zu denken.

Was Entzugssymptome angeht, ist sehr wichtig zu beachten, dass nicht alle mit Pauken und Trompeten über einen herfallen. Der Raucher ohne Zigaretten wird vielleicht einfach nur hibbelig und der Kaffeejunkie ohne zwei Tassen Mokkabrühe launisch und gereizt.

Kriterium drei: Man konsumiert mehr und öfter als beabsichtigt.

Kriterium vier: Das kennt vermutlich jeder, der auch nur im Ansatz schon mal nach irgendwas süchtig war: erfolglose Versuche, den Konsum unter Kontrolle zu bringen oder zumindest zu verringern. Susanne zum Beispiel erzählte uns, dass sie sich immer wieder vornahm, ohne Wein in die neue Woche zu starten. Und wenn dieses Vorhaben schon am Montagabend scheiterte, wurde gleich das nächste Ziel, nämlich dann zumindest weniger zu trinken, ausgerufen. Das scheiterte dann am nächsten Morgen.

Kriterium fünf: der hohe Zeitaufwand, um an den Stoff zu kommen, ihn zu konsumieren und sich dann von den Folgen wieder zu erholen.

Kriterium sechs: Es kommt zu sozialen oder beruflichen Abstrichen, weil man vor lauter Abhängigkeit seine Sachen nicht mehr auf die Reihe kriegt beziehungsweise anfängt, andere Menschen zu meiden.

Und zu guter Letzt, Kriterium sieben: die Fortsetzung des Konsums, obwohl bereits feststeht, dass sich das Ganze negativ auf die eigene Psyche und den Körper auswirkt.

Vor allem das letzte Kriterium schien aus meiner Sicht von besonderer Relevanz. Alle Personen, die zu uns ins Seminar kamen, um über ihre Abhängigkeit zu sprechen, hatten die Einsicht, dass sich ihr Konsum negativ auf ihr Leben auswirkte und sich etwas ändern müsste. Deshalb hatten sie sich in Behandlung begeben.

Ich kenne aber auch Alkoholiker, die sich nicht helfen lassen, und Raucher, die päckchenweise qualmen, obwohl sie wissen, dass das nicht gut sein kann. Darüber hinaus gibt es noch eine ganze Reihe von Verhaltenssüchten, bei denen es noch schwerer fällt, sich selbst einzugestehen, dass man Hilfe braucht. Bei der Kaufsucht zum Beispiel wird das »Sich etwas kaufen müssen« als starker innerer Zwang erlebt, dem auch dann nachgegeben wird, wenn man es sich eigentlich nicht leisten kann. Daraus entstehen dann Schuldgefühle und oft soziale und finanzielle Schwierigkeiten. Ähnlich zwanghaft agieren Menschen, die unter Arbeitssucht leiden. Vollkommen fixiert auf die Arbeit und getrieben von der Angst vor Misserfolgen verblasst die Fähigkeit, die verbleibende Freizeit erfüllend zu gestalten. Die Sexsucht, mit der Golfstar Tiger Woods versuchte, seine zahlreichen Affären kleinzureden, gibt es tatsächlich auch. Sie kommt besonders bei Männern vor und äußert sich durch das extreme Verlangen nach sexuellen Handlungen und Befriedigung.

Sucht kann ganz unterschiedlich ausfallen. Wenn Sie eben an das Gläschen Wein am Abend gedacht haben und die Kriterien einer Abhängigkeit durchgegangen sind, haben Sie vielleicht nicht einen einzigen Haken gesetzt. Tatsächlich sträuben sich die meisten davor, ihre alltäglichen Laster als echte Abhängigkeit zu verstehen. Aber das Prinzip von Abhängigkeit ist immer das gleiche. Egal ob Heroin oder Kaffee. Schuld daran ist (wie immer) unser Gehirn. Um beim Beispiel Alkohol zu bleiben, muss man sich nur klarmachen, wie wunderbar locker und entspannt man nach zwei, drei Gläsern Wein wird. Susanne ging es am Anfang nicht anders. Zum Abendessen ein, zwei Gläser, und ihre Sorgen wurden erträglicher oder verschwanden ganz im entspannenden Alkoholdunst, der ihr Hirn umnebelte.

Genau das merkt sich unser Hirn. Suchtmittel sind wie Piraten, die in unserem Kopf die Mechanismen entern, die sonst für Wohlbefinden und Glücksgefühle zuständig sind. Diese guten Gefühle sind überlebenswichtig und treiben uns an, solange sie sinnvoll eingesetzt werden. Mit einer Abhängigkeit machen wir die Mechanismen kaputt. Nicht von jetzt auf gleich, sondern schleichend. Die Abhängigkeit kommt nur in wenigen Fällen schnell. Wenn sie dann aber da ist, wird es schwer, sie wieder loszuwerden.

Die größte Hürde auf dem Weg aus einer Abhängigkeit ist die eigene Motivation. Die meisten Menschen begeben sich nur infolge äußeren Drucks in Behandlung. Dieser Druck kann vom Partner oder von der Chefin kommen, von einer Behörde, die den Führerschein entzieht, oder vom Körper, der einfach nicht mehr kann und krank wird. Den Prozess, diese Motivation aufzubauen und sie dann nicht nach den ersten kleinen Erfolgen wieder zu verlieren, kann man aus psychologischer Sicht in drei Phasen unterteilen. Zuerst muss beim Patienten, getrieben durch den äußeren Druck, ein Verständnis für die Notwendigkeit von Veränderung geweckt werden. Dann muss der Patient die Vorteile dieser Veränderung für sich entdecken. Am Ende muss er selbst zur Überzeugung gelangen, dass die Veränderung zu meistern ist. Alles nicht einfach, aber erst, wenn diese drei Schritte geschafft sind, sind Maßnahmen zu einer tatsächlichen Verhaltensveränderung sinnvoll.

Natürlich sind es gerade die »kleinen« Abhängigkeiten im Alltag, die man selbst in den Griff bekommen kann. Das ist nicht einfach, aber der erste Schritt ist auch hier die Erkenntnis. Um zu überprüfen, ob man von einer Gewohnheit oder Substanz abhängig ist, kann man das eine oder andere einmal testweise weglassen. Fünf Tage kein Bier nach dem Feierabend oder kein Scrollen durch Facebook. Das ist am Anfang nicht schön, aber sinnvoll und machbar. Für mich persönlich ist es außerdem hilfreich, das – wie ich es nenne – Mal-Spiel zu spielen. Ich nehme meine kleinen Süchte mal zehn und schaue, ob ich dann die Kriterien einer Abhängigkeit erfüllen würde. Wenn nicht, ist alles gut. Wenn doch, bin ich immer noch weit genug entfernt, um locker gegensteuern zu können. Den Multiplikator muss jeder selbst festlegen, aber alleine der Gedankengang, dass ein Gewohnheitslaster eine (stark) abgeschwächte Form von Sucht sein kann, finde ich schon hilfreich.

Und am Ende möchte ich unbedingt noch einen kleinen Appell loswerden, was die größeren Abhängigkeiten betrifft: Die Profis können helfen, und das effizient. Nicht mit kleinen Gedankenspielen oder Abstinenztests, wie sie sich für den Hausgebrauch eignen, sondern mit einer gezielten Verhaltenstherapie. Die zielt darauf ab, zu begreifen und zu verstehen, was da mit einem passiert. Susanne konnte sehr reflektiert von ihrer Sucht berichten und schien starken Halt in der Therapie zu finden. Verhaltenstherapien verändern den Umgang mit den Reizen, die das Verlangen und damit die Abhängigkeit bestimmen. Sie helfen, die Sucht in den Griff zu bekommen und mit Rückfällen umgehen zu lernen sowie Widerstandskräfte aufzubauen, damit die Drogenpiraten im Hirn keine Chance mehr haben, irgendwelche Glücksgefühlboote zu kapern.

24

Heute hatte ich viel vor, jetzt habe ich morgen viel vor

Der Fluch der Aufschieberei

Psychologie ist ein sehr lernintensives Studienfach. Zwei Mal im Jahr ist Klausurenphase. Dann heißt es wochenlang Fakten, Zahlen, Formeln und Definitionen in den Kopf zu schaufeln, bis nichts mehr hineinpasst. Im Anschluss gilt es, den gut durchgekauten Wissensbrei aus der vollen Birne häppchenweise auf die Klausurbögen zu kotzen. Auch wenn es ein beruhigendes Gefühl ist, dass seit der Abschaffung der Diplomstudiengänge am Ende des Studiums keine große Examensprüfung mehr ansteht, ist die Kehrseite der Medaille ganz eindeutig, dass sich statt nachhaltiger Wissensaneignung oft das sogenannte Bulimielernen auszahlt: Erst mit Hochdruck alles rein. Dann für die Klausuren wieder raus. Im Anschluss den ganzen Stoff vergessen? Kein Problem. Das schafft Platz. Denn das nächste Wissensschaufeln kommt schon bald.

Am Anfang jeder Klausurenphase stand also Lernen bis zum Umfallen für uns auf dem Programm. Der nicht übermittelte Erfinder des Begriffs »Klausurenphase«, den Studenten aller Fachrichtungen verwenden, hat sich vermutlich vollkommen absichtlich für den etwas schwammigen Term »Phase« entschieden. Denn wann die Phase startet und wie sie genau abläuft, bleibt undefiniert und damit jedem selbst überlassen. Genau das stellt eine große Herausforderung dar, wenn man wie ich an Aufschieberitis leidet.

Die »Aufschieberitis« oder das »Studentensyndrom« bezeichnen wir Psychologen etwas professioneller als »Prokrastination«, abgeleitet von dem lateinischen »pro«, was *für*, und »cras«, was *morgen* bedeutet. Wer prokrastiniert, schiebt Aufgaben erst lange vor sich her, um ihre Erledigung dann bei der kleinsten Ablenkung wieder abzubrechen. Frei nach dem Motto »Was du heute kannst besorgen, das verschiebe ruhig auf morgen«.

Für mich zum Beispiel gibt es drei diabolische Versuchungen, die mich jedes Mal genau dann anspringen, wenn ich mich voller Tatendrang endlich auf eine längst überfällige Aufgabe stürzen möchte – etwa das Lernen für Klausuren: den Internetzugang, den unordentlichen Schreibtisch, die Joggingschuhe. Bevor es mit der eigentlichen Arbeit losgehen kann, sollte man natürlich seine E-Mails gecheckt haben. Im Zweifel auch zwei, drei Mal. Nicht, dass man etwas Wichtiges verpasst. Sicher ist es auch mal wieder an der Zeit, kurz im Onlinebanking nach dem Rechten zu schauen. Nicht, dass die Million weg ist. Und als Student sollte man selbstredend auch noch kurz in Erfahrung bringen, was in der Welt so passiert. Also ein schneller Blick auf die Startseiten der großen Zeitungen. Internet ist abgehakt und jetzt aber ... Wobei – Moment! Wie sehen denn die Fenster aus? Und der Chaoshaufen rechts auf dem Schreibtisch wackelt bedrohlich. Noch kurz aufräumen, die Fenster putzen und, wo man schon mal im Flow ist, auch noch eben den Duschkopf entkalken. Die Mitbewohner werden sich freuen. Jetzt blitzt und blinkt die ganze Wohnung zum ersten Mal seit Wochen, und es kann endlich losgehen. Wobei – Moment! Ein gesunder Geist lebt in einem gesunden Körper. Wissen wir ja jetzt. Also noch eine Runde Joggen zum Auflockern. Frische Luft hat noch nie geschadet. Und dann kann es aber endlich losgehen. Das alles kennen Sie vermutlich ähnlich von sich selbst. Ich habe mich sogar schon dabei erwischt, bei der Krankenversicherung anzufragen, welche Vorsorgeuntersuchungen sich für Leute unter dreißig empfehlen, nur um nicht mit dem Lernen für die Klausuren anfangen zu müssen.

Prokrastinieren ist längst nicht nur ein unter Studenten weitverbreitetes Problem. Die meisten Berufe verlangen heute ein hohes Maß an Eigenständigkeit, Disziplin und Organisationstalent. Arbeitsabläufe, die nach klaren Vorgaben ohne Handlungsspielraum ablaufen, werden selten. Diese Freiheit ist schön und stellt gleichzeitig viele vor eine Herausforderung. Ablenkungen sind allgegenwärtig – insbesondere dann, wenn Sie etwas für Sie Unangenehmes oder Schwieriges zu erledigen hätten. Alles andere scheint dann wichtiger und interessanter. Schreibtisch aufräumen, Bad putzen – zur Vermeidung unschöner Aufgaben und Arbeiten suchen wir Ersatzhandlungen, die uns von dem unangenehmen Gefühl des Prokrastinierens befreien. Die Quittung dafür kommt zeitversetzt. Und genau hierin liegt die psychologische Falle. Wir verlieren unsere Selbstkontrolle, die wir aber benötigen, um gegen das Aufschieben anzukämpfen.

Roy Baumeister von der Florida State University in den USA ist ein Pionier auf dem Forschungsgebiet der Selbstkontrolle. In einem seiner bekanntesten Experimente folterte er seine Probanden. Das Experiment fand in einem kleinen Raum statt, in dem vorab Schokoladen-Cookies gebacken wurden. Entsprechend duftete es. Die Teilnehmer wurden nun einzeln hereingebeten und nahmen an einem Tisch Platz, auf dem zwei Schüsseln standen. Die eine war bis zum Rand gefüllt mit verführerisch duftenden Keksen und Schokobonbons, die andere mit Radieschen. Zufällig ausgewählt, bekamen die Probanden nun eine von zwei Instruktionen. Die einen durften sich an den süßen Köstlichkeiten vergehen, während die anderen eindringlich aufgefordert wurden, mindestens zwei bis drei Radieschen zu essen, dabei aber bloß die Finger von den süßen Leckereien zu lassen. Sie verstehen, warum ich von Folter spreche.

Im Anschluss daran wurde allen Teilnehmern eine unlösbare Puzzleaufgabe gestellt, verbunden mit der Aufforderung, diese zu lösen, egal wie lange es dauern würde. Die malträtierten Radieschenesser gaben im Schnitt schon nach gut acht Minuten auf, während die Schokoladenesser sich fast zwanzig Minuten lang redlich Mühe gaben und signifikant mehr Lösungsversuche unternahmen. Baumeisters Schlussfolgerung leuchtet ein: Selbstkontrolle funktioniert wie ein Muskel, den wir beanspruchen. Irgendwann machen wir schlapp. In einem nach Schokolade duftenden Raum Radieschen essen zu müssen, statt der süßen Verführung nachgeben zu dürfen, verlangt unserer Selbstkontrolle einiges ab. Kein Wunder, dass wir nach so einer Beanspruchung kaum noch die Kraft haben, ein scheinbar unlösbares Puzzle zu bearbeiten. Unsere Selbstkontrolle und Willensstärke sind limitierte Ressourcen, die oft schneller aufgebraucht sind, als uns lieb ist. In der Psychologie bezeichnen wir diesen Effekt als »Ego-Depletion«. Je mehr wir die Selbstkontrolle beanspruchen, desto mehr schwindet sie dahin (von lateinisch »deplere«).

Wer wie ich unter Aufschieberitis leidet, muss den Selbstkontrolle-Muskel so lange trainieren, bis der Widerstand gegen die Schokolade zum Kinderspiel wird und die Energie für die eigentliche Aufgabe eingesetzt werden kann. Dank der Forschungsarbeiten von Baumeister und seinen Kollegen wissen wir heute, wie sich das bewerkstelligen lässt. Stellen Sie sich vor, Sie möchten einen Marathon laufen. Es wäre fahrlässig, als erste Trainingseinheit die volle Distanz von 42,195 Kilometern zurücklegen zu wollen. Viel zu schwer. Ein sinnvolles Training beginnt einfach. Das lässt sich übertragen. Suchen Sie sich Bereiche, in denen Sie Selbstkontrolle üben können.

Beginnen Sie als Rechtshänder zum Beispiel damit, einfache Aufgaben mit der linken Hand zu erledigen. Oder ändern Sie Ihren Sprachgebrauch. Wenn Sie aus dem Rheinland kommen, bemühen Sie sich wie ich, »Gehörn«, »Förma« und »Güchtel« sauber auszusprechen. Aber auch die konsequente Einhaltung einer geraderen Rückenhaltung auf dem Bürostuhl oder das Sich-Aufraffen zu regelmäßigem Sport wird Ihnen helfen, ein Gespür für Ihre Selbstkontrolle zu entwickeln und diese schrittweise zu steigern. Schnell werden Sie merken, dass Ihr Training sich auch auf ganz andere Bereiche und Aufgabenstellungen positiv auswirkt. Ein Marathonläufer trainiert seine Beinmuskeln nebenbei ja auch durch Radfahren oder Treppensteigen.

Ein weiterer zentraler Punkt ist es, die Ressource Selbstkontrolle schlau einzuteilen. Professionelle Marathonläufer taktieren mit der ihnen zur Verfügung stehenden Energie während der gesamten Strecke, um am Ende das beste Ergebnis zu erzielen. Wenn Sie Aufgaben erwarten, die Ihnen ein hohes Maß an Selbstkontrolle abverlangen werden, teilen Sie Ihre Kräfte sinnvoll ein. Ganz praktisch wird ein solches Training Ihnen außerdem dabei helfen, sich von der Aufschieberitis die Laune nicht verderben zu lassen. Humor und gute Stimmung sind wie Doping für die Selbstkontrolle. Ansspornen können Sie sich gut durch kleine Belohnungen und einen konkreten Plan. Aber Vorsicht: Wenn das Erstellen des Plans selbst Teil des Prokrastinierens ist, beißt sich die Katze in den Schwanz.

25

Das ist sicher so, auch wenn es sicher nicht so ist

Warum es gefährlich wird, wenn unser Hirn einmal überzeugt ist

Dass Psychologiestudenten immer wieder als Versuchskaninchen für psychologische Experimente zur Verfügung stehen müssen, macht Sinn. Nun stellen Sie sich bitte einmal vor, Sie würden als Proband an einer Studie von Professor Lee Ross von der Stanford University teilnehmen. Zu Beginn legt Ihnen der Professor einen Stapel mit echten und fiktiven Suizidbriefen auf den Tisch. Sie sollen herausfinden, welche der Briefe echt und welche frei erfunden sind. Voller Ehrgeiz machen Sie sich ans Werk. Nach jeder Entscheidung (echt oder unecht) teilt Professor Ross Ihnen mit, ob Sie richtig lagen oder falsch. »Wow«, denken Sie nach dem zehnten Brief. »Bisher alle richtig eingeschätzt. Ich bin eben ein echter Menschenkenner.« Und so rätseln Sie munter weiter. Am Ende das beeindruckende Ergebnis: Im Vergleich zum Durchschnitt mit nur 16 richtigen Einschätzungen, haben Sie stolze 24 von 25 möglichen Treffern erzielt.

Gerade möchten Sie sich entspannt, zufrieden mit sich und Ihrem Ergebnis zurücklehnen, da räuspert sich Professor Ross. Einfühlsam wie ein Polizist, der die schreckliche Nachricht eines Verkehrsunfalls übermitteln muss, weist er Sie nun darauf hin, dass es in dem Versuch gar nicht um Ihre Menschenkenntnis ging, sondern um Ihre Reaktion auf Erfolg und Misserfolg, und dass Sie bei Weitem nicht immer richtig lagen. Das Feedback an Sie war reiner Humbug und völlig unabhängig davon, wie viele der Briefe Sie tatsächlich korrekt zugeordnet hatten.

Sie können es noch gar nicht glauben, da bittet der Professor Sie schon darum, den letzten Teil des Experiments durchzuführen und einen kurzen Fragebogen auszufüllen. Frage eins: Was schätzen Sie, wie viele der Briefe Sie tatsächlich korrekt zugeordnet haben? Frage zwei: Was meinen Sie, wie gut Sie in einem zweiten Durchlauf mit neuen Briefen abschneiden würden? Und? Was würden Sie antworten? Stellen Sie sich jetzt noch vor, dass gleich nach Ihnen Ihr guter Freund an der Reihe ist. Anders als Sie bekommt er aber die Rückmeldung, nur zehn der 25 Briefe richtig zugeordnet zu haben und dass er mit diesem Ergebnis weit unter dem Durchschnitt lag. Wie würde er den kleinen Fragebogen im letzten Teil des Experiments beantworten? Wenn Sie und Ihr Freund so ticken wie die meisten Menschen, sind Ihre Reaktionen vorprogrammiert und Sie beide werden Opfer dessen, was Professor Ross den »Perseveranzeffekt« nennt. Wir neigen dazu, auch dann auf unseren Annahmen zu beharren, wenn uns jegliche Grundlagen für diese Annahmen genommen werden.

In dem beschriebenen Experiment wurde allen Teilnehmern am Ende klargemacht, dass die Rückmeldung zu ihrer Leistung nur fiktiv war. Dennoch stuften die Teilnehmer, denen genau wie Ihnen zunächst ein vermeintlich großer Erfolg zurückgemeldet wurde, ihre Leistungen zu fast fünfzig Prozent höher ein als die Teilnehmer, denen genau wie Ihrem Freund gesagt wurde, dass sie miserabel abgeschnitten hätten. Ähnlich war es mit den Erfolgseinschätzungen bei einem zweiten Durchgang.

Woran liegt das? Gehen Sie gedanklich noch einmal durch die Tür in den Studienraum von Professor Ross. Nachdem Sie sich wirklich bemüht haben, meldet der weise Wissenschaftler Ihnen zurück, dass Sie sehr erfolgreich waren. In Ihrem Hirn läuft nun folgender Prozess ab: Zunächst sind Sie ein wenig überrascht. Die Briefe waren sehr ähnlich, und oft haben sie blind geraten. Aber tatsächlich würden Sie sich selbst als eher einfühlsam beschreiben und werden so auch von Ihren Freunden charakterisiert. Sie fangen an, sich mit der positiven Rückmeldung zu Ihrer Leistung anzufreunden. Sie fühlen sich bestätigt, und das tut gut. So bauen Sie schnell eine Mauer um Ihre Selbstwahrnehmung. Und diese Mauer ist stabil. Völlig egal, was Professor Ross erzählt. Ihre Gedanken sind längst auf der vermeintlichen Erfolgswelle davongesurft. Natürlich würden Sie in einem zweiten Test weit überdurchschnittlich abschneiden, und ziemlich sicher waren auch die meisten Ihrer Einschätzungen korrekt.

Der Perseveranzeffekt ist so stark wie ein Stier, aber auch mindestens genauso leicht auszutricksen. Professor Ross und seine Kollegen konnten in vielen Studien nach dem Experiment mit den Suizidbriefen zeigen, dass es genügt, Versuchsteilnehmer auf die Existenz des Perseveranzeffekts hinzuweisen, um dessen Effekt stark zu reduzieren. Wenn Sie also das nächste Mal auf Ihren Chef treffen, der sich ohne jede Grundlage für das größte Genie und einen echten Macher hält, erzählen Sie doch einfach einmal ganz unverbindlich vom Perseveranzeffekt und dem Experiment von Ross. Das können Sie ohne Nachdruck oder Sticheleien umsetzen und ja vielleicht so einen Nachdenkprozess in Gang setzen.

Ein eher praktischer Ansatz zur Überwindung des Perseveranzeffekts ist die Aufforderung, die Welt auf den Kopf zu stellen. Im Falle Ihrer Versuchsteilnahme wäre das die Aufforderung, sich vorzustellen, Sie hätten statt 24 nur einen Brief richtig zugeordnet. Wenn Sie sich nun überlegen, wie Sie dann wohl reagiert hätten, durchbrechen Sie die Mauer in Ihrem Kopf. So gelangen Sie zu einer weit kritischeren und damit fundierteren Selbsteinschätzung.

26

Mit der Machete durchs Synapsenwirrwarr

Wie man mit Bahnung im Gehirn schneller ans Denkziel kommt

Auf den Stuhl in der Mitte kommt bei *Wer wird Millionär?* nur, wer sich zuvor in einer Ausscheidungsrunde gegen vier andere Kandidaten durchgesetzt und die Auswahlfrage als Schnellster richtig beantwortet hat. Es ist schwer, sich auf diese Auswahlrunde vorzubereiten. Denn hier zählt eben nicht nur das Wissen, sondern besonders auch die Geschwindigkeit, mit der man antwortet. Um genau darin meine Leistung zu steigern, hatte ich vorher viel trainiert und mir dabei den psychologischen Mechanismus des Primings zunutze gemacht.

Priming bedeutet »Bahnung«. Bahnung im Gehirn. Das heißt, dass man Reize aus der Umwelt als Werkzeug dazu nutzt, ganz bestimmten Gedanken gezielt den Weg durch das Wirrwarr der Synapsen zu ebnen. Denken Sie an Indiana Jones, der einen Aztekenrubin aus dem Dickicht des Urwalds bergen möchte. Um an den Rubin zu gelangen, muss er sich mühsam durch Dornenbüsche, Kletterpflanzen und das Unterholz winden. Zum Glück hat der Action-Archäologe seine messerscharfe Machete dabei und kann sich so bis zum Schatz bequem durch das Dickicht schlagen. So ähnlich ist es auch mit dem Priming. Der Prime ist die Machete, die den Weg zu den Inhalten in unserem Gedächtnis bahnt: nicht durchs Urwalddickicht, sondern in Bruchteilen von

Sekunden durchs Synapsendickicht. Ein typisches Beispiel für Priming liefern die meisten Idiotentests, die Sie vielleicht noch aus der Grundschule kennen. Lesen Sie die nun folgenden Fragen zügig und laut vor. Antworten Sie ebenfalls immer schnell und laut auf die Fragen. Los geht's.

Welche Farbe hat Neuschnee?

Welche Farbe hat Zucker?

Welche Farbe hat ein Brautkleid?

Welche Farbe hat Papier?

Was trinkt die Kuh?

»Natürlich Milch!«, brüllt ihr geprimtes Hirn. Die Assoziation der typisch weißen Reize (Schnee, Zucker, Brautkleid, Papier) bahnt in unserem Hirn den Weg für alles, was weiß ist. Und so denken Sie nach dem Priming bei der Frage nach einem Getränk viel schneller an weiße Milch als an farbloses Wasser. Priming funktioniert aber nicht nur bei Idiotentests, wo es eher hinderlich sein mag, sondern kann in ganz anderen Lebenslagen durchaus hilfreich sein.

Das Spannende dabei ist, dass der Prime, also der Reiz, der die Bahnung schafft, sehr unterschiedliche Formen annehmen kann. In einem Experiment baten Forscher ihre Probanden, einen Bleistift mit den Zähnen zu halten. Dadurch nahm der Gesichtsausdruck der Probanden unweigerlich die Züge eines Lächelns an. Probieren Sie es einmal aus. Diese kleine Manipulation genügte, damit die Probanden die Comics, die sie so zu lesen bekamen, weit lustiger fanden als solche Probanden, die den Stift mit den Lippen halten mussten und so eher ein Schmollgesicht à la Angela Merkel zogen. Auch die Anspannung der Gesichtsmuskulatur kann also als Prime für eine bestimmte Reaktion wirken.

In einem anderen Versuch fanden Psychologen aus Yale heraus, dass selbst die Bewegungsgeschwindigkeit durch Priming verandert werden kann. Lasen die Versuchsteilnehmer Wörter, die man mit alten Leuten assoziiert, wie »grau« oder »Bingo«, verließen sie das Gebäude, in dem der Versuch stattfand, danach deutlich langsamer als Versuchsteilnehmer, die nicht auf das Schema »alt« geprimt worden waren. Die Liste spannender Priming-Experimente ließe sich schier endlos fortsetzen. Obwohl es so viele beeindruckende Studien zum Thema Priming gibt, besteht eine Kontroverse darüber, ob man Priming aus dem Labor auch sinnvoll auf den Alltag übertragen kann. Die Forschung lässt hier noch viele Fragen offen.

Im Jahr 2006 führte ein Forscherteam eine Wiederholung der weltberühmten, in ihrer technischen Durchführung aber umstrittenen Studie des Marktforschers James Vicary aus den 1950er-Jahren durch. Genau wie damals blendeten sie im Kino für eine 24stel Sekunde den Slogan »Eat popcorn. Drink Coke« ein. Anschließend wurde ein Getränkeverkäufer durch die Reihen geschickt. Die unterschwellige Aufforderung zu ungezügeltem Cola-Konsum wirkte aber nur bei Personen, die ohnehin durstig waren. Sie kauften mehr Cola-Getränke als eine Vergleichsgruppe, bei der kein Priming über die Kinoleinwand flackerte.

Weit weniger perfide Absichten hatte ich, als ich mir den Priming-Effekt für die Auswahlrunde von *Wer wird Millionär?* zunutze machte. Im Verlauf meiner Vorbereitungen auf die Sendung hatte ich unzählige Auswahlrunden am Rechner durchgespielt. Dabei war mir aufgefallen, dass in vielen der Fragen Stichwörter stecken, die bereits auf die folgenden Antwortmöglichkeiten schließen lassen und somit einen Prime darstellen. Ich trainierte, diese Primes immer schneller zu erkennen und dadurch Gedanken und Gedächtnisinhalten den Weg zu bahnen, die für die schnelle Beantwortung hilfreich sein könnten. Bei meiner ersten Auswahlrunde im Studio sagte Jauch, dass es nun um eine Redensart zu einer endenden Freundschaft gehen würde. Also bahnte ich in meinem Kopf den Weg Richtung Sprichwörter und Freundschaft. In knapp unter drei Sekunden hatte ich so aus den vier Antwortmöglichkeiten die Redewendung »Aus den Augen, aus dem Sinn« sortiert. Zwar immer noch etwas langsamer als die Medizinstudentin, die es dann zuerst auf den Stuhl schaffte, aber doch viel schneller als ohne die aktive Nutzung von Priming.

Eine ganz praktische Anwendung des Primings findet auch beim Lesen statt. Wir könnten bei Weitem nicht so schnell lesen, wenn die ersten Wörter eines Satzes in unserem Kopf nicht den Weg für die dann mit hoher Wahrscheinlichkeit folgenden Wörter bahnen würden. Wer also schneller und effizienter lesen möchte, sollte nicht Wort für Wort lesen, sondern seinem Hirn den Platz zum Priming lassen. Oft genügt es, im Kontext eines sinnvollen Texts nur den ersten Buchstaben eines Wortes zu sehen. Den Rest vervollständigt unser Kopf automatisch. »Wenn man mit der Bahn nach Hause fährt, kauft man sich vorher …« Hier ist die Wahrscheinlichkeit sehr hoch, dass man »eine Fahrkarte« oder »ein Ticket« lesen wird. Obwohl ja auch denkbar wäre, ein Kondom, einen Fernseher oder ein Baguette zu kaufen. Das passiert aber nicht, weil der Prime »mit der Bahn« unser Hirn direkt in eine bestimmte Richtung stupst.

Priming läuft unbewusst ab und kann somit nicht einfach gesteuert werden. Wer den Prozess aber einmal am eigenen Leib bewusst erlebt hat (etwa am Beispiel der Kuh, die Wasser statt Milch trinkt), kann versuchen, Priming wie ich bei *Wer wird Millionär?* oder im Alltag für sich zu nutzen. Wenn man eine bestimmte Reaktion oder eine bestimmte Antwort erzielen möchte, hilft es, ihr einen Weg im Hirn zu bahnen, indem man Primes vorausschickt. Das können bestimmte Begriffe, Gerüche oder sogar ein Lächeln sein.

27

Danke, dass es Ihnen schlecht geht, Herr Nachbar

Wie groß ein Fisch ist, kommt nur auf den Teich an

Die meisten Menschen verwenden sehr viel Zeit und Energie darauf, sich permanent mit anderen zu vergleichen. Unser Ich ist eine regelrechte Vergleichsmaschine. Und das aus gutem Grund. Vergleiche sind oft die einzige Möglichkeit, zu einer realistischen Selbsteinschätzung zu gelangen. Stellen Sie sich vor, Sie wollten ein objektiv korrektes Urteil über Ihre Lebenssituation fällen. Geht es Ihnen eher gut oder schlecht? Welche Größen und Werte beziehen Sie für Ihr Urteil ein, und nach welchen Kriterien messen Sie überhaupt?

Viel einfacher als die theoretische Auseinandersetzung ist doch ein kurzer Gang in den Vorgarten. Sie schauen zuerst zu Ihrem Nachbarn links. Seine Frau hat ihn letztes Jahr sitzen gelassen. Durch die Scheidung hat er sein Auto verloren, und die Kinder darf er nur noch am Wochenende sehen. Man munkelt, dass er vom vielen Rauchen jetzt auch noch Lungenkrebs bekommen hat. Wunderbar. Ihre Frau ist so weit ganz nett. Sie haben gerade einen neuen Opel gekauft, und die Kinder sind zwar laut, aber immer da. Ihnen geht es im Vergleich prächtig. Wäre da nicht der Nachbar rechts. Der hat auch gerade ein neues Auto angeschafft. Einen schwarzen Audi A8. Und damit der nicht im Regen steht, bauen die Handwerker seit letzter Woche an einer

Doppelgarage. Jetzt tritt er prompt durch die Haustür, seine wunderschöne Frau im Arm, seinen Sohn im Gefolge. »Wir fahren mit Noah zum Fußballturnier. Er wird heute zum Kapitän gewählt«, ruft der Nachbar und winkt Ihnen – knackebraun vom letzten Urlaub auf den Malediven – strahlend zu. Sie winken zähneknirschend zurück und fühlen sich miserabel. Ihnen geht es im Vergleich bescheiden.

In der Psychologie wird die enorme Bedeutung von sozialen Vergleichen sehr ausgiebig untersucht. Dabei lassen sich zwei grundlegende Arten von Vergleichen unterscheiden. Der Blick zum Nachbarn links ist ein typischer Abwärtsvergleich. Sie schauen von oben nach unten auf ihn herab. Sie sind überlegen. Abwärtsvergleiche sind wie eine Droge für unser Selbstwertgefühl. Sie geben uns einen regelrechten Kick, aber der Effekt verpufft schnell, und auf Dauer machen Abwärtsvergleiche unglücklich. Das Gegenteil, der Blick nach oben zum unerreichten Nachbarn rechts, ist ein Aufwärtsvergleich. Obwohl Aufwärtsvergleiche zum regelrechten Energiebooster werden können, indem sie uns anspornen und uns unsere Möglichkeiten vor Augen führen, sind sie ebenfalls oft nicht unproblematisch. Neid und Resignation sind allzu häufig das Ergebnis solcher Vergleiche.

Da wir Vergleiche nicht nur zwischen uns und unseren Nachbarn ziehen, sondern auch zwischen uns und unseren Kollegen, Partnern, Geschwistern, Freunden und allen, die uns sonst noch über den Weg laufen, und es dabei nicht nur um Autos, Doppelgaragen und Urlaube, sondern im Grunde um alles geht, wodurch wir unser Selbstbild generieren, lohnt es sich sehr, das Vergleichen zu trainieren. Wer das nicht tut, riskiert Schmerz. Der japanische Neurologe Hidehiko Takahashi untersuchte gemeinsam mit seinen Forscherkollegen die Effekte von sozialen Vergleichen und fand Verblüffendes heraus. Seine Probanden waren Studenten, die kurz vor dem Einstieg ins Berufsleben standen. Sie alle bekamen fiktive Personen vorgestellt, die sich ebenfalls um einen Job bewerben würden. Dabei wurde die Hirnaktivität der Probanden gemessen.

Takahashi fand heraus, dass die Studenten solche Personen am meisten beneideten, die ihnen besonders ähnlich waren, gleichzeitig aber bessere Qualifikationen hatten. Die Messgeräte zeigten dabei starke Reaktionen in einer Hirnregion, die sonst für die Entwicklung von Schmerz zuständig ist. Die Teilnehmer wurden dann in einem Folgeexperiment gebeten, sich ein Wiedersehen mit denselben Personen ein Jahr später vorzustellen. Leider sei denen im Verlaufe des Jahres etwas sehr Unschönes widerfahren. Eine schwere Lebensmittelvergiftung oder eine aufgeflogene Affäre der Partnerin mit einem anderen Mann. Takahashi verglich nun die Hirnaktivitäten aus Teil eins und Teil zwei des Experiments und fand einen deutlichen Zusammenhang zwischen Neid und Schadenfreude. Je eifersüchtiger der Proband auf den fiktiven Charakter war, desto größer war im Folgeexperiment die Aktivität des Nucleus accumbens, einer Hirnregion, die sonst aktiviert wird, wenn wir einer Süßigkeit verspeisen oder Genuss und Freude erfahren.

Wenn Sie einmal ehrlich darüber nachdenken, erinnern Sie sich vielleicht auch an Situationen, in denen Ihr Nucleus accumbens ganz verrückt vor Schadenfreude war. Vielleicht als der Kollege, der statt Ihnen befördert worden war, vom Chef für einen Fehler zusammengefaltet wurde, oder als sich Noah, das Kind vom rechten Nachbarn, beim Fußball in seiner Funktion als Kapitän das Bein brach?

Was kann man tun, um aus der ewigen Tretmühle der Auf- und Abwärtsvergleiche auszubrechen und ein klares Selbstverständnis ohne Neid und Schadenfreude zu entwickeln? Zunächst ist es wichtig zu wissen, dass es unmöglich ist, das Vergleichen völlig einzustellen. Die meisten Vergleiche laufen unbewusst, ungesteuert und in Bruchteilen von Sekunden ab. Was aber hilft nun? Denken Sie an einen Goldfisch, der in einem Teich schwimmt, wo sich auch noch eine ansehnliche Gruppe weiterer Goldfische tummelt. Mit wem kann sich ein Goldfisch vergleichen? Nur mit den anderen Fischen im Teich. Zum Glück sind Sie aber kein Goldfisch und können deshalb gezielt Einfluss darauf nehmen, wer für Sie zur Referenz wird. Wenn Sie sich das nächste Mal im Vergleich zu anderen wirklich schlecht vorkommen oder Eifersucht in sich aufkeimen spüren, prüfen Sie ganz genau, wer die anderen sind und ob ein Vergleich wirklich sinnvoll ist. Nehmen Sie lieber gezielt Einfluss auf Ihre Vergleichsgruppen, anstatt sich schlecht zu fühlen.

Ein weiterer wichtiger Ansatz ist, die eigenen Vergleichsrelationen zu kennen und zu kontrollieren. Wenn Sie feststellen, dass die anderen Goldfische immer viel schöner glänzen als Sie, nehmen Sie es hin. Vergessen Sie aber nicht, dass Sie vielleicht viel schneller schwimmen oder oft viel mehr Fliegen fangen als die anderen. Lösen Sie sich von Vergleichen in Bereichen, die Ihnen nicht wirklich am Herzen liegen, und wandeln Sie Neid in Ansporn um, der Sie antreibt, statt zu paralysieren.

28

Unendlich spannend langweilig

Wieso Nichtstun sehr viel mit Kreativität zu tun hat

Ein für mich ganz besonderes Gefühl meiner Kindheit war Langeweile. Wie oft habe ich mich gelangweilt! Sonntagnachmittag und Regen? Langeweile. Der Bus kommt eine Viertelstunde zu spät? Langeweile. Warten beim Arzt? Langeweile. Immer wieder Langeweile.

Es ist nicht so, dass ich mich heute überhaupt nicht mehr langweile. Aber mein Umgang mit Langeweile ist ein ganz anderer geworden. Umfragen zufolge sind viele Menschen oft so gelangweilt von ihrem Job, dass es neben dem Burn-out-Syndrom mittlerweile auch das Bore-out-Syndrom gibt. Ich vermute, dass das auch an unserem Umgang mit der Langeweile liegt. Wir verlernen, uns auf gesunde Weise zu langweilen. Langeweile, wenn der Bus Verspätung hat? Geht ja gar nicht. Das Handy ist schon in der Hand. Aus psychologischer Sicht ist das ungünstig. Denn: Langeweile kann wahre Wunder bewirken.

Langeweile ist grundsätzlich ein unangenehmer Gemütszustand. Wie unerträglich die meisten Menschen Langeweile finden, konnte eine hoch spannende Studie von Forschern aus den USA beweisen, die in der renommierten Zeitschrift *Science* veröffentlicht wurde. Als Vorbereitung auf den eigentlichen Versuch gaben die Wissenschaftler ihren Probanden Stromschläge. Die Stromschläge wurden als sehr unangenehm empfunden. Die Probanden waren sogar bereit, fünf Dollar zu bezahlen, wenn sie keine weiteren Schläge bekommen würden. Nach dieser Vorbereitung fing der tatsächliche Versuch an. Die Probanden wurden in einen leeren Raum gesetzt. Die einzige Ablenkung: das verhasste Stromschockgerät. Die einzige Aufforderung an die Probanden war nun: Langweilt euch. Für eine Viertelstunde wurden die Versuchsteilnehmer ihrer Langeweile überlassen. Und jetzt zeigte sich die abgrundtiefe Abneigung, die wir Menschen gegenüber dem mentalen Nichtstun hegen. Aus reiner Langeweile begannen viele der Probanden, sich selbst Stromschläge zuzufügen. Stolze 67 Prozent aller Männer gaben sich, während sie in dem Raum auf das Ende des Experiments warteten, ein bis vier Stöße mit dem Stromschockgerät. Auch ein Viertel der Frauen bevorzugte die Schmerzen durch den Strom, für deren Vermeidung sie vorher noch bezahlen wollten. Das Fazit der Forscher: Bevor wir gar nichts tun und uns langweilen, tun wir lieber etwas Unschönes.

Langeweile mögen wir nicht. Und das ist schade, denn Langeweile kann unserem Hirn zu regelrechten Luftsprüngen verhelfen. Das ist das Ergebnis einer Reihe von Versuchen, die ich gelesen und zum Teil selbst an mir ausprobiert habe. Dazu sei direkt gesagt, dass die Ausgangslage eine völlig andere ist, wenn man das Ziel eines Versuchs schon vorher kennt. Trotzdem sind manche Effekte so stark, dass man sie selbst dann noch spürt. Und so habe ich die Aufgabe, die die Forscher Sandi Mann und Rebekah Cadman Probanden in einem Experiment stellten, selbst probiert. Teil eins: Man nehme ein echtes, also gedrucktes, Telefonbuch. Wenn man noch eins hat. Dann die Eieruhr auf 15 Minuten stellen und während dieser Zeit nichts anderes tun, als die Nummern in dem Telefonbuch abzulesen. So lange, bis die Eieruhr klingelt. Das ist schon nach wenigen Minuten sterbenslangweilig. Man fühlt sich regelrecht erlöst, wenn die Zeit endlich rum ist.

Erst jetzt kommt aber die eigentliche Aufgabe. Es ist eine eher merkwürdige Frage: Was kann man mit zwei Plastikbechern alles anstellen? Drei Minuten Zeit zum Schreiben. Mir fielen tatsächlich ziemlich viele Dinge ein. Am meisten freute ich mich, als mein Hirn meiner Hand »ein Seiltelefon bauen« diktierte.

Diese Art von Ideenfindung nennt man in der Psychologie »divergent thinking«, also abweichendes Denken. Es handelt sich um eine Methode, möglichst viele kreative Gedanken zu entwickeln. Dabei zählen zwei Faktoren. Die reine Menge an Ideen und die Qualität im Sinne von Einzigartigkeit dessen, was man zu Papier bringt. Leider beschreiben die Forscher Mann und Cadman in ihrer Auswertung nicht, auf welche Gedanken ihre Probanden kamen. Viel interessanter ist an der Studie allerdings auch etwas ganz anderes. Nicht alle Probanden hatten zuerst die langweilige Aufgabe bekommen, das Telefonbuch zu lesen. Einige sollten direkt verschiedene Kreativitätsaufgaben wie die mit den Plastikbechern bearbeiten. Es zeigte sich, dass die vorher gelangweilten Probanden höhere Kreativitätswerte erzielten. Diesen Befund schreiben die Forscher dem Tagträumen zu. Genau das hatte auch ich erlebt. Während ich im Telefonbuch las, begann ich, meine Gedanken schweifen zu lassen. Mir kamen ganz verschiedene Dinge in den Sinn, ohne dass ich mich aber wirklich denkend fühlte. Anscheinend wirkt genau das wie ein kleiner Frühjahrsputz in unserem Oberstübchen. Es entsteht Luft für neue Ideen. Auch wenn Untersuchungen zeigen, dass die Aktivität im Kopf nur um fünf Prozent abnimmt, wenn wir uns langweilen, scheinen gerade diese fünf Prozent und vor allem die anderen Hirnstrukturen, die dann aktiv werden, einen Effekt zu haben: Wir kommen auf neue Ideen.

In einer anderen Langweile-Studie bekamen verschiedene Gruppen zunächst die Aufgabe, sich zwei Minuten lang zu überlegen, was man alles mit einem Ziegelstein anstellen kann. Im Anschluss daran durfte die erste Gruppe zunächst eine Pause machen. Die zweite Gruppe bekam eine schwierige Erinnerungsaufgabe gestellt, die volle Konzentration erforderte. Die dritte Gruppe musste sich einer sehr monotonen Aufgabe mit garantiertem Langeweilefaktor widmen. Nachdem zwölf Minuten Pause, Anstrengung beziehungsweise Langeweile vorbei waren, bekamen alle Probanden wieder den Kreativitätstest. Hierbei zeigte sich, dass die »Langweiler« nicht nur die »Angestrengten«, sondern auch die entspannten »Pausemacher« um Längen schlugen. Die Forscher erklären den Kreativitätsschub mit der gewonnenen Freiheit im Gehirn. Sie sprechen vom Gedankenwandern. Einfach Pause zu machen reicht dafür nicht. Wir müssen uns tatsächlich langweilen. Nur dann treten dieser Effekt und erhöhte Kreativität ein.

Langeweile ist nicht nur wichtig für unsere Kreativität. Der Langeweile-Forscher und Philosophieprofessor Andreas Elpidorou aus den USA schreibt, dass Langeweile uns zu erkennen hilft, was wir wirklich wollen. Wie eine Art Schiedsrichter dient sie der Regulation unseres Verhaltens. Würden wir Langeweile nicht kennen oder würde sie sich nicht unangenehm anfühlen, würden wir stecken bleiben in wenig erfüllenden Situationen oder Tätigkeiten. Wenn der Langeweile-Schiri die Rote Karte zieht, wissen wir, dass wir gerade nicht das tun, was wir wollen – und also handeln müssen. Die Langeweile kann uns einen Push geben, so Elpidorou: einen Anstoß in Richtung Veränderung.

Heute leben wir in einer Zeit, in der wir zugebombt werden mit Reizen. Wann hatten Sie Ihren letzten echten Entzug? Ich muss sagen, ich weiß es von mir selbst nicht. Wir sind süchtig nach Reizen. Und wir gewöhnen uns – wie bei jeder Sucht – allzu schnell an die Droge. Die Reize müssen deshalb immer stärker werden und permanent verfügbar sein, damit wir uns nicht langweilen. Grenzdebile Idioten vor Dieter Bohlen zu zerren und krächzend vor ganz Fernsehdeutschland zur Sau zu machen, reicht nicht mehr. Kein Problem, dann geht es eben ab zum Känguruhodenfressen in den Dschungel oder splitternackt als Adam und Eva zur Datingshow auf die einsame Insel. Das ist kein Appell zur Besserung an RTL (danke noch mal für die Million). Da läuft, was die Masse will. Und das muss krass sein, um Langeweile zu vermeiden.

Wir müssen uns also selbst ändern und uns trauen, Langeweile zuzulassen. Es gilt nicht gerade als sexy, sich zu langweilen. Doch wie wichtig der Leerlauf im Kopf ist, zeigt die Forschung eindeutig. Langeweile sollten wir deshalb nicht abtun, sondern kennenlernen. Vielleicht hilft es, sich gedanklich ein bisschen zurück in die analogen 1990er-Jahre zu versetzen und sein Hirn in Abständen zum Tagträumen von der Leine zu lassen. Wer kreativ sein will, braucht Zeit und einen Bunker als Schutz vor dem Reizbombardement unserer Welt. Dieser Bunker ist die Langeweile. Und wer den Eingang in das Refugium vor lauter Ablenkung nicht mehr findet, kann wie ich zur Post laufen und sich ein Telefonbuch zum Lesen holen. Das hilft. Wirklich.

29

Tausche Tofu gegen Diesel

Der moralische Freibrief in unserem Kopf

In Münster gibt es drei Todsünden. Die erste: nicht aus Münster zu stammen. Die zweite: nicht katholisch zu sein. Die dritte: nicht mit dem Fahrrad zu fahren. Während ich mit Todsünde eins und zwei ganz gut leben kann, nagt Todsünde drei an meinem Umweltgewissen. Auch wenn die vielen Radwege und die Promenade – Münsters Fahrradautobahn um die gesamte Altstadt – zum Radeln regelrecht einladen und der Autoverkehr in Münster die Hölle auf Erden ist, steige ich viel zu oft in meinen alten, klapprigen BMW, statt umweltbewusst in die Pedale zu treten. Was tun gegen das schlechte Gewissen? Ganz einfach, Vegetarier werden. Was hat das miteinander zu tun?, fragen Sie zu Recht. Eine ganze Menge, wissen wir Psychologen, die wir das Phänomen des moralischen Selbstlizensierens kennen.

Moralisches Selbstlizensieren ist vergleichbar mit den alten Guthabenkarten für Handys. Sie kaufen sich Guthaben, laden es auf das Handy und dürfen dafür telefonieren. Ich esse kaum Fleisch und tue damit Tieren und Umwelt Gutes, also lade ich mein Moralkonto auf. Das kann ich dann ganz ohne schlechtes Gewissen durch die Abgase meines Autos wieder verblasen. Klingt abstrus und ist es auch. Aber Absurditäten findet unser Hirn ja oft gerade besonders anziehend. Ich bin sicher, auch Sie kennen den Ablasshandel mit guten Taten. Vielleicht haben Sie sich schon mal an einer Diät probiert. Das geht bekanntlich ganz einfach mit dem Imperativ »FdH«: Friss die Hälfte. Oder eben mit

Joggen vor dem Frühstück, Birchermüsli zum Frühstück und keine Kohlenhydrate mehr nach dem Frühstück. Egal, wie Sie es anstellen, irgendwann kommt der Punkt, an dem Sie denken, dass Sie schon einiges erreicht hätten und es Zeit für eine kleine Belohnung sei. Zum Beispiel in Form von einem Stückchen Schokokuchen.

Beim moralischen Selbstlizensieren erkaufen wir uns durch positives, korrektes Verhalten die Erlaubnis, uns schlecht und inkorrekt zu geben. Das Spannende daran ist, dass unser Hirn gerne bereit ist, als Gegenleistung für gute Taten in einem Bereich einen Freifahrtschein für unmoralisches Verhalten in einem ganz anderen Bereich auszustellen. Eine Vielzahl wissenschaftlicher Studien belegt diesen Effekt.

Im klassischen Experiment zum moralischen Selbstlizensieren gaben die beiden Forscher Benoît Monin und Dale Miller ihren männlichen Probanden negative Aussagen über Frauen zu lesen. Sie baten die Teilnehmer daraufhin anzugeben, ob diese Aussagen ihrer Meinung nach wahr oder falsch seien. Die Aussagen waren offensichtlich sexistisch wie zum Beispiel: »Die meisten Frauen sind nicht wirklich schlau.« Der Großteil der Probanden bezeichnete die Aussagen entsprechend auch als falsch. Ausgestattet mit diesem prall gefüllten moralischen Guthabenkonto – schließlich hatten die Teilnehmer ja bewiesen, dass sie über ein korrektes Frauenbild verfügten –, ging es zum zweiten Teil des Experiments. Hier galt es, in die Rolle eines Betonwerkchefs zu schlüpfen, der eine neue Stelle zu besetzen hat. Folgende Anforderungen an die Stelle wurden gestellt: Man müsse verhandlungsstark sein, sich in einem hart umkämpften Markt behaupten können und solle großes Vertrauen in die eigenen technischen Fähigkeiten mitbringen. Nun, was würden Sie sagen? Eignet sich eher ein Mann oder eine Frau für diesen Job? Selbstverständlich eignen sich beide. Sie sind ja kein Sexist. Oder? Die Probanden aus Monins und Millers Experiment waren da anderer Meinung: Sie gaben viel häufiger an, dass sich ein Mann im Vergleich zu einer Frau besser eignen würde, als eine andere, ebenfalls rein männliche Teilnehmergruppe, die vorher nicht die Möglichkeit bekommen hatte, sich durch das Ablehnen der sexistischen Aussagen einen moralischen Freifahrtschein auszustellen.

Noch viel krasser wird es mit der moralischen Selbstlizensierung in einem anderen Experiment: In der Schweiz bekamen Studenten entweder besonders gesunden Sauerkrautsaft zu trinken oder zuckrig klebrigen Eistee. Im Anschluss daran wurde die Zustimmung zu rechten Parolen gemessen. Als würde man durch den Konsum eines gesunden Produkts (»Ich tue meinem Körper etwas Gutes«) automatisch auch die Lizenz zu unmoralischem Verhalten bekommen, zeigten sich die Teilnehmer, die den Sauerkrautsaft getrunken hatten, empfänglicher für die braune Ideologie.

Mittlerweile konnte gezeigt werden, dass wir Menschen unser Moralkonto ganz gezielt aufladen, wenn wir wissen, dass wir bald zweifelhaft handeln werden. Interessanterweise ist es noch nicht einmal notwendig, Gutes zu tun für das moralische Selbstlizensieren. Es genügt, darüber zu reden oder auch nur an moralisch korrektes Verhalten zu denken. So fanden Wissenschaftler zum Beispiel heraus, dass wir eher bereit sind, uns unsinnigen Luxus zu kaufen, wenn wir vorher aufgefordert wurden, uns vorzustellen, etwas Gutes zu tun.

Ich möchte Sie hiermit ausdrücklich auffordern, nicht zum Sexisten, Neonazi oder Umweltsünder zu werden. Auch wäre es schade, wenn Sie moralisch korrektes Verhalten in Zukunft nur noch dann an den Tag legten, wenn Sie planen, im Anschluss im Supermarkt etwas mitgehen zu lassen, Ihre Kinder zu schlagen oder im Parkverbot zu halten. Dennoch ist es hilfreich, das Phänomen des moralischen Selbstlizensierens zu kennen, aktiv einzusetzen und zu kontrollieren.

Ihnen ist nun bewusst, dass viele gute Handlungen (ob eigene oder von anderen) oft nur der Rechtfertigung von darauffolgenden schlechten Handlungen dienen. Das werden und müssen Sie auch nicht ändern. Wenn das Konto aus *Plus* für gute Taten und *Minus* für schlechte Taten am Ende schwarze Zahlen aufweist, ist allen geholfen. Am Ende des Tages zählt das Plus auf dem Konto – und dass das Plus möglichst groß ausfällt.

30

Max Mustermann setzt sich ein Ziel und schafft es wieder nicht

Warum falsch hoffen so hoffnungslos macht

Zu jedem Jahr gehört Silvester. Und zu jedem anständigen Silvester gehört neben Bleigießen, Raclette und Feuerwerk natürlich auch das gemeinsame Lachen über den stolpernden Butler James, der sich als Stellvertreter für Miss Sophies verstorbene Freunde einen Drink nach dem anderen hinter die Binde kippt. Hätte Freddie Frinton, wie James im echten Leben hieß, *Dinner for One* zu jedem Jahreswechsel im Theater aufführen müssen, wäre er wohl zum Alkoholiker geworden. Um sich von diesem Laster wieder zu befreien, hätte er vielleicht irgendwann hinter dem Theatervorhang den guten Vorsatz gefasst, am Neujahrstag mit der Trinkerei aufzuhören und bei der nächsten Aufführung Wasser statt Weißwein in die Gläser von Sir Toby, Mr. Pommeroy, Admiral von Schneider und Mr. Winterbottom zu gießen.

Jeder kennt die guten Vorsätze zum Jahreswechsel. Seit Jahren sind die Top Ten der guten Vorsätze der Deutschen unverändert. Ganz oben auf der Liste stehen Stressvermeidung, mehr Zeit für die Familie, mehr Sport, mehr Zeit für sich selbst und gesündere Ernährung. Dass sich an diesem Ranking seit so vielen Jahren nichts verändert, beweist, dass die Vorsätze leider Vorsätze geblieben sind. Jahr für Jahr nehmen sich Max Mustermann und Lieschen Müller aufs Neue vor, weniger gestresst künftig zu Fuß zur Arbeit zu gehen, statt das Auto zu benutzen, pünktlich um vier die kleine Tochter aus dem Kindergarten zu holen, um dann mit der ganzen Familie eine große Schüssel gesunden Quinoa-Salat für das Abendessen zuzubereiten. Tatsächlich aber hält nur die Hälfte aller Vorsätzler länger als drei Monate durch. Der Rest schmeißt noch viel früher hin.

Im Schnitt müssen die, die sich erfolgreich verändern, fünf- bis sechsmal neu antreten, bis es klappt. Wenn wir beim Streben nach Veränderung so regelmäßig auf die Nase fliegen, warum treten wir dann doch immer wieder in den Ring? Die beiden kanadischen Psychologen Janet Polivy und Peter Herman haben dafür eine Erklärung: das »Falsche-Hoffnung-Syndrom«. Die Wissenschaftler haben unzählige Studien zum Scheitern bei Versuchen, sich selbst zu ändern, analysiert und kommen zu einem klaren Ergebnis: Schuld sind unsere vier typischen Arten von unrealistischen Erwartungen. Erstens neigen wir dazu, chronisch zu überschätzen, was wir überhaupt verändern können. Angeheizt durch Fernsehshows, in denen kugelrunde Kandidaten innerhalb von kürzester Zeit halbe Zentner Fett verlieren, oder Bücher, die Rauchfreiheit über Nacht versprechen, gehen wir blauäugig davon aus, viel mehr erreichen zu können als bei objektiver Betrachtung eigentlich möglich ist. Gut reicht uns nicht. Wir wollen es perfekt machen. Werden übermütig. Und so ist das Ziel eben nicht, fünf Pfund abzunehmen, sondern gleich dreißig. Und statt von zwanzig auf zehn Zigaretten pro Tag runterzukommen, gehen wir gleich ehrgeizig die Null an.

Der zweite Fallstrick auf dem Weg zur erfolgreichen Veränderung ist unsere Gier nach Geschwindigkeit. Vollgepumpt mit anfänglichem Enthusiasmus, setzen wir uns oft so enge Zeitrahmen für das Erreichen der gewünschten Veränderung, dass wir schon nach kürzester Zeit in Verzug geraten. Das demotiviert und lähmt.

Der dritte Kardinalfehler ist die Unterschätzung der Herausforderung. Wie ein Springpferd, das sich in der Höhe des Hindernisses vertut, reißen wir mit unseren guten Vorsätzen oft deshalb die Latte des Scheiterns, weil wir unsere Fähigkeiten über- und die Schwierigkeit des Weges zum Erfolg unterschätzen. Jedem ist klar, dass Rauchen süchtig macht. Aber was entgegnen Ihnen die Raucher in Ihrem Umfeld, wenn Sie sie dezent darauf hinweisen? »Ich könnte jederzeit aufhören, wenn ich nur wollte.« Das ist nichts anderes als eine maßlose Überschätzung der eigenen Fähigkeiten zur Veränderung.

Und viertens erhoffen wir uns von Veränderungen oft viel zu viel. Wer sich bemüht abzunehmen, tut dies fast nie nur der lieben Gesundheit wegen. Bessere Chancen bei der Partnersuche, vielleicht sogar eine Beförderung und natürlich ein völlig neues Selbstbild erträumen wir uns, nachdem das Hüftgold weg ist.

Jeder neue Versuch, uns selbst ein Stückchen zum Besseren hin zu verändern, gibt uns zunächst das Gefühl, die Dinge unter Kontrolle zu haben. Aber je mehr Zeit verstreicht, desto schwieriger wird es, die Anstrengungen zu stemmen und wir erkennen, wie unendlich schwer es ist, den süßen Versuchungen des Kühlschranks zu widerstehen. Resigniert geben wir auf.

Und jetzt beginnt ein teuflischer Kreislauf, sagen Polivy und Herman. Wir fühlen uns schlechter als vorher, denn wir sind gescheitert. Uns das aber ehrlich einzugestehen, ist unendlich schwer. Stattdessen suchen wir nach Ausreden. Darin sind wir Menschen Großmeister. Natürlich liegt die Ursache des Scheiterns nicht bei uns selbst, sondern irgendwo anders. Sie erinnern sich an den fundamentalen Attributionsfehler und unsere Neigung, unser eigenes Verhalten immer durch die äußeren Umstände zu erklären. Gut erklärt, wird aus manchem Rückschlag am Ende vielleicht sogar ein Erfolg. Spielsüchtige zum Beispiel beschreiben ihre Verluste nicht als Scheitern, sondern als »fast gewonnen« – um dann munter weiterzuspielen. Wir gehen nach einem gescheiterten Selbständerungsversuch davon aus, dass sich die Ursachen für den Misserfolg verändern lassen. Spieler wechseln den Automaten, Kilozähler den Diätratgeber – und laufen am Ende doch genauso blind wieder gegen die Wand.

Und jetzt? Sollen wir fett, spielsüchtig und rauchend auf dem Sofa versacken? Mitnichten! Polivy und Herman liefern die Lösung. Das Falsche-Hoffnung-Syndrom kann geschlagen werden. Der wichtigste Hebel dafür ist, wirklichkeitsnahe statt unrealistische Erwartungen zu entwickeln. Nicht das Abnehmen ist unmöglich, sondern Zehn-Kilo-in-einer-Woche-weg-Diäten. Setzen Sie sich eng umgrenzte und konkrete, aber dafür erreichbare Ziele. Messen Sie Ihren Erfolg. Wenn Sie scheitern, hinterfragen Sie kritisch, woran es lag, anstatt nach Ausreden zu suchen. Sie sind am Ruder. Trainieren Sie Selbstakzeptanz.

Forscher konnten zeigen, dass wir mit uns selbst liebe- und verständnisvoll umgehen sollten. So wie der Opa, der seiner Enkelin das Fahrradfahren beibringt. Wer zu hart mit sich ins Gericht geht, verbaut sich ambitionierte Ziele schon allein durch die Angst vor dem Scheitern. Nehmen Sie darüber hinaus Puffer in Ihre Diät- oder Nichtraucherregeln mit auf und gönnen Sie sich Pausen auf dem langen Marsch zum neuen Ich. Am wichtigsten ist es aber, dass Sie Misserfolge und Rückschläge nicht zum Anlass nehmen, die Brocken hinzuwerfen. Stellen Sie sich wie bei einer Wanderung vorher darauf ein, dass mal die Schnürsenkel aufgehen, Sie aufs Klo müssen, wenn weit und breit keines da ist, und es immer wieder regnen wird. Solche Kleinigkeiten würden Sie beim Wandern nicht dazu veranlassen, im Wald zu versauern, bis der erste Fuchs an Ihrem Bein nagt. Rückschläge sind auf dem Weg zur Veränderung normal und kein Grund dafür, aufzugeben.

31

Knapp, knapper, am wunderbarsten

Was wir haben wollen, darf es nicht geben

Medienrummel kann spannend und aufregend sein, aber er kann einem das Leben auch zur Hölle machen. Wer wie ich so etwas mal in Ansätzen erlebt hat, kann durchaus verstehen, warum Menschen wie Stefan Raab sich nicht öffentlich mit ihrer Familie zeigen, warum Oliver Pocher gegen jeden klagt, der private Fotos von ihm veröffentlicht, und warum Günther Jauch vor Gericht zieht, wenn die Presse die rote Linie seiner Privatsphäre überschreitet. Doch gerade ein solches Abschirmen der Privatsphäre weckt oft das große Verlangen, den Promis noch viel näher zu kommen.

Während Stars wie Raab und Co. sich sicher nicht wünschen, weitere Begehrlichkeiten zu wecken, indem sie sich rarmachen, ist diese Taktik in der fabelhaften Welt der Liebe weitverbreitet. Die Romantiker unter Ihnen wird das Taktieren mit Gefühlen und Liebe vermutlich eher abschrecken, doch wir Psychologen – ob verliebt oder nicht – finden es hochgradig spannend.

Professor Robert Cialdini, einer der weltweit führenden Marketingpsychologen und Großmeister der Manipulation, fand heraus, dass die meisten von uns Dinge gerade dann besonders begehren, wenn sie selten und nur schwer zu erlangen sind. Schalten Sie jetzt irgendeinen der Teleshopping-Kanäle ein, und Sie werden gleich Opfer von Cialdinis Tricks: »Nur noch fünf Uhren haben wir für Sie«, oder »Rufen Sie schnell an! Denn nur heute bekommen Sie zu den Kissenbezügen mit Hundemotiv noch einen echten Edelstein geschenkt«. Cialdini spricht vom Prinzip der Knappheit. Je mehr wir das Gefühl haben, ein vermeintliches Objekt der Begierde werde knapp oder in Bälde gar nicht mehr zu bekommen sein, desto größer wird unser Interesse daran.

Erinnern Sie sich an Ihre Kindheit? Was durften Sie alles nicht? Ich zum Beispiel durfte im Auto nicht vorne sitzen, keine Cola trinken und nur wenig fernsehen. Und was wollte ich am allermeisten? Genau diese drei Dinge. Keiner von uns kriegt gerne eine Absage oder möchte in seiner Freiheit beschnitten werden. Wenn wir das Gefühl entwickeln, wir könnten etwas Schönes verpassen oder nicht bekommen, werden wir aktiv. Wir handeln dann gemäß dem Prinzip der Knappheit! Gemeine Eltern sollen das schon ausgenutzt haben, indem sie ihren Kindern zunächst ein Spinatverbot aussprachen (wodurch der Spinat knapp wurde), um ihnen anschließend – dank der geweckten Begierde – kellenweise den grünen Brei einzuflößen. Genau wie die Teleshopping-Moderatoren oder Spinateltern auch, nutzen Asse der Liebe das Prinzip der Knappheit.

Die Sozialwissenschaftler Peter Jonason aus Australien und Norman Li aus Singapur sind dem Phänomen des taktischen Rarmachens in der Liebe nachgegangen. Die Forscher fanden heraus, dass es dafür eine große Zahl ganz verschiedener Verhaltensweisen gibt. In der Grundschule war ich vom ersten Schultag an und die ganze Grundschulzeit hindurch unsterblich in ein Mädchen namens Anna verliebt. Anna beherrschte das Knappheitsprinzip in Perfektion und wandte fast das gesamte Repertoire an Verhaltensweisen an, die Jonason und Li identifiziert haben. Sie trat sehr selbstbewusst auf, gepaart mit einem gewissen Grad an Verschlossenheit. Ihre eigenen Emotionen zeigte sie eher selten, und wenn es scheinbar zufällig zu Körperkontakt in der Pause kam, zog sie sich schnell zurück. Obwohl es zwischen uns offensichtlich knisterte, verabredete Anna sich regelmäßig und für mich gut sichtbar mit anderen Jungs auf dem Schulhof. Wenn ich allen Mut zusammengenommen hatte, um sie anzusprechen, reagierte sie oft neckisch, desinteressiert oder gar nicht.

Ich möchte Anna nichts unterstellen, aber sie trieb mich sehr erfolgreich in den Liebeswahn. Kein Wunder, wie die Ergebnisse von Jonasons und Lis Untersuchung zeigen. Die fünf wichtigsten Taktiken für eine erfolgreiche Runde »Willst du was gelten, mach dich selten« sind ihnen zufolge: streng limitierte Verfügbarkeit; den Eindruck zu erwecken, viel beschäftigt zu sein; sich kaum greifen zu lassen; Aufmerksamkeit zu suchen, um dann wieder abzuweisen, und vorübergehend Interesse zu zeigen, das dann sofort wieder einfriert. Vielleicht kennen Sie einige der Taktiken, weil Sie sie selbst schon benutzt haben oder ihnen zum Opfer fielen.

Glaubt man den Befragten aus Jonasons und Lis Studien, gibt es zwei Gründe, warum Leute sich in Beziehungen rarmachen. Zum einen, resümieren die Forscher, wird das Ziel verfolgt, sich selbst interessanter für den Partner zu machen und ihn so dazu zu bewegen, mehr zu wollen. Zum anderen testen Verliebte auf diese Weise aus, wie verbindlich die bessere Hälfte die Beziehung wahrnimmt und wie groß die Bereitschaft ist, sich der Liebe hinzugeben.

Jetzt, wo wir wissen, wie das perfekte Rarmachen funktioniert, gilt es noch, das perfekte Maß für den richtigen Zweck zu finden. So dachten Jonason und Li und untersuchten an einer großen Stichprobe von heterosexuellen Studenten, welches Ausmaß an Rarmachen für welche Art von zukünftiger Beziehung am effizientesten ist. Den Teilnehmern wurden drei fiktive Personen des anderen Geschlechts vorgestellt. Person A wurde als eher leicht zu haben und offen für Dates beschrieben. Person B wurde als etwas zurückhaltender charakterisiert, zwar immer noch an Dates interessiert, aber längst nicht so offen wie Person A. Person C hatte vermutlich noch nie ein Date, geschweige denn Sex. Sie wurde als sehr zurückhaltend präsentiert. Die Antworten der Studenten waren so eindeutig wie pragmatisch. Für eine lockere Sexbeziehung wurde Person A präferiert. Für ein echtes Date oder gar eine ernsthafte Beziehung jedoch Person B. Mauerblümchen C fand niemand gut. Dieses Muster war zwischen Männern und Frauen übrigens identisch.

Das wunderbare Fazit ist, dass wir alle vom Spiel des Rarmachens und dem Prinzip der Knappheit profitieren können. Wenn Sie in einer Beziehung sind, kann ein kleiner Flirt, den Ihr Partner mit ansehen muss, oder ein wenig Abstinenz im Bett wieder richtig Feuer in die Bude bringen und Ihnen außerdem Gewissheit verschaffen, dass der oder die andere es ernst mit Ihnen meint. Übertreiben Sie es dabei aber nicht! Sie bewegen sich hier auf einem schmalen Grat. Wenn Sie den Bogen überspannen, lässt man Sie im schlimmsten Fall frustriert links liegen. Wenn Sie derzeit unfreiwillig keine Beziehung führen, können Sie auf der Suche nach der großen Liebe ebenso von den Ergebnissen der Forscher profitieren. Schneller Sex ist einfach. Dafür scheinen die meisten nicht bereit, zu lange Spielchen zu spielen. Wenn Ihnen aber an mehr gelegen ist, probieren Sie die Taktiken des Rarmachens aus und beachten Sie bitte unbedingt, dass noch kein Meister vom Himmel gefallen ist!

PS: Liebe Anna, ich weiß nicht, was du nach der vierten Klasse gemacht hast. Müsste ich raten, würde ich sagen, du leitest heute den erfolgreichsten Homeshopping-Kanal der Welt. Auch wenn es für uns nicht ganz gereicht hat, danke ich recht herzlich für das frühe und intensive Training in Sachen Ehrgeiz und Unnachgiebigkeit.

32

Hilfe, helft mir nicht!

Warum viele Retter den Rettungsbrei verderben

Es ist mitten in der Nacht. Da war doch ein Schrei auf der Straße, oder? Noch ganz schlaftrunken drehen Sie sich um. Draußen ist es stockdunkel. Nur das schummrige Licht der Laternen fällt gebrochen durch Ihre Jalousien. Kurz nach drei Uhr zeigt der Wecker auf Ihrem Nachttisch. Um diese Zeit sollte wirklich jeder schlafen. Aber irgendwas war da. »Oh mein Gott, er will mich erstechen! Hilfe! Hilfe!« Die panischen Schreie sind nicht mehr zu überhören, und Sie sind mit einem Mal hellwach. Eine junge Frauenstimme, von Angst verzerrt, schreit, als ginge es um Leben und Tod. Sie fühlen sich unwohl, gehen vorsichtig ans Fenster und werden Zeuge einer grauenhaften Szene. Eine Frau, zusammengebrochen auf dem Bürgersteig. Ist sie tot? Nein. Aber schwer verletzt. Mühsam zieht sie sich mit ihren Armen vorwärts. Die Beine schleifen über den Asphalt. Ihr Kleid ist zerrissen.

Sie sind erstarrt. Trotz der Dunkelheit sehen Sie es ganz deutlich. Blut. Überall ist Blut. Da springt ein großer Schatten hervor, auf die Frau zu. Sie schreit wieder. Noch lauter. Warum tut denn niemand was? In vielen Schlafzimmern brennt jetzt Licht. Fenster gehen auf. Einer ruft: »Lassen Sie die Frau in Ruhe!« Und endlich lässt der Angreifer von ihr ab, steigt in ein Auto und fährt davon. Die Frau rappelt sich auf. Sie sehen, wie sie, sich vor Schmerzen windend, um die nächste Straßenecke taumelt, und lassen die Lamellen der Jalousie wieder zusammenschnappen. Doch da hören Sie wieder das Auto.

Winston Moseley, der am Morgen des 13. März 1964 im New Yorker Stadtteil Queens Kew Gardens mehrmals mit einem Messer in den Rücken der 28-jährigen New Yorkerin Kitty Genovese einsticht, ist ein Psychopath und Serienmörder. Nachdem er sein Auto erneut geparkt hat, geht auch er um die Ecke und folgt den Blutspuren, bis er die halb bewusstlose Kitty findet. Er stiehlt ihr das wenige Bargeld, das sie bei sich trägt, vergewaltigt sie brutal und sticht noch mehrmals auf sie ein. Kitty stirbt wenig später.

Zunächst interessiert sich niemand weiter für das Schicksal von Kitty Genovese. Es ist einer von 636 Morden in New York in diesem Jahr. Das ändert sich schlagartig mit einer Titelstory in der *New York Times*: »38 sehen einen Mord. Keiner ruft die Polizei.« Der Autor beschreibt, dass – obwohl die Tat mehr als eine halbe Stunde dauerte und es so viele Zeugen gab – niemand bereit war zu helfen oder die Polizei zu rufen. »Ich wollte nicht darin verwickelt werden«, wird ein Nachbar zitiert. Politiker, Presse und Bevölkerung waren sich schnell einig, dass der Fall Genovese der Beleg für Werteverfall und Gefühlskälte der New Yorker sei.

Doch mit diesem vorschnellen Schluss gaben sich die beiden damals recht jungen Psychologen John Darley und Bibb Latané, heute renommierte Professoren, nicht zufrieden. Ihre zwei wichtigsten Hypothesen waren die »Diffusion der Verantwortung« (wir fühlen uns weniger verantwortlich zu helfen, wenn andere dabei sind) und das »Problem der Definition« (wir werden unsicher, ob es sich bei einem Ereignis überhaupt um einen Notfall handelt, wenn die anderen nicht helfen). Angespornt durch den schrecklichen Fall Kitty Genoveses machten sich die beiden Forscher an die Überprüfung ihrer Hypothesen. Sie klügelten zwei Experimente aus, die genauso genial wie einfach waren.

Im ersten Versuch wurden die Probanden durch einen langen Gang in eine Kabine geführt. Der Versuchsleiter erklärte dort, dass sie Teil einer Gruppendiskussion würden, in der es um persönliche Probleme ging. Da die meisten hierüber lieber nicht offen sprächen, würde die Diskussion über Kopfhörer und Mikrofon stattfinden, sodass die Teilnehmer einander nicht sehen könnten. Zunächst würde nur ein Diskussionsteilnehmer seine Probleme schildern. Dabei könne man selbst nur zuhören, nicht aber gehört werden. Im Anschluss an die Problemschilderung würden reihum die Mikrofone der anderen freigeschaltet und jeder könne etwas zu dem Vorgetragenen sagen. Danach sei der nächste mit seiner Problembeschreibung dran und so weiter. Der Versuchsleiter selbst würde sich zurückziehen und nicht zuhören, um die Offenheit der Teilnehmer nicht zu hemmen.

Was die Probanden nicht wissen konnten: In den anderen Kabinen waren keine weiteren Teilnehmer, sondern nur Tonbandgeräte. Als Erstes hörten die Versuchsteilnehmer also die auf Tonband aufgezeichnete Geschichte eines jungen Mannes, der von seinen Problemen sprach, in New York Fuß zu fassen. Sehr zögerlich und offensichtlich beschämt beschrieb er sodann, unter epileptischen Anfällen zu leiden. Daraufhin hörten die Versuchspersonen in ihrer Kabine zunächst die Meinungen der anderen zu den Problemen des Mannes (alle wieder vom Band) und konnten dann selbst etwas sagen. Als der Mann wieder an der Reihe war, begann er plötzlich zu stammeln: »Ich – ähm – ich – äh, äh – denke – ähm, kann, kann, äh, äh, kann, jemand, ähm, äh irgendwer, äh, äh, äh, äh, äh, helfen, äh, äh, habe, äh, äh, äh, Problem, äh, äh, äh, wenn mir irgendwer raushelfen kann, äh, äh, äh, äh, ich habe eine Attacke, äh, äh, äh, ich werde äh, äh, werde sterben.« Dann Würgen, dann Stille.

Seit dem ersten »Äh« lief die Stoppuhr des Versuchsleiters. Wie lange würde es dauern, bis die Versuchsteilnehmer ihre Kabine verlassen würden, um Hilfe zu holen? Die Ergebnisse waren erschreckend. Von den Probanden, denen man gesagt hatte, nur sie und ein anderer Teilnehmer würden an der Diskussion beteiligt sein, kamen alle und im Schnitt schon nach 52 Sekunden aus ihrer Kabine heraus und liefen zum Versuchsleiter, um Hilfe zu holen. Erhöhte sich die Zahl der vermeintlich Anwesenden nur um einen weiteren Diskussionsteilnehmer, kamen nur noch 62 Prozent nach nunmehr im Mittel 93 Sekunden aus ihrer Kabine. Stieg die Gruppenzahl der angekündigten Diskussionsteilnehmer auf sechs, wurde die Situation in den meisten Fällen lebensbedrohlich. Nur noch 31 Prozent reagierten überhaupt, und das im Mittel erst nach 166 Sekunden.

Nachdem damit nachgewiesen war, dass eine Diffusion, also ein Zerfließen der Verantwortung stattfand, organisierten Darley und Latané ein weiteres Experiment, um auch ihre zweite Hypothese zu testen. Dieses Mal wurden Probanden gebeten, in einem Raum einen Fragebogen auszufüllen. Plötzlich quoll aus den Lüftungsschlitzen dicker Qualm. Waren die Versuchspersonen allein im Raum, reagierten sie sehr vernünftig. Drei Viertel alarmierten innerhalb kürzester Zeit den Versuchsleiter. Ganz anders verhielten sich Teilnehmer, die mit zwei anderen im Raum saßen, welche keine Reaktion auf den Rauch zeigten. Nur einer von zehn reagierte. Die anderen neun füllten so lange weiter den Fragebogen aus, bis sie den Rauch regelrecht mit den Händen wegwedeln mussten, um überhaupt noch etwas zu erkennen. Sie begannen zu husten, sich die Augen zu reiben und die Fenster zu öffnen, aber sie unternahmen nichts gegen die potenzielle Gefahr. »Wenn die anderen nicht reagieren, kann es sich kaum um einen Notfall handeln«, dachten wohl die meisten, ohne den nächsten Gedankenschritt zu vollziehen, nämlich: »Wenn alle so denken, wird ein Notfall niemals erkannt.« Damit war auch die Idee vom Definitionsproblem belegt.

Auch wenn, wie spätere Untersuchungen ergaben, weniger als dreißig Leute mitbekommen hatten, dass es im Fall Kitty Genovese einen handfesten Streit auf der Straße gab, auch wenn einige die Situation falsch einschätzten und mehrere andere wohl versucht hatten, die Polizei zu alarmieren, konnte die Gefahr des sogenannten Bystander-Effekts bis heute in etlichen Studien belegt werden: Wenn viele potenzielle Retter eine Notsituation beobachten, hilft am Ende keiner, sondern alle stehen nur da. Übertragen heißt das: je mehr Retter, desto schlimmer. Moderne Analysen zeigen, dass der Effekt sich abschwächt, wenn die Beobachter eines Notfalls miteinander kommunizieren, einander kennen und davon ausgehen, dass es hilft, sich zusammenzutun, um zum Beispiel einen Täter zu stoppen.

Wenn Sie also in Gefahr geraten und mehrere andere anwesend sind, adressieren Sie Ihr Hilfegesuch gezielt an eine einzelne Person. Schauen Sie diese Person direkt an und machen Sie klar, dass Sie genau von ihr jetzt und hier Hilfe benötigen. So umgehen Sie die Gefahr der Diffusion der Verantwortung. Dabei ist es völlig egal, ob Sie in der Stadt nur dringend auf eine Toilette müssen, ein Stück Traubenzucker benötigen, um den schwachen Kreislauf anzukurbeln, oder tatsächlich in der U-Bahn belästigt werden.

Wenn Sie gezielt einen der Umstehenden bitten, werden Sie viel größere Chancen auf Erfolg haben. Tun Sie außerdem alles dafür, dass Ihr Problem als solches erkannt wird. Machen Sie im echten Notfall Ihre Lage klar und den Notfall deutlich.

Und umgekehrt: Bevor Sie anfangen, darüber nachzudenken, ob ein anderer wirklich in Not ist, weil ja sonst niemand etwas tut, handeln Sie. Zeigen Sie Zivilcourage. Überreaktion kann niemals schlimmer sein, als zum tatenlosen Zuschauer zu werden.

Der Mörder von Kitty Genovese ist übrigens kürzlich, nach mehr als fünfzig Jahren Haft, im Zuchthaus gestorben.

33

Nett nachtragend sein

So schützt man sich vor berechnender Freundlichkeit

Sie haben schon gemerkt, dass wir Psychologen in unseren Experimenten immer wieder in die Trickkiste greifen müssen, damit die Versuchsteilnehmer nicht erraten, worum es eigentlich geht, und sich genau so verhalten, wie sie es außerhalb des Laborkontextes täten. Wenn Sie also einmal an einer psychologischen Studie teilnehmen und ein Joe den Raum betritt, seien Sie auf der Hut. Anders als behauptet, ist Joe mit an Sicherheit grenzender Wahrscheinlichkeit kein normaler Teilnehmer, sondern ein genauestens instruierter Schauspieler, dessen Anwesenheit und Verhalten nur dazu dienen, Ihre Reaktionen zu testen. Einen solchen Joe setzte zum Beispiel der Forscher Dennis Regan bei einem der ersten Experimente zum »Prinzip der Reziprozität« ein.

Sie treffen Joe in einem Vorzimmer, in dem Sie beide auf den Versuchsleiter warten. Der kommt irgendwann aus einer Tür und bittet Sie beide in einen kahlen Raum. Nun fordert er Sie und Joe auf, die Ästhetik einiger Kunstwerke zu beurteilen, die ausgedruckt auf Pappkarten auf zwei ordentlichen Stapeln vor Ihnen auf dem Tisch liegen. Die Aufgabe ist allerdings überhaupt nicht von Bedeutung. Sie könnten auch Primzahlen addieren oder Kastanienmänner bauen. Worauf es ankommt, passiert nach ein paar Minuten und ohne Ihr Zutun. Joe verlässt den Raum und kommt kurz darauf mit zwei Dosen Coca-Cola zurück. Er habe den Versuchsleiter gefragt und der sei einverstanden gewesen.

Also habe er für sich und Sie je eine Dose am Automaten gezogen. »Danke vielmals«, sagen Sie, obwohl Sie eigentlich gar keinen Durst haben, und wollen gewissenhaft das nächste Bild bewerten. Einen knallbunten Picasso.

Da schiebt Joe Ihnen einen Zettel über den Tisch. Sprechen dürfen Sie nicht. Das hatte der Versuchsleiter untersagt. Auf dem Zettel steht groß: »Würdest du mir einen Gefallen tun?«, und darunter auch gleich, welcher es sein soll. Joe hat geschrieben, dass er Lose für seine Universität verkauft und es einen tollen Preis zu gewinnen gibt. Die Lose sollen nur einen Euro kosten. Wenn es ihm gelänge, noch ein paar davon zu verkaufen, würde er eine Prämie von fünfzig Euro erhalten. Es sei ihm egal, wie viele Lose Sie kauften. Je mehr, desto besser. Dann abschließend noch die Aufforderung, die gewünschte Zahl an Losen direkt auf dem Zettel zu notieren. Und jetzt stopp! Bevor Sie anfangen, darüber nachzudenken, welche Ziffer Sie hinkritzeln würden, lesen Sie den nächsten Absatz noch zu Ende.

Joe hat an diesem Tag schon zehnmal einen Zettel mit genau dem gleichen Inhalt über den Tisch zu seinem jeweiligen Gegenüber geschoben. Allerdings hat nur die Hälfte dieser Leute – wie Sie – eine Cola von ihm bekommen. Die andere Hälfte nicht. Was denken Sie, welche Gruppe kauft Joe mehr Lose ab? Die Cola-Gruppe oder die Keine-Cola-Gruppe?

Wenn es Ihnen wie den meisten Menschen geht, steigt Ihre Bereitschaft, einem anderen einen Gefallen zu tun, extrem, wenn dieser Ihnen vorher einen Gefallen getan hat. So waren die Teilnehmer an Regans Experiment im Schnitt bereit, Joe fast doppelt so viele Lose abzukaufen, wenn sie zuvor von ihm eine Dose Cola bekommen hatten.

Der Grund dafür ist das Prinzip der Reziprozität. Wenn Sie jemandem helfen, wird diese Person sich darum bemühen, das später wiedergutzumachen. Es entsteht eine Art indirekter Tausch, der oft um Ecken funktioniert. Ich halte in meinem Klapper-BMW auf der Hauptstraße und lasse einen Jungen auf seinem Mofa aus der Einfahrt fahren, weil mich eine nette Oma mit Rollator kurz zuvor am Zebrastreifen durchgewunken hat. Ich bin der Oma dankbar, der Junge ist mir dankbar und macht nächste Woche seinen Platz im Bus für die Oma frei.

Das Prinzip der Reziprozität wirkt wie Schmieröl im Getriebe unserer sozialen Systeme. »Wie du mir, so ich dir« macht auch evolutionär Sinn. Frisst du die Läuse aus meinem Fell, fresse ich die aus deinem. Reziprozität ist eine Norm, die Gesellschaften zusammenhält. Es gibt Normen, die sind so fest und wichtig für uns, dass man sie als universell bezeichnet. Das Tabu des Inzests ist so eine Norm, und glaubt man dem berühmten amerikanischen Soziologen Alvin Gouldner, ist das Prinzip der Reziprozität von mindestens genauso großer Bedeutung für uns Menschen.

Leider lädt Reziprozität zum Missbrauch regelrecht ein. Die kahl geschorenen Bettelmönche der Hare-Krishna-Bewegung zum Beispiel machen sich den »Wie du mir, so ich dir«-Hebel des Reziprozitätsprinzips zunutze, um die Spendenbereitschaft der umgarnten Passanten in den Fußgängerzonen weltweit zu erhöhen. Statt direkt nach einer Spende zu fragen, schenken die lächelnden Bettelmönche den Vorbeilaufenden Rosen. Ganz ähnlich läuft es im Supermarkt ab. Eine freundlich überreichte Kostprobe des neuen Leerdamers ist mit Sicherheit kein Zeichen für die Großzügigkeit der Supermarktleitung. Genau wie die Mönche zielen Verkaufsstrategen mit dem Reziprozitätsprinzip darauf ab, in Ihnen das Gefühl eines entgegengenommenen, aber (noch) nicht erwiderten Gefallens zu wecken. Sie bekommen die Rose oder das Stückchen Käse geschenkt und fühlen sich nun verpflichtet, etwas zurückzugeben. Es bedarf einiger Übung, diesen Trick zuerst zu durchschauen, und dann Überwindung, um ihm gezielt zu widerstehen.

Wenn Sie etwas geschenkt oder vermeintlich umsonst bekommen, prüfen Sie genau, welche Intention hinter dem Geschenk steckt. Möchte der Schenker Ihnen wirklich etwas Gutes tun oder will er nur ein Häufchen Schuldenlast in Ihrem Hirn anhäufen, das Sie erst dann wieder loswerden, wenn Sie das Portemonnaie öffnen und eine überteuerte Krishna-Bibel oder ein Pfund Leerdamer kaufen? Umgekehrt können Sie vom Reziprozitätsprinzip aber auch selbst profitieren, und zwar ohne gleich in Mönchskutte, mit Rosen und Klingelbeutel ausgestattet, bettelnd durch die Fußgängerzone zu ziehen. Erinnern Sie sich an die Verhandlungsstrategie Tit for Tat. Sie beginnen mit einem Zugeständnis. Das ist vergleichbar mit dem Stückchen Käse, das Ihnen die nette Promoterin am Supermarktwerbestand in die Hand drückt. Wenn Ihre »Gabe« angenommen wird, warten Sie auf eine Gegengabe.

»Wie du mir, so ich dir« ist so wichtig für den Zusammenhalt von Gesellschaften, dass jeder von uns gut beraten ist, am Reziprozitätsspiel teilzunehmen. Man muss ja nicht gleich den Vertrag unterschreiben. Den anderen aber nett aufnehmen und ihm eine Chance geben, ist sicherlich nicht verkehrt. Ich bin überzeugt, dass man auf lange Sicht besser damit fährt, »nett nachtragend« zu sein. Nett im Sinne von »erst einmal geben« oder auch »annehmen«. Nachtragend im Sinne von: Wenn der andere das ausnutzt, ihm in Zukunft vorsichtiger begegnen.

34

Immer schön rational irrational

Ein einfaches Spiel zeigt, dass wir Menschen gerecht sind

Stellen Sie sich vor, Sie sind Teil einer neuen Spielshow. Auf dem Tisch vor Ihnen liegt ein Haufen Geldscheine. Genau einhunderttausend Euro. Sie wollen das Geld, und der Weg dahin ist scheinbar einfach. Ihnen gegenüber sitzt ein anderer Spieler, den Sie vorher kurz im Aufenthaltsraum des Fernsehstudios kennengelernt haben. »Güdn Dooch, isch bin där Dietha aus Görlitz«, hatte dieser sich vorgestellt und beim Händeschütteln einen guten Schluck Cola auf sein Hemd, das durch seinen kugelrunden Bauch ordentlich unter Spannung stand, verschüttet.

Ihre Aufgabe, erklärt der Moderator, bestehe nun darin, Dieter einen Betrag X von der Summe auf dem Tisch anzubieten. Nimmt Dieter an, bekommt er diesen Betrag und Sie den Rest. Lehnt er aber ab, gehen Sie beide leer aus. Dann bekommt keiner etwas. Wie viel würden Sie Dieter bieten? Nehmen Sie sich einen kurzen Moment Zeit zum Überlegen. Es geht schließlich um jede Menge Schotter.

Jetzt, da Sie Ihr Gebot kennen, stellen Sie sich einmal folgenden Ausgang der Show vor. Nach kurzem Überlegen bieten Sie Dieter eintausend von den hunderttausend Euro an. Der guckt Sie vollkommen verdattert an und poltert los: »Mit däm scheis Betroag willste misch abspeise, du Depp? Nich mit mia.« Der Deal platzt. Keiner von Ihnen bekommt Geld. Das wundert Sie vermutlich nicht. Hätte ich Ihnen die Wahl gelassen, hätten Sie

Dieter wohl mindestens einen fünfstelligen Betrag geboten. Damit geht es Ihnen wie den meisten, aber trotzdem ist es doch verwunderlich.

Warum lehnt Dieter ein Angebot von tausend Euro ab? So bekommt er schließlich gar nichts. Rein rational betrachtet wäre selbst ein Euro besser als nichts. Natürlich wissen Sie mittlerweile, dass unsere Psyche vieles ist, aber nicht rational. Wären Sie und Dieter rein vernunftgesteuert, würden Sie den einen Euro bieten, und Dieter würde annehmen. Aber weder Dieter noch Sie sind ein sogenannter *Homo oeconomicus*, also ein rein rational handelnder Agent, der sich objektiv immer so verhält, dass sein Nutzen maximiert wird. Wenn dem so wäre, hätten Sie den größten Nutzen, wenn Sie Dieter den kleinstmöglichen Betrag böten, und Dieter hätte – logisch – von einem noch so kleinen Betrag einen größeren Nutzen als davon, gar nichts zu bekommen.

Menschen ticken aber nicht nach dem Prinzip, ihren eigenen Gewinn maximieren zu wollen, koste es, was es wolle. In unserem Beispiel ist es Dieter tausend Euro wert, Sie für das unverschämte Angebot abzustrafen. Auch wenn er davon materiell Schaden nimmt. Das Spiel zwischen Dieter und Ihnen ist ein Gedankenexperiment, das unter dem Namen »Ultimatumspiel« bekannt ist.

Eine sehr umfangreiche wissenschaftliche Auswertung ganz unterschiedlicher Studien, in denen das beschriebene Spiel (wenn auch mit weniger Geld oder anderen Gütern) eingesetzt wurde, ergab, dass die meisten Bieter, also Leute in der gleichen Rolle wie Sie, im Schnitt vierzig bis fünfzig Prozent der zu teilenden Summe bieten und die meisten Empfänger, also Leute in der Rolle von Dieter, Angebote von unter dreißig Prozent ablehnen. Diese Befunde sind unabhängig von Alter, Geschlecht oder Intelligenz der Beteiligten und treten auch dann auf, wenn es um große Summen geht. Wunderbar. Damit liegt der Schluss nahe, dass wir als edle Ritter der Gerechtigkeit, wo es nur geht, gegen Ungleichheit in den Kampf ziehen. Wandelte man das Ultimatumspiel aber nur ein klein wenig ab, zeigten Studien, dass Fairness alleine wohl kaum die Ursache für die im Durchschnitt so ausgeglichenen Ergebnisse sein kann.

Stellen Sie sich vor, Sie wären Kim Jong-un. Da es Ihnen in Ihrem isolierten Nordkorea auf Dauer langweilig geworden ist, haben Sie die Fernsehshow *Das große Ultimatumspiel* kurzerhand – natürlich ohne zu fragen – aus Deutschland kopiert. Jeden Samstag läuft nun nichts anderes mehr in den paar Röhrenfernsehern, die die Parteibonzen in Ihrem Land besitzen. Mit der kleinen Besonderheit, dass Sie, werter Herr Kim Jong-un, immer Kandidat sind. Und natürlich in der Rolle des Bieters. Da Sie einen Bilderbuchdiktator abgeben mit Hinrichtungen, Machtgier und allem Pipapo, ist die ganze Show leider unglaublich langweilig. Egal, wie viel Sie bieten, der andere Kandidat muss annehmen. Denn keiner Ihrer Landsleute, der nicht den Verstand verloren hat, würde es wagen, Ihnen zu widersprechen.

Tatsächlich wird das sogenannte *Diktatorspiel* als abgewandelte Form des Ultimatumspiels von Verhaltensforschern eingesetzt. Sobald die Regeln festlegen, dass das Gegenüber das Angebot annehmen muss, wie auch immer es geartet ist, sinken die Gebote der Probanden. Das erscheint sinnvoll, weil wichtige psychologische Hebel außer Kraft gesetzt werden, die sonst für das Gleichgewicht beim regulären Ultimatumspiel sorgen. Allerdings bieten die Leute immer noch im Schnitt fast dreißig Prozent des zu verteilenden Guts. Und das, obwohl sie nicht mehr die Sorge haben müssen, mit leeren Händen nach Hause zu gehen, da der andere ja gar nicht ablehnen kann.

Wenn man sich viel mit Psychologie auseinandersetzt, kann es einem passieren, dass man irgendwann zu dem Punkt kommt, die Menschen schlecht zu finden. Keinen einzelnen im Speziellen, sondern alle ein wenig. Weil man glaubt, verstanden zu haben, dass alle nicht ganz sauber ticken, dass unsere Hirne permanent Fehler machen und überall Psychos rumlaufen. Ich kenne ein paar Kollegen, die das so sehen. Für mich ist das Ultimatumspiel (und das Diktatorspiel) aber ein so schönes Phänomen, weil es doch irgendwie den Beweis für das Gegenteil liefert. Wir Menschen (zumindest die meisten) sind gut. Und zwar dank der Ecken und Macken, die unsere Hirne so haben. Wir laufen nicht als rein wirtschaftlich denkende Egoisten durch die Welt, auch wenn das aus Hirnsicht nur rational wäre. Stattdessen drängt unser Hirn uns dazu, beim Ultimatumspiel (und vermutlich auch in anderen Lebenslagen) ein faires Angebot zu machen, wohl auch in dem Wissen, dass das Hirn unseres Gegenübers ebenfalls nicht perfekt ist und ein unfaires Angebot niemals annehmen würde. So entsteht automatisch und dank der fehlenden Rationalität in unseren Köpfen rationale Gerechtigkeit.

35

Auf der Suche nach dem Wichtigsten

Den Sinn im Leben gibt es nicht, aber man kann ihn finden

Mein Ferienjob in einer Kunststofffirma bestand aus eintöniger Fließbandarbeit mit Plexiglas. Als mal wieder eine Kiste voller Steckteile herangerollt kam, konnte ich meinen Frust nicht länger unterdrücken. »Was für eine sinnlose Scheiße!«, stöhnte ich. Die Antwort von Kollege Berthold kam prompt: »Das ist keine Scheiße. Das ist unsere Arbeit. Und die macht Sinn«, sagte er ganz freundlich, ohne aufzuschauen. Das hatte ich nicht erwartet und fing stumm an, über den Sinn des Lebens zu grübeln, ohne damals allerdings zu einer befriedigenden Antwort zu gelangen.

Was Sinn ist und den Sinn im Leben ausmacht, ist eine verdammt alte Frage. Die Psychologie hingegen ist eine verdammt junge Wissenschaft. Obwohl natürlich schon immer alle »psycho« waren, begann die Geschichte der akademischen Psychologie erst 1879 mit der Gründung eines Instituts zur Erforschung von psychologischen Phänomenen in Leipzig. Im Vergleich zur langen Tradition der schlauen Philosophen, der weisen Schriftsteller und der frommen Theologen haben die Psychologen also bisher kaum Zeit gehabt, über den Sinn des Lebens nachzudenken. Trotzdem ist es hoch spannend, sich der anscheinend unbeantwortbaren Frage nach dem, was das alles soll, einmal psychologisch zu nähern.

Der psychologische Blick auf den Sinn des Lebens beginnt mit Viktor Frankl. Frankl war ein Psychiater und Neurologe aus Wien, der als Jude im Zweiten Weltkrieg deportiert wurde. Zweieinhalb Jahre war er im Getto Theresienstadt, danach in den Konzentrationslagern Auschwitz, Kaufering und Türkheim. An diesen dunkelsten Orten der Weltgeschichte mussten Frankl und die anderen Gefangenen die menschenverachtende SS-Ideologie er- und überleben. Und genau hier stellte sich Frankl die Frage nach dem Sinn. Klinisch analytisch verfolgte er, wie bei manchen Häftlingen aus der Schwäche, den Krankheiten, der Kälte und dem Hunger heraus eine nicht geahnte Stärke erwuchs. Der Psychiater beobachtete, dass manche in der Hölle des Lagerlebens ihre Lebens- und Leidensfähigkeit bewahren konnten und darüber hinaus Widerstandskräfte entwickelten, die diese Gefangenen an den Sinn des Überlebens glauben ließen.

Frankl überlebte und schrieb später, er habe erkannt, dass wir Menschen einen universellen Willen zum Sinn haben. Dabei liegt der Sinn im Leben, so Frankl, nicht nur im schöpferischen Genuss, sondern gerade auch in Momenten des Leidens. Das Leiden im Lager sei wie eine Aufgabe gewesen, deren Sinnhaftigkeit er und die anderen Häftlinge sich nicht verschließen wollten. Damit stand für Frankl fest, dass es zu unseren wichtigsten Bedürfnissen zählt, einen Sinn im Leben zu finden. Egal wo.

Das allerdings ist nicht leicht. Denn im Gegensatz zum Tier, erkannte Frankl damals, sagt uns Menschen kein Instinkt, was zu tun ist. Hinzu kommt heute, dass viele Orientierungsmöglichkeiten zunehmend wegfallen: Welt-, Gottes- und Familienbild ändern sich rapide, wodurch klassische Konventionen verschwinden, so Frankl. Dadurch scheint der Mensch nicht mehr recht zu wissen, was er eigentlich will und soll.

Wenn man vor fünfzig Jahren einen Tiroler Bauern in seiner kleinen Hütte am Fuß des Großglockners aufgesucht und nach dem Sinn seines Lebens gefragt hätte, hätte der wahrscheinlich nur verdutzt geguckt und Pfeife rauchend abgewunken. Lebenssinn war für ihn nicht fragwürdig. Die Kirche und die Jahreszeiten gaben vor, was zu tun war, und solange der Almöhi da mitmachte, war alles sinnvoll. Das ist heute anders, sagt die Psychologieprofessorin Tatjana Schnell von der Universität Innsbruck, ein Star der Sinnforscher-Szene. Nach dem Sinn des Lebens zu fragen kann wehtun, weil im schlimmsten Fall rauskommt, dass da nichts ist.

Zu den Menschen, die diese Sinn-Ungewissheit empfinden und vielleicht auch Angst davor haben, im eigenen Leben keinen Sinn zu finden, gesellen sich solche, die der Frage nach dem Sinn in ihrem Leben gleichgültig gegenüberstehen. Sie finden ihr Leben schlicht nicht sinnvoll, was ihnen aber auch nicht wirklich zusetzt. Wer keinen Bock auf Sinn hat, blendet die unangenehm anstrengende Frage nach dem Warum und Wieso im Alltag einfach aus. Als »existenzielle Indifferenz« bezeichnet Tatjana Schnell das. Laut Selbstauskunft in einer großen Umfrage gibt mehr als ein Drittel der deutschen Bevölkerung an, dieser Gruppe anzugehören. Auch wenn Frau Schnell zeigen konnte, dass diese Menschen nicht so zufrieden mit ihrem Leben sind wie solche, die ihr Dasein als sinnerfüllt beschreiben, zeigten sich in Bezug auf Angst und Depression keine Unterschiede zwischen den Indifferenten und den Sinnerfüllten.

Trotzdem ist es auf lange Sicht kein gesunder Ansatz, sich der Frage nach dem Sinn im Leben zu verschließen. Denn irgendwann kommt es bei jedem zu einem Ereignis, das die Frage nach dem Sinn so unumgänglich in den Vordergrund rückt, dass selbst die größten Sinnscheuklappen es unmöglich machen, sich nicht mit der Frage auseinanderzusetzen. Solche Ereignisse können ganz unterschiedlich sein, sind aber meist eher düster. Der Tod einer nahestehenden Person zum Beispiel, eine Kündigung, die

Diagnose einer schlimmen Krankheit oder der Verlust des geliebten Partners bringen selbst die größten Sinnstiesel dazu, sich zu fragen, was der Sinn des Lebens ist.

Kein Wunder also, dass sich Ratgeber mit dem Heil bringenden Versprechen, den Sinn des Lebens zwischen zwei Buchdeckeln bereitzuhalten, als Bestseller millionenfach verkaufen. Finger weg davon, finde ich! Allein deshalb, weil für jeden von uns etwas anderes wichtig ist. Der eine findet den Sinn im Leben als bibeltreuer Christ mit Keuschheitsgürtel bis zur Hochzeit, der andere in durchtanzten Nächten mit Drogen unter Discokugeln. Viel interessanter, als irgendwem vorzuschlagen, wo der Sinn des Lebens zu suchen sei und wie er aussieht, ist der psychologische Blick darauf, wie Menschen ihrem Leben Sinn geben. Hier lassen sich nach Tatjana Schnell vier wesentliche Merkmale unterscheiden, die zur Erfahrung von Sinnhaftigkeit führen: Wir müssen unser eigenes Leben als stimmig, bedeutsam, orientiert und zugehörig bewerten.

Mit stimmig ist gemeint, dass das, was wir tun, schlüssig ist. Stimmigkeit aus der Sinnperspektive bedeutet, dass das, was man tut, ein kohärentes Bild ergibt. Man muss den eigenen Lebenszielen und Werten treu bleiben, und zwar in ganz verschiedenen Situationen. Dazu gehört auch, Kante zu zeigen und für das, wofür man steht, leidenschaftlich einzutreten und es zu verteidigen. Wer also Nächstenliebe und Demokratie zu seinen Grundwerten zählt, der kann Sinn empfinden, indem er gegen Fremdenhass auf die Straße geht oder bei der Essensausgabe in der Flüchtlingsunterkunft mit anpackt.

Bedeutsam heißt, dass es wichtig ist, wie man handelt. Nicht nur für uns selbst, sondern vor allem auch für andere Menschen. Wer Sinn empfinden will, muss sein Handeln als wirksam wahrnehmen. »Was bleibt am Ende übrig von dem, was ich tue?« –

»Haben meine Entscheidungen einen Effekt?« Unser Handeln muss dabei aus objektiver Sicht keine große Bedeutung haben. Klar ist der Effekt groß, wenn der amerikanische Präsident eine Entscheidung fällt oder ein Nobelpreisträger seine Forschung veröffentlicht. Das Handeln solcher Leute kann eine so hohe Bedeutung haben, dass es über ihren Tod hinaus Millionen Menschen betreffen wird. Das kann uns Sinn-Normalos aber egal sein, denn das Gefühl von Bedeutsamkeit entsteht auch im viel kleineren Rahmen. Solange man sich als Rädchen im großen Getriebe empfindet, ist es erst einmal egal, wie klein das Rad objektiv ist – das Gefühl, bedeutsam zu sein, stiftet Sinn.

Orientiert sein bezieht sich auf die Geradlinigkeit des eigenen Weges. Hat man eine klare Ausrichtung, wohin man will und wohin nicht, fällt es leichter, Entscheidungen zu treffen und die eigenen Ziele konsequent zu verfolgen. Auf dem Holzweg oder im Irrgarten rumzulaufen ist Gift für das Empfinden von Sinn. Wer keine Orientierung hat, ist im Verfolgen des Lebenssinns so aufgeschmissen wie mit einem Kompass ohne Norden auf dem offenen Meer.

Das letzte Sinnkriterium, das Zugehörigkeitsgefühl, ist ein Wir-Empfinden, durch das der Mensch sich selbst als Teil der »Herde« sieht. Damit lässt sich zum Beispiel die große Begeisterung von Menschen erklären, wenn ihr Land Fußballweltmeister wird. So ein Erfolg eint und gibt jedem das Gefühl, neben den bereits bestehenden sozialen Kreisen wie Familie, Freunde oder Kollegen noch zu einem riesigen »Wir« zu gehören. Wer sich selbst als Teil eines übergeordneten sozialen Systems wahrnimmt, empfindet Verantwortung und fühlt sich gebraucht, was sich alles positiv auf das Sinnerleben auswirkt.

Schafft man es also, allen vier Kriterien der Sinnerfüllung zu entsprechen, fühlt sich das erfüllend an. Auch wenn es sauanstrengend ist, seinem Leben einen Sinn geben zu wollen, bin ich der festen Überzeugung, dass es sich lohnt. Wissenschaftliche Studien sprechen dafür. Sinn macht gesund und glücklich. Wer sich ihm verschließt, lässt eine ordentliche Portion Lebensfreude den Bach runtergehen. Wenn man sich klarmacht, dass Sinnempfinden dann entsteht, wenn eine ganze Reihe von Kriterien erfüllt ist, wird auch klar, dass es sinnlos ist, den Sinn des Lebens zu suchen. Denn da gibt es nichts zu finden. Den Sinn im eigenen Leben muss man für sich entwickeln.

Berthold, mein Kollege in der Plexiglasfirma, machte einfach seinen Job. Vielleicht fand er die Arbeit genauso langweilig wie ich, aber während ich nur stänkerte, war er zufrieden, weil er seine Arbeit als sinnvoll empfand.

36

120 auf der Autobahn ist ohne Bremse doof

Warum Abschalten auch anstrengend ist

Ich arbeite für mein Leben gern. Was ich mache, macht mir richtig Spaß und ich tue es mit großer Freude. Das ist Luxus pur. Weiß ich. Dass mir das bewusst ist, verdanke ich den vielen Jobs, die ich vorher hatte und bei denen Freude an der Arbeit nicht inklusive war.

Wenn ich also auf der MS Günther neue Scheinwerfer installiere, den Webshop für unsere Schiffsfahrkarten umprogrammiere, an einem Experiment für meine Doktorarbeit tüftle oder versuche, eine neue 90er-Partyreihe zum Laufen zu bringen, vergesse ich oft die Welt um mich herum. Dann bin ich voll im Flow. Ich gehe in meiner Arbeit auf und irgendwie ergreift die Arbeit auch Besitz von mir. Das fühlt sich erst mal gar nicht schlimm an. Aber genau hier liegt der Hase im Pfeffer. Egal, ob man den ganzen Tag Traktor fährt, selbstständiger Unternehmer oder stellvertretender Schuldirektor ist, ob man Kriminalkommissarin in der Mordkommission oder Metallbauer in einer Schlosserei ist, jeder Job strengt an. Den einen mehr, den anderen weniger, aber am Ende des Tages ist es auch erfüllende Arbeit. Und jeder arbeitende Organismus braucht irgendwann eine Pause.

Wir Psychologen betrachten Erholung in Zusammenhang mit Belastung. Um diese Sichtweise zu beschreiben, lade ich Sie zu einem Flug ein. Stellen Sie sich vor, Sie fliegen einen Düsenjet. Weit jenseits der Schallmauer brettern Sie am Himmel entlang.

Die Fliehkräfte pressen Sie in den Sitz, Ihr Kopf und Ihre Glieder sind bleischwer. Jede Flugsekunde fordert Sie extrem. Höchste Konzentration und körperliche Anspannung sind unerlässlich. Was passiert hier mit Ihnen? Wie die Tanks des Jets werden Ihre Energieressourcen immer geringer. Ihre Kraft lässt nach und die Belastung nimmt zu. Wenn in Ihrem Düsenjäger der Treibstoff zur Neige geht, blinken die Reserveleuchten und Sie leiten das Landemanöver ein. Im Hangar muss die glühend heiße Maschine abkühlen, bevor die Bodencrew mit der Wartung beginnen und der nächste Flug vorbereitet werden kann. Für Sie gilt genau das Gleiche. Sie sind platt und verschwitzt. Ihre Tanks sind leer und Sie sind heiß gelaufen. Bevor Sie wieder in den Jet steigen, müssen auch Sie als Pilot sich abkühlen und Ihre Ressourcen auftanken. Erholung bedeutet Energie laden. Erholung bedeutet abschalten. Erholung bedeutet Entspannung. Und das Wichtigste ist: Ohne Erholung geht es nicht. Wer seinem Körper und Hirn keine Zeit zum Verschnaufen gönnt, macht sich angreifbar.

Ähnlich wie bei der Begegnung mit einem Stressor schaltet unser Hirn den Körper bei Anstrengung in eine Art Kraftmodus. Dann wird Energie bereitgestellt. Wir funktionieren und können beachtliche Leistungen erbringen. Aber irgendwann ist Schluss. Wer von der Arbeit nach Hause kommt und sein Stresslevel nicht runterfährt, wer seine Herzfrequenz nicht senkt und seine Gedanken weiter um die Inhalte und Anforderungen des Jobs kreisen lässt, macht sich krank. Psychisch wie physisch. Das Immunsystem wird löchrig, und im schlimmsten Fall gesellen sich zum angeschlagenen Körper kopfseitig auch noch Schlafstörungen, Konzentrationsverlust und depressive Verstimmungen. Damit beginnt dann gerne ein Teufelskreis. Wer sich ausgelaugt statt frisch ins Büro, in die Schule oder zur Uni schleppt, wird unweigerlich Leistungseinbußen wegstecken müssen. Das wiederum wird den Druck noch mal erhöhen und das Abschalten weiter erschweren.

Aber jetzt genug der Schwarzmalerei. Denn es gibt durchaus effiziente Wege, sich der Tretmühle Job zu entziehen, und wer ein bisschen sucht, findet seinen ganz eigenen Hebel im Hirn zum echten Abschalten. Zunächst muss man sich klarmachen, dass Menschen sich auf ganz unterschiedliche Art und Weise erholen. Mein Vater kommt nach Hause und löst zur Entspannung Sudokus auf einem Klemmbrett. Nicht die einfachen, sondern die mit höchstem Schwierigkeitsgrad. Das ist mir unerklärlich. Wenn ich nach Feierabend noch solche Aufgaben lösen müsste, würde mich das mehr anstrengen als alles andere. Ich persönlich habe fünf Hebel zum Abschalten. Die ersten drei heißen Justus, Peter und Bob. Wenn ich im Bett liege und nicht zur Ruhe komme, weil in meinem Kopftheater mal wieder Generalprobe für das zu erwartende Chaos des kommenden Tages ist, schmeiße ich eine *Drei Fragezeichen*-Kassette ein. Jeden der 189 Fälle kenne ich nahezu auswendig. Ich bin ein Fan der ersten Stunde, und heute wirkt bereits die Startmelodie des Hörspiels wie ein Schalter für meinen Kopf: Feierabend. Die anderen zwei Hebel stehen im Flur und stinken. Wer wie ich sehr viel Arbeitszeit sitzend verbringt, für den ist Sport – für mich ist es Joggen oder Squash – der perfekte Ausgleich nach einem anstrengenden Tag.

Das mag auf den ersten Blick paradox klingen. Man kommt erschöpft nach Hause, und statt auf das Sofa zu kippen und die Füße hochzulegen, soll man sich gleich wieder anstrengen und in stinkende Laufschuhe steigen, um Asphaltkilometer abzureißen. Aber genau das ist der richtige Ansatz. Denn der effizienteste Ansatz zum Abschalten von der Arbeit ist nicht etwa, mit dem dösigen Vorabendprogramm den Feierabend auf dem Sofa zu verbringen, sondern aktiv zu werden. Stellen Sie sich das wie die

Bremse in einem Lkw vor. Sie fahren den ganzen Tag 120 auf der Autobahn. Der Tag neigt sich dem Ende zu und Sie rollen von der Autobahn runter. Wenn Sie jetzt von 120 auf normales Tempo kommen wollen, müssen Sie bremsen und runterschalten. Das verlangt noch mal Energie.

Aus psychologischer Sicht ist ein Abschalten, ein Abbremsen besonders dann wirksam und erholsam, wenn man sich aktiv einer ganz anderen Tätigkeit als der bei der Arbeit hingibt. Das kann für jeden etwas anderes sein. Für mich ist es das Laufen, für meine Mutter der Garten und für meinen Vater sind es die japanischen Zahlenrätsel. Wer sich nicht weit genug vom Inhalt der Arbeit entfernt, riskiert, sofort rückfällig zu werden. Mir passiert das, wenn ich beim Laufen mein Handy mitnehme, um Musik zu hören. Sobald mich doch noch ein Anruf oder eine E-Mail erreicht, rückt der Feierabend sofort wieder in den Hintergrund und vorbei ist es mit der Erholung.

Wer richtig abschalten will, lässt seiner Psyche nicht einfach Freilauf. Denn dann ist das Risiko groß, dass die Psyche direkt zurück Richtung Arbeit rennt. Suchen Sie sich im Gegenteil eine Tätigkeit, die Ihre Psyche in einer anderen Weise beschäftigt als Ihre Arbeit. Abends ein kleines Salatbeet zu pflegen, kann psychisch richtig fordern. Was tun gegen die Schnecken? Wann gießen? Wie düngen? Wenn man nicht gerade Bauer oder Gärtner ist, ist diese Anforderung eine völlig andere als der eigentliche Job. Und das führt zum Loslassen und damit zu Erholung vom Arbeitstag. Der aus meiner Sicht wichtigste Faktor dabei ist allerdings, dass man sich als Abschalttätigkeit etwas sucht, bei dem Scheitern kein Problem ist. Wenn ich laufen gehe, laufe ich so schnell, wie ich möchte. Mal packt mich der Ehrgeiz, mal werde ich von walkenden Omas überholt. In jedem Fall entscheide ich alleine und nur so, wie es mir passt.

37

Bauchgefühle im Kopf

Warum es sehr viel wert sein kann, seine Intuitionen zu verstehen

Neulich war ich allein unterwegs zur Bahn und ging nicht besonders schnell durch eine kleine Straße Richtung Bahnhof. Da plötzlich spürte ich es. Ganz eindeutig. Irgendetwas stimmte nicht. Ich fühlte mich beobachtet. Wie angewurzelt blieb ich stehen und drehte mich vorsichtig um. Ich schaute langsam umher. Da, tatsächlich. Eine steinalte Frau, ganz weiß im Gesicht, starrt mich aus dem verschmutzten Fenster im ersten Stock eines grauen Hauses an. Sie steht hinter einer leichten Gardine. Darum kann ich ihr Gesicht nicht richtig erkennen. Aber ihren Blick spüre ich intensiv.

Jeder kennt das Gefühl des sechsten Sinns: eine Ahnung, eine Intuition, die sich auf einmal in uns breitmacht. Hören, sehen, schmecken, riechen, tasten – das tun wir die ganze Zeit. Aber keiner unserer Sinne fasziniert uns so sehr wie der sechste Sinn. Und ich sage es direkt: Es gibt ihn! Allerdings ganz anders, als die meisten ihn sich vorstellen. Das allgemeine Verständnis vom sechsten Sinn trieft vor Esoterik und übersinnlichem Blabla. Bei Erlebnissen wie dem mit der Oma hinter der Gardine ist man schnell geneigt, sich selbst besondere Fähigkeiten zuzuschreiben. »Ich spüre die Schwingungen«, »empfange Sehstrahlen« oder »nehme magnetische Wellen wahr« zum Beispiel. So spannend das alles klingen mag, es ist Humbug. Dass wir Blicke in unserem Nacken spüren können oder schon vor dem ersten Laut wussten, dass gleich das Telefon klingeln würde, lässt sich auf drei Mechanismen zurückführen, die mit Kinese oder übernatürlichen Kräften nichts zu tun haben.

Der erste Grund ist der Unterschied zwischen Empfindung und Wahrnehmung. Unsere fünf Sinne sorgen permanent für unzählige Empfindungen. Der größte Teil davon wird allerdings gefiltert. Erinnern Sie sich an die Aufmerksamkeitsgummibärchen. Ihr Hirn entscheidet, welche Signale der Sinnesorgane es bis in ihr Bewusstsein schaffen. Eine kurze Tour durch die Welt der Sinne zeigt das sofort. Was haben Sie gerade für einen Geschmack im Mund? Testen Sie es. Schlucken Sie einmal und versuchen Sie zu schmecken, was da kommt. Auch wenn Sie gerade nichts im Mund haben, werden Sie sofort einen Geschmack wahrnehmen. Dieser Geschmack ist die ganze Zeit schon da. Und Ihre Geschmacksknospen auf der Zunge auch. Die Geschmacksempfindungen haben es allerdings bis gerade nicht in Ihre Wahrnehmung, in Ihr Bewusstsein geschafft. Mit: »Ey, du kommst hier nicht rein!«, hält unser Hirntürsteher unsere Wahrnehmung frei. Obwohl er aufpasst wie ein Schießhund, geht dem Hirntürsteher immer wieder etwas durch die Lappen. Kleine Teile des Sinnesrauschens, das uns umgibt, schaffen es dann doch in unsere Aufmerksamkeit. Während ich durch die Straße ging, haben meine Augen meinem Hirn unzählige Infos geliefert. Das meiste hat der Türsteher abgeblockt. Aber die kleine Bewegung hinter der Gardine, die ließ er vom Auge durch zu meiner Aufmerksamkeit.

Der zweite Grund ist, dass sich Situationen, in denen unsere Sechster-Sinn-Vorahnungen bestätigt werden, tief in unser Gedächtnis einbrennen. Das Telefon klingelt, und ein Freund, den man schon lange nicht gesprochen hat, meldet sich. »Das muss Gedankenübertragung gewesen sein. Dich wollte ich gleich anrufen.« Unsinn. Das war reiner Zufall. Nur werden wir diesen

Vorfall viel länger und lebendiger im Kopf behalten als die vielen anderen Anrufe, die uns täglich erreichen und bei denen wir keine Vorahnung hatten, beziehungsweise die Fälle, in denen die Vorahnung nicht bestätigt wurde.

Der dritte Grund ist trivial. Stellen Sie sich vor, Sie wären die Oma hinter der Gardine. Sie schauen wie jeden Tag aus dem Fenster auf die Straße. Da bleibt ein Typ plötzlich wie angewurzelt unten auf dem Bürgersteig stehen. Sie sind irritiert. Ist etwas? Jetzt dreht er sich langsam um und blickt Ihnen direkt in die Augen. »Merkwürdig«, denken Sie, »was hat er denn?« Zwischenmenschliche Erlebnisse, die wir einem sechsten Sinn zuschreiben, entstehen oft erst dadurch, dass wir die Existenz eines sechsten Sinns vermuten. Wir verhalten uns auf eine bestimmte Weise und provozieren dadurch Erlebnisse, die unserem Verständnis eines sechsten Sinns entsprechen.

Für den Eindruck, dass wir Menschen über einen übernatürlichen sechsten Sinn verfügen, gibt es also ganz unterschiedliche Erklärungen.

Mehr als nur ein Eindruck ist dagegen die Intuition. Der Ursprung der Intuition ist unser Gehirn. Vereinfacht gesagt, laufen in unserem Hirn zwei Betriebssysteme. System eins ist schnell, emotional, instinktgeleitet und unbewusst. System zwei ist langsam, analytisch, logisch und berechnend. System zwei ist überheblich. Denn es glaubt, die Dinge in der Hand zu haben. Der eigentliche Star ist aber System eins, denn hier entsteht die Intuition. Und die hat mehr Einfluss auf unser Leben, als die meisten von uns glauben. In einer berühmten Studie, veröffentlicht im Magazin *Science*, bekamen Probanden die Aufgabe, eine besondere Art von Kartenspiel zu spielen. Das Ziel war, den Gewinn zu maximieren. Um das zu erreichen, mussten die Teilnehmer Spielkarten von einem von vier Stapeln ziehen. In den Stapeln A und B gab es satte hundert Dollar für jede Gewinnkarte. In den Stapeln C und D hingegen nur schlappe fünfzig Dollar. Allerdings verbargen sich in den Stapeln jeweils auch Strafkarten, durch die die Spieler Geld verloren. Die Strafen in Deck A und B fielen dabei deutlich höher aus als in C und D. Auf lange Sicht würde man mit den Karten aus den Stapeln A und B also verlieren. Alle diese Fakten kannten die Spieler nicht. Sie sollten nur ziehen. Während des Spiels waren die Probanden an ein Messgerät angeschlossen, das den elektrischen Widerstand der Haut aufzeichnete, gemessen durch den minimalen Schweißausstoß der Hautporen.

Nach zwanzig Karten baten die Forscher die Probanden zu beschreiben, was wohl bei diesem Spiel vor sich gehe. Die einhellige Meinung der Probanden: »Sorry, keine Ahnung!« Es dauerte stolze fünfzig Züge, bis die Versuchsteilnehmer von einer ersten, ganz dumpfen Idee zu sprechen begannen. Erst ab achtzig Karten hatte System zwei in ihren Köpfen das Spiel, also die Zusammensetzung der Kartendecks, durchschaut.

Das faszinierende Ergebnis dieser Studie stand allerdings schon viel früher fest. Bereits bei der zehnten Karte schlugen die Messgeräte zum ersten Mal an. Und zwar dann, wenn die Spieler sich für eine Karte vom »bösen Stapel« (Stapel A oder B) entschieden. Ab der zehnten Karte begannen die Probanden auch, sich immer öfter für Karten vom guten Stapel zu entscheiden. Allerdings offensichtlich vollkommen unbewusst, denn auf Nachfrage hatten die Spieler ja noch keine Ahnung vom Aufbau des Spiels. Dafür verantwortlich war System eins in den Hirnen der Versuchsteilnehmer. Die Intuition begann zu wirken. Ein Bauchgefühl (natürlich im Kopf), eine dumpfe Ahnung beeinflusste das Verhalten der Probanden.

In einem ähnlich raffinierten Versuch mit Schulkindern aus der zweiten Klasse konnte der Psychologe Robert Siegler zeigen, wie früh die Intuition schon wichtig für uns ist. Den Kindern wurde eine simple Matheaufgabe gestellt: 18 + 24 – 24 ist gleich? Nach durchschnittlich fünf Aufgaben nach dem Prinzip X + Y – Y = X waren die Kinder doppelt so schnell wie am Anfang. Erst fünf weitere Durchgänge später konnten die Kinder die Regel benennen. Intuitiv waren sie schon viel schneller auf den Trichter gekommen.

Aus meiner Sicht ist es Gold wert, sich erstens bewusst zu machen, dass es zwar keinen übernatürlichen sechsten Sinn, wohl aber eine Intuition gibt, und zweitens, dass man diese aktiv nutzen kann. Für meine Teilnahme bei *Wer wird Millionär?* habe ich mehrere Monate lang jeden Tag oft mehr als zehn Stunden lang trainiert. Ich eignete mir sehr viel Wissen an. Dabei ist es aber essenziell, sich von Anfang an klarzumachen, was Wissen bei *Wer wird Millionär?* eigentlich heißt. Man muss die Antwort nicht selbst finden, sondern »nur« aus vier Möglichkeiten die richtige Antwort wählen. Das ist eine besondere Art von Wissen. Und um dieses Wissen effizient abrufen zu können, habe ich gezielt trainiert, mit meiner Intuition umzugehen.

Jeder kennt das Gefühl des »Das habe ich doch schon mal gehört«. Oft fehlen uns dann aber das Wo und Wie und überhaupt alle anderen Details. Nennen wir es Halbwissen. In so einem Fall gilt es, sein Bauchgefühl richtig zu deuten und sich die Intuition zunutze zu machen. Bei den vielen tausend Fragen, die ich während meiner Vorbereitung durchgespielt habe, gab es sehr oft Situationen, in denen ich dachte: »Das hast du doch schon mal gehört!« Wenn man sich nicht zu hundert Prozent sicher ist, bleibt ein Teil geraten. Wie hoch dieser Anteil ist, also wie sicher man rät, das verrät einem die Intuition. Wenn ich also zu einer Frage im Training nur Halbwissen hatte, hörte ich so genau wie möglich in mich hinein. Am Anfang war da viel Rauschen, das jedoch mit der Zeit immer mehr abnahm. Ich lernte einzuschätzen, wann ich auf meine Tendenz vertrauen konnte und wann nicht. Niemals mit voller Sicherheit, aber doch immer treffsicherer. Und das machte sich bezahlt.

Für eine halbe Million Euro wollte Günther Jauch von mir wissen: »Je höher seine Elo-Zahl, desto besser der ...?« Erst mal keine Ahnung. Nur das Gefühl, dass irgendwo in den Untiefen meines Hirns irgendwas langsam aus dem Tiefschlaf erwachte. Elo-Zahl ... Davon hatte ich doch mal gehört ... Jetzt kamen die Antwortmöglichkeiten: A) Formel-1-Motor, B) Geschirrspüler, C) WLAN-Router oder D) Schachspieler. Mit siebzig- bis achtzigprozentiger Sicherheit sagte mein Bauchgefühl »Schachspieler«, und ich entschied mich dafür. Günther Jauch loggte ein. Wäre die Antwort falsch gewesen, wäre ich bei 500 statt 500.000 Euro gelandet. Aber das viele Training hatte mich darin geschult, meine Intuition nicht nur zu hören, sondern auch zu verstehen, und das ist oft unbezahlbar.

38

Die Glücks-Gesundheits-Maschine

Egal wie es ist, es möge bitte so bleiben

Sind Sie gerade alleine? Falls ja, lesen Sie entspannt weiter. Falls nein, finden Sie vielleicht jemanden, der Ihnen ab dem nächsten Absatz für ein paar Minuten aus diesem Buch vorliest. Wenn Sie sich dazu noch bequem auf Ihr Sofa oder Bett legen und die Augen schließen, wird die nun folgende Gedankenreise in der Glücks-Gesundheits-Maschine umso eindrucksvoller. Also, wenn wer da ist, übergeben Sie jetzt das Buch, sonst lesen Sie sich die folgenden Zeilen selber vor. Vielleicht laut.

Vor dir siehst du einen quaderförmigen Apparat. Nicht viel größer als ein Bauwagen. Komplett aus Aluminium, steht das Ding in einer großen, aber sonst vollkommen leeren Halle. Es ist leise hier. Das Licht ist schummrig. Plötzlich öffnet sich am Ende der riesigen Halle eine kleine Tür, und ein Herr um die Sechzig tritt ein. Forschen Schrittes kommt er auf dich zu. Er trägt ein beiges Jackett, darunter einen dunklen Rollkragenpullover. Er strahlt eine Intelligenz aus, die schon aus zehn Metern Entfernung beeindruckt, und erinnert mit seinen silbernen Haaren und den dunklen Augen irgendwie an den jungen Sean Connery. »Willkommen in Harvard. Mein Name ist Professor Nozick. Gut hergefunden? Heute geht es los. Ihr großer Tag«, sagt er zur Begrüßung und ein Quäntchen Freude scheint dir aus jedem seiner Worte entgegenzufliegen. Er deutet mit dem Arm auf den komischen Apparat. »Wir nennen sie liebevoll die Glücks-Gesundheits-Maschine«, erklärt Professor Nozick und streicht zärtlich mit der Hand über das glänzende Aluminium. »Das ist natürlich nicht der wissenschaftliche Name. Aber für Laien wie Sie trifft diese Bezeichnung den Nagel schon ziemlich auf den Kopf.« Er lächelt freundlich und winkt, damit du folgst. Der Professor öffnet eine kleine Luke an der Seite der Maschine und bittet dich einzutreten. »Vorsicht, Kopf einziehen. Hier ist alles etwas enger.«

Das Innenleben des Apparats erinnert an das Cockpit einer Rakete. Überall sind Schläuche, sonderbare Armaturen, Monitore, Hebel und Schalter. »Beeindruckend, nicht wahr?«, fragt Nozick. In der Mitte der Maschine steht ein futuristisch anmutender Liegestuhl. »Nehmen Sie bitte Platz«, fordert der Professor dich auf und zeigt auf den Stuhl. Sobald du liegst, reibt er deine Kopfhaut mit einem Gel ein. »Dadurch leiten die Ioden besser«, erklärt er und zieht dir eine Haube über, von der unzählige Glasfaserkabel abgehen. Wie ein Fahrradhelm wird diese durch einen Gurt am Kinn gehalten. »Ich möchte Ihnen noch einmal ganz herzlich im Namen des gesamten Teams und aller meiner Forscherkollegen danken! Sie werden es bestimmt nicht bereuen. Bevor es losgeht, bin ich aus rechtlichen Gründen verpflichtet, nochmals kurz zusammenzufassen. Sobald Sie danach Ihr Einverständnis erklären, geht es los«, verkündet Nozick feierlich.

»Diese Maschine ist die neueste Errungenschaft in Harvard. Nach jahrzehntelanger Forschung unter strenger Geheimhaltung ist es einem kleinen Kreis weltweit führender Neurologen, Psychologen und Physikern nun endlich gelungen, die Glücks-Gesundheits-Maschine so weit entwickelt zu haben, dass ein erster Test stattfinden kann – und zwar mit Ihnen. Die Maschine ist in der Lage, Ihren gesamten Körper in einen Traumzustand zu versetzen. Der Traum wird kein Ende nehmen, sondern so lange dauern, bis Sie sterben. Sie haben uns genau beschrieben, wie Ihr

Leben im Traum aussehen soll. Und ich muss sagen, Sie haben Geschmack. Eine popelige Million ist Ihnen nicht genug. Sie werden sehr viel reicher sein. Natürlich auch gesund und gemeinsam mit Ihrer Familie und allen Ihren Freunden munter und glücklich leben. Ihr Job wird Sie vollkommen erfüllen, und Sie werden noch ein wenig intelligenter sein, als Sie es jetzt schon sind. Dazu sportlich, charismatisch und sehr humorvoll. Die Bedingungen sind Ihnen klar. Sie können aus dem Versuch nicht mehr aussteigen. Nie mehr. Sobald die Maschine angestellt wird, sind Sie im wunderbaren Traum. Für immer. Können wir starten? Soll ich den Hebel umlegen? Sagen Sie einfach *Ja.*«

Hier endet Ihr Part, werter Vorleser. Sie können das Buch zurückgeben.

Die Glücks-Gesundheits-Maschine gibt es tatsächlich. Sie steht allerdings nicht als Aluminiumkasten in Harvard, sondern wurde als Gedankenexperiment mit dem Titel »The Experience Machine« von dem amerikanischen Philosophieprofessor Robert Nozick erfunden. Der wiederum lehrte tatsächlich in Harvard. Wenn Sie sich auf das Gedankenexperiment eben eingelassen haben, was hätten Sie dem freundlichen Professor geantwortet? Maschine an oder stopp? Multimillionär werden und ein Leben voller Glück und Freude führen in einem Traum, der sich vollkommen real anfühlt, oder bei dem bleiben, was ist? Wenn ich vor dem Professor auf dem Stuhl gelegen hätte, wäre meine Antwort eindeutig und – ohne viel nachzudenken – klar gewesen: nein. Ich möchte so weiterleben wie bisher.

Diese Reaktion scheint natürlich und ist die häufigste. Die meisten von uns, auch die ohne Millionen auf dem Konto, ziehen ein Leben in der Realität einem geträumten Superleben vor. Das ist menschlich. Wer würde schon gerne in einer Maschine hocken, wenn vor der Tür das echte Leben vorbeizieht? Aus psychologischer Sicht scheint das aber nur die halbe Wahrheit zu sein, wie der experimentierfreudige Forscher Felipe De Brigard mit einer ganzen Reihe von Untersuchungen zeigen konnte. De Brigard drehte den Spieß um. Statt vor die Wahl, in die Experience Machine *einzusteigen* oder draußen zu bleiben, stellte der Forscher seine Probanden vor die Wahl, *auszusteigen* oder drin zu bleiben. Seine Gedankenmaschine wurde so eingeführt: Stellen Sie sich vor, es ist Samstagmorgen. Sie liegen noch im Bett. Da klingelt es unerwartet an der Tür. Sie machen auf, und vor Ihnen steht ein Herr im schwarzen Mantel mit dunkler Sonnenbrille. »Was ich Ihnen nun sagen werde, könnte Sie verstören«, erklärt er. »Wir haben Sie vor Jahren an eine Maschine angeschlossen. Seitdem leben Sie in einer reinen Illusion. Ihr Leben, wie Sie es kennen, ist nur ein Traum. Jetzt können Sie wählen. Wollen Sie in der Maschine bleiben oder jetzt aus Ihrem Traum erwachen? Bevor Sie entscheiden, sollten Sie jedoch wissen, dass Sie in Ihrem echten Leben Insasse eines Hochsicherheitsgefängnisses sind.«

Und, was antworten Sie dieses Mal? Die Meinung von De Brigards Studenten jedenfalls war eindeutig: 87 Prozent wären in der Maschine geblieben. Selbst dann, wenn den Probanden versichert wurde, dass sie nicht im Knast saßen, sondern in Wirklichkeit das Leben eines Multimillionärs in Monaco führen würden, wollte noch immer die Hälfte lieber weiterträumen. Damit steht fest: Wenn wir das Traumleben in der Glücks-Gesundheits-Maschine ablehnen, liegt das nicht alleine daran, dass wir den Bezug zur Realität behalten möchten. Denn dann würden wir ja im Experiment von De Brigard alle aus der Maschine aussteigen und zurück in die Realität wollen, egal wie diese aussieht.

Tatsächlich ist das Ergebnis der beschriebenen Versuche, dass die meisten von uns froh sind, wenn sich nichts ändert. Das Leben ist schön, solange alles genau so bleibt, wie es ist. Die Tendenz, in Entscheidungssituationen nichts zu unternehmen oder einen bereits eingeschlagenen Weg weiterzugehen, steckt in uns allen. In der Psychologie spricht man vom »Status quo bias«. Es handelt sich um eine kognitive Verzerrung, die besagt, dass wir – etwas plakativ ausgedrückt – total darauf stehen, wenn alles genau so bleibt, wie es ist und schon immer war. Menschen zeigen einen erschreckend hartnäckigen Hang zum Altbewährten. Dabei übersehen wir, dass *alt* nicht unbedingt *bewährt* heißen muss. Nur weil etwas schon immer so gemacht wurde, wie es gemacht wird, heißt das noch lange nicht, dass das auch sinnvoll ist. Natürlich gibt es Fälle, in denen es empfehlenswert ist, auf Tradition und Gewohnheiten zu setzen. Rezepte zum Beispiel. Wie man einen Sauerteig ansetzt, wird seit Generationen weitergegeben. Oder die Bauweise von Brücken. Dass man die meist in Bogenform baut, ist schon lange so und hat sich bewährt. Im Alltag führt die Vorliebe für den Status quo allerdings oft zu ungünstigen Entscheidungen.

Wir behalten unseren Stromanbietervertrag, selbst wenn klar ist, dass es weit bessere Alternativen gibt. Beim Inder um die Ecke essen wir immer die Zwölf mittelscharf, und einmal mit einem Abo im Fitnessstudio ausgestattet, kündigen wir nicht, obwohl wir ohnehin nicht hingehen. Wir Menschen sind Gewohnheitstiere, und zwar ziemlich bequeme.

Unter Psychologen werden verschiedene Ursachen für dieses Verhalten diskutiert. Eine mögliche Erklärung liegt in unserer Abneigung gegenüber Verlusten. Wenn wir zweitausend Euro verlieren, etwa infolge eines riskanten Investments, nagt das viel mehr an unserer Psyche, als wenn wir durch mangelnde Initiative auf zweitausend Euro Gewinn verzichten, den wir durch eine sinnvolle Investition erhalten hätten. Eine weitere Erklärung geht in eine ähnliche Richtung wie der IKEA-Effekt. Uns gefallen nicht nur Dinge besser, die wir selbst zusammenschrauben, sondern pauschal auch alles, was sich in unserem Besitz befindet. »Drei, zwei, eins … meins« reicht aus, damit unsere Wertschätzung für einen Gegenstand massiv zunimmt. Befindet sich einmal etwas in unserem Besitz, mögen wir es nur ungern hergeben, selbst wenn es stattdessen noch etwas Besseres abzustauben gäbe. Beide Effekte wirken wie Handschellen, die uns von Veränderungen abhalten.

Wenn man sich selbst von der Vorliebe für den Status quo befreien möchte, sollte man vor einer anstehenden Entscheidung versuchen, sich einen klaren Überblick über die Alternativen zu verschaffen. Was ist wirklich sinnvoll für mich? Was sind die Pros und die Kontras? Denn je komplexer und schwerer zu überschauen eine Entscheidung und deren Folgen sind, desto mehr quengelt unser Hirn, dass doch lieber alles so bleiben möge, wie es ist. Was mir hilft, ist, kontinuierlich zu überprüfen, was ich in meinem Alltag und in meinem Umfeld verändern könnte. Wie mit allem, so kann man unsere Psyche auch daran gewöhnen, mit Veränderungen besser klarzukommen. Ein klein wenig Training hilft und erhöht nicht nur die Bereitschaft, neue Wege einzuschlagen, sondern trägt auch noch dazu bei, dass man die neuen Wege schneller und besser zu bewerten lernt.

39

Alleine peinlich sein

Warum wir immer dann stolpern, wenn alle gucken

Als Psychologiestudent erlebt man den großen Luxus, für viele Unternehmen ein potenziell interessanter zukünftiger Mitarbeiter zu sein. Das liegt wohl auch an der großen inhaltlichen Breite des Fachs. Und so waren meine Kommilitonen und ich das gesamte Studium über in der luxuriösen Position, von potenziellen Arbeitgebern nur so umgarnt zu werden. Karrieremesse mit tollen Ständen hier, kostenloses Weinseminar mit Spitzensommelier und Firmenvertretern da. Besonders gut in Erinnerung habe ich einen Unternehmensworkshop in Frankfurt. Aber nicht, weil die Häppchen da so toll waren, sondern weil ich zum Opfer des Spotlight-Effekts wurde.

Es war Sommer, knackeheiß, und leider war die Klimaanlage in dem Büroturm ausgefallen. Ich schwitzte. Und zwar heftig. Wenn Sie im Spiegel sehen, dass auf Ihrer Hose im Bereich der Poritze ein Schweißfleck mit der Kontur von Sylt entstanden ist, machen Sie sich um Schweißränder unter den Achseln keine Sorgen mehr. Am liebsten wäre ich im Erdboden versunken, aber das war unmöglich. Denn gerade setzte der Vorstandsvorsitzende zu seiner Rede an. Wir standen im Halbkreis um ihn herum. Keine Chance, mich zu verstecken. Und der Schweiß lief weiter. Ich war sicher, dass mein Sylt am Po mittlerweile die Ausmaße von Rügen angenommen hatte. Als die Rede des Chefs endlich vorbei war, flüchtete ich Hals über Kopf auf die Toilette.

Da saß ich nun auf der Klobrille in meiner Kabine mit aufgeknöpftem Hemd und wollte gerade anfangen, mich zu akklimatisieren, als ich die erste Stimme hörte: »Das dauert aber da drinnen!« Merkwürdig hoch für einen Mann ... Und schon wird geklopft. »Wir müssen auch mal!« Bei der zweiten Stimme war es eindeutig. Eine Frauenstimme. Frauen auf dem Herrenklo? »Komisch«, denke ich und wage einen Blick durchs Schlüsselloch. Frauen. Weit und breit nur Frauen. Die Schlange ist lang und viele hüpfen ungeduldig auf und ab. Im Eifer des Schweißgefechts hatte ich mich allem Anschein nach vertan und war nicht auf dem Herren-, sondern auf dem Damenklo gelandet. Das Schwitzen setzte sofort wieder ein. Ich hatte keine Wahl. Wer sich länger als drei Minuten in einer Toilette einschließt, macht mit Sicherheit mehr als Pipi. Die Vorstellung, schweißgebadet als vermeintlicher Kacker vor den Augen der Damen aus der Kabine zu treten, war für mich undenkbar. Und so entschied ich, das Ganze im wahrsten Wortsinne auszusitzen. Bis zum Ende der Veranstaltung blieb ich im sicheren Versteck, um mich dann unentdeckt aus dem Gebäude zu schleichen. Das Ganze war mir unendlich peinlich.

Jeder kennt peinliche Momente. Auf dem Weg zum Buffet vor den Augen der gesamten Hochzeitsgesellschaft zu stolpern und sich dabei den Rotwein über die Bluse zu schütten, mit einem riesigen Pickel auf der Stirn zum ersten Date zu erscheinen oder, oder, oder. Die Liste an Möglichkeiten, sich bis auf die Knochen zu blamieren, ließe sich unendlich fortführen. Im Grunde alles halb so wild. Wären da nicht die anderen, die Zeugen des Malheurs werden. Die Sorge vor dem Missgeschick selbst fällt daher meist viel kleiner aus als die Sorge, sich vor den Augen aller zum Deppen zu machen.

Dass diese Sorge in den meisten Fällen aber vollkommen unbegründet ist, konnte der Psychologe Thomas Gilovich mit einem einfachen, doch eindrucksvollen Experiment beweisen. Er steckte seine Probanden in ein T-Shirt, auf dem ein großer Druck von Barry Manilow prangte. Der Schmusebarde, der seine Berühmtheit vor allem dem Song »Mandy« verdankt, ist vieles, aber sicherlich nicht cool. Entsprechend peinlich war es den Teilnehmern des Experiments, mit dessen Konterfei auf der Brust rumzulaufen. Genau darauf hatte es der Forscher aber abgesehen. Die Aufgabe der Versuchsteilnehmer bestand nun darin, einen Raum voller Kommilitonen zu betreten und sich wie selbstverständlich mit dem affigen Outfit zu den anderen zu setzen. Im Anschluss sollten sie einschätzen, wie viele der anderen sagen könnten, wer auf dem T-Shirt abgebildet war. Der Auftritt muss den Probanden ziemlich peinlich gewesen sein. Fast die Hälfte der Studenten, so vermuteten sie, hätte mit Sicherheit Notiz von dem grässlichen Outfit genommen. Eine drastische Fehleinschätzung. Tatsächlich hatte nicht mal jeder Vierte die vermeintliche Peinlichkeit bemerkt.

Wir Menschen tendieren dazu, uns selbst als den Mittelpunkt des Geschehens wahrzunehmen. Was Professor Gilovich entdeckte und viele Forscher nach ihm belegten, nennt man in der Psychologie den Spotlight-Effekt. Uns ist klar, dass andere nicht jeden unserer Schritte verfolgen. Diese Tatsache aber vergessen wir oft in dem Moment, in dem es zu einem Fehltritt kommt. Dann denken wir: »Oh Gott, wie peinlich, das muss jeder gesehen haben.« Interessanterweise greift der Spotlight-Effekt nicht nur bei Peinlichkeiten. In einer Folgestudie ließ Gilovich seine Probanden eine Gruppendiskussion führen. Dabei stellte sich heraus, dass die Teilnehmer ihre eigenen Beiträge zur Debatte für viel eindrucksvoller und bedeutsamer hielten, als es tatsächlich der Fall war. In unserer Wahrnehmung gilt, dass wir immer dann im Rampenlicht stehen, wenn wir etwas besonders Peinliches oder etwas besonders Tolles angestellt haben. In Wirklichkeit ist der vermeintliche Scheinwerfer meist aber nicht viel heller als eine Taschenlampe.

Woher kommt der Spotlight-Effekt? Jedem von uns steht nur ein bestimmtes Ausmaß an Aufmerksamkeit zur Verfügung. Und der Bärenanteil davon geht ... an uns selbst! Wir achten sehr genau auf das, was wir tun. Und gerade dann, wenn wir uns nicht normkonform verhalten (im Guten wie im Schlechten), vergessen wir allzu schnell, dass die anderen viel zu sehr mit sich selbst beschäftigt sind, als dass jeder unserer Schritte auch bemerkt würde. Mir nichts, dir nichts übertragen wir unsere eigenen Eindrücke auf die anderen. Wenn ich den Schweißfleck so prominent an meinem Po wahrnehme, müssen ihn die anderen genauso sehen. In Wirklichkeit guckt aber gar keiner auf meinen Hintern und wenn doch, wird der Schweißfleck dann überhaupt registriert?

Wenn Ihnen das nächste Mal etwas Peinliches passiert, denken Sie an den Scheinwerfer, der eigentlich nur eine Taschenlampe ist. Auch wenn alle kurz innehalten, nachdem Ihr voll beladenes Tablett in der Kantine krachend zu Boden gegangen ist, wissen Sie jetzt, dass keiner genug Aufmerksamkeit übrighat, um sich wirklich mit Ihrem Malheur aufzuhalten. Nach dem Knall wird weitergegessen. Ob Sie dann die Scherben vom Boden aufheben müssen, ist den meisten schon wieder egal. Ihr Fauxpas geht unter, und die Angst vor Peinlichkeit ist irrational.

Oft ist es überhaupt nicht nötig, nach einem Malheur mit Scherzen und betonter Coolness zu versuchen, das Missgeschick abzumildern. Denn so kann es tatsächlich passieren, dass Sie den Scheinwerfer anschmeißen. Bedenken Sie den Spotlight-Effekt auch unbedingt umgekehrt, wenn Sie mal wieder einen genialen Einfall hatten und sich wundern, dass die anderen nicht klatschen. Was Sie sagen und tun, findet immer und überall viel weniger Beachtung, als Sie denken.

40

Egal warum, wenn nur weil

Solange es einen Grund gibt für das, was wir tun, sind wir zufrieden

In Deutschland gibt es 1,2 Millionen Millionäre. Unglaublich, oder? Etwa jeder 80. hat die Taschen voller Kohle. Ziemlich sicher kennen Sie also einen oder eine persönlich und wissen es vielleicht gar nicht. Ich habe keine Ahnung, wo die anderen ihre Million hergezaubert haben, aber wenn Sie über Nacht von Günther Jauch in den Kreis aufgenommen werden, gibt es im Vergleich zum Sechser im Lotto oder dem Volltreffer an der Börse einen entscheidenden Unterschied: Die ganze Nation weiß Bescheid.

Insgeheim denkt der eine oder andere nun vielleicht darüber nach, wie schön es wäre, ein bisschen von dem Geld abzuhaben. Das kann ich gut verstehen! Ginge mir ähnlich. Etwas verfehlt scheint es dann aber doch, eine völlig unbekannte Person anzuschreiben, anzurufen oder anzumailen und tatsächlich einen Anteil der Million zu verlangen. Auf dem einen oder anderen Weg erreichten mich bekloppte Noch-reicher-über-Nacht-Ideen und unglaubwürdige Hilfegesuche. Die wohl dreisteste Nachricht kam per E-Mail und war so platt wie kurz: »Meine Lebensversicherung hat mich betrogen und ich bin seit einem halben Jahr dringend auf der Suche nach einer Viertelmillion Euro. Die haben Sie ja jetzt. Bitte überweisen Sie das Geld an ...« Es folgten die Kontodaten.

Würde eine so fadenscheinige Begründung Sie überzeugen? Wohl kaum. Mich auch nicht. In diesem Fall ist schon der Ansatz hoffnungslos. Ganz anders sieht es aus, wenn es um Kleinigkeiten im Alltag geht. Hier kann man mit eigentlich sinnlosen Begründungen Berge versetzen! Etwas sperrig spricht man unter Psychologen von der »gedankenlosen Konformität«. Gedankenlos, weil unser Hirn hierbei nur auf ganz kleiner Flamme köchelt, und Konformität, weil wir geleitet werden von dem Wunsch, uns korrekt und normal zu verhalten. Normal im Sinne von »wie es sich gehört«. Dieses nicht durchdachte Streben nach Normalsein kann uns im Alltag schnell zum Verhängnis werden, wenn andere es ausnutzen.

Die Sozialpsychologin Ellen Langer und ihre Mitarbeiter konnten das mit einem heute sehr berühmten Experiment eindrucksvoll nachweisen. Sie bezogen in einer Unibibliothek Stellung und lauerten ihren ahnungslosen Opfern am Kopierer auf. Sobald sich ein Kopiergänger näherte, stand einer der Forscher (ohne weißen Kittel) auf und ging ebenfalls mit ein paar Blättern zum Gerät. Dort angekommen dann die Bitte: »Entschuldigung, würden Sie mich vorlassen?«, kurz bevor der Fremde seine erste Seite kopieren konnte. Höfliche sechzig Prozent ließen dem Bittsteller den Vortritt. Sobald der Forscher seiner Bitte nur eine kleine Begründung beifügte – »Würden Sie mich vorlassen, weil ich es eilig habe?« –, machten über neunzig Prozent Platz. »Kaum verwunderlich«, denken Sie jetzt. Wenn ein anderer in Eile ist und ich selbst nicht, lasse ich ihn vor. Auf den ersten Blick besteht der einzige Unterschied zwischen Bitte eins und Bitte zwei also darin, dass auf die Eile hingewiesen wird.

Stimmt aber nicht! Den Unterschied macht das kleine Wörtchen »weil«. In einer dritten Variante ihres Experiments ließ Langer ihren Kopierlockvogel folgenden Schwachsinn aufsagen: »Würden Sie mich vorlassen, *weil* ich kopieren muss?« Stolze 93 Prozent gingen jetzt dem sogenannten Begründungseffekt auf den Leim. Dass jemand am Kopierer kopieren muss, ist klar. Stellen Sie sich vor, ein Kunde in der Supermarktschlange käme Ihnen so: »Würden Sie mich bitte vorlassen, weil ich gerne vor möchte?«

Selbst dieser vollkommen absurden Bitte würden vermutlich nicht wenige Folge leisten. Verantwortlich dafür ist die Kraft der kleinen Konjunktion. Es ist uns *so* wichtig, einen Grund für unser Tun zu haben, dass der Grund selbst (fast) egal ist. Wie nach einem festen Drehbuch leisten wir kleineren Bitten beinahe automatisch Folge, solange sie begründet werden. Wir lechzen nach dem »weil«. Kaum einer kann einem »weil« widerstehen. Ganz entscheidend dabei ist allerdings, dass unser Hirn nicht aus seinem Halbschlaf geweckt wird, dass die Verhältnismäßigkeit gewahrt bleibt. »Ich hätte gerne eine Viertelmillion Euro, weil meine Lebensversicherung geplatzt ist«, funktioniert nicht. Wenn Sie nicht gerade Multimilliardär sind (ich weiß nicht, wie viele es davon in Deutschland gibt), werden Sie über diese Bitte vielleicht kurz nachdenken, in jedem Fall aber zu dem Schluss kommen, dass die Begründung nicht ausreicht. Wenn das passiert, geht der Versuch, vom Begründungseffekt zu profitieren, in die Hose. So auch in dem Experiment mit dem Kopierer. Als der Forscher in Langers Studie statt mit den ursprünglich fünf Seiten plötzlich mit einem dickeren Packen von zwanzig Seiten daherkam, verpuffte die Weil-Kraft der sinnlosen Begründung.

Wenn Sie das nächste Mal eine Bitte stellen, fügen Sie die kleine Konjunktion hinten an und erzählen dann egal was. Die Weil-Kraft wird Ihnen helfen, ans Ziel zu gelangen. Viel Spaß!

41

Was der Bauer nicht kennt, sollte er öfter essen

Warum die Angst vor Ungewissheit uns viel zu oft blockiert

Als Doppellehrerkind hat man es nicht immer leicht. Während die coolen Kinder schon in der Grundschule mit einem Eastpak aufliefen und die mittelcoolen zumindest mit einen 4YOU oder schlimmstenfalls mit einem Scout, schnallte mir meine fürsorgliche Lehrermutter zum Schulstart einen formlosen grauen Sack aus Ökoleinen von Greenpeace um. Auf dem prangte hinten ein riesenhafter reflektierender Walfisch, dem irgendein Komiker ein breites Grinsen ins Gesicht und eine tolle Wasserfontäne auf den Kopf gestickt hatte. Wenn Sie so ausgestattet morgens auf den ersten neuen Klassenkameraden mit Eastpak treffen, wünschen Sie sich nichts mehr, als dass der nächste Brummifahrer den auf und ab hüpfenden Grinse-Free-Willy auf Ihrem Rücken trotz Reflektorfunktion übersieht und Sie samt Tornister mit seinem Vierzigtonner überrollt.

Wenn Eltern eine Sache lieben, ist es Sicherheit. Das fängt beim Reflektor für den Schulranzen an und hört mit dem Satz »Kind, mach doch bitte erst mal eine Ausbildung« noch lange nicht auf: Eine Festanstellung finden, gerne als Beamter. Wenn es geht, nicht allzu spät heiraten und bitte, bitte nicht vergessen, die Haftpflichtversicherung zu bezahlen. Das sind die Ansprüche. Spätestens wenn die ebenfalls ersehnten Enkel dann da sind,

sind die Kinder aber plötzlich selber Eltern und beginnen selbst, die süße Droge Sicherheit für sich zu entdecken. In uns allen steckt das tiefe Bedürfnis, Unsicherheiten zu vermeiden.

Aber genau das wird zunehmend schwerer. Unsere Welt scheint unsicherer denn je. Amoklauf hier, pädophile Priester da. Und wenn Mohamed für jeden durchgeknallten Gotteskrieger mit Bombengürtel tatsächlich 72 Jungfrauen bereithalten würde, wäre auf Erden schon lange tote Hose. Dazu gibt es immer weniger klassische Berufe, stattdessen werden alle Social-Media-Manager oder YouTube-Star. Die Globalisierung trägt ihren Teil zur Verunsicherung bei: »Isch des auch bio?«, fragen die Schwaben im Prenzlauer Berg und tragen von flinken Kinderhänden zusammengeklebte Nike-Sneaker aus Bangladesch. Der Russe ist weg, die Engländer raus, eine Frau schon lange Bundeskanzlerin, und in die Kirche will heute kaum einer mehr. Kurzum, es fehlen die klaren Strukturen. Und das geht vielen Hirnen gegen den Strich.

Der Umgang mit Unsicherheit stellt heute eine der wichtigsten Herausforderungen an uns dar. Jeden Tag müssen wir Entscheidungen treffen, ohne das große Ganze überhaupt noch zu verstehen. Das verwirrt. Mache ich A oder besser B – oder vielleicht noch besser C? Und gibt es nicht noch ein D? Ob im Supermarktregal vor 17 Sorten Erdbeermarmelade oder auf der Suche nach einem passenden Beruf – wonach wir entscheiden können, ist fast nie ein-, sondern meist mehrdeutig. Wir Psychologen nennen das »Ambiguität«. Ein Forscherstar auf dem Gebiet der Ambiguität ist Arie Kruglanski. Der Sozialpsychologe hat vor Jahren ein Konzept entwickelt, das auf Deutsch etwas sperrig »Bedürfnis nach kognitiver Geschlossenheit« heißt. Klingt kompliziert, ist im Grunde aber schnell erklärt. Kruglanski geht davon aus, dass jeder von uns das Bedürfnis hat, Konfusion und Zwiespältigkeit zu vermeiden. Unser Hirn schreit nach Gewissheit. Eindeutige, einfache Antworten gefallen uns deshalb oft besser als korrekte, dafür aber komplexe. Chaos wollen wir aussperren, möglichst schnell zu einer Entscheidung kommen und damit Geschlossenheit und Ordnung in unserem Hirn herstellen.

Machen wir hierzu ein kurzes Experiment. Es geht um Geld. Sie können nichts verlieren, sondern bekommen von mir nur zwei Angebote. Sie dürfen dann frei eines von beiden wählen. Angebot eins: Ich schenke Ihnen siebentausend Euro. Einfach so, versprochen! Oder, Angebot zwei, wir werfen eine Münze. Sie nehmen Kopf. Gewinnen Sie, gibt's zwanzigtausend Euro. Kommt Zahl, kriegen Sie nichts. Ich weiß nicht, wie reich Sie sind, aber die meisten Menschen entscheiden sich für die sicheren siebentausend Euro und verzichten auf das Risiko. Wenn Sie nun aber die Grundlagen der Wahrscheinlichkeitsrechnung aus den Tiefen Ihrer Hirnwindungen kramen, fällt Ihnen sicher auf, dass eine Fifty-fifty-Chance auf zwanzigtausend Euro auf längere Sicht im Mittel zehntausend Euro wert ist. Wenn ich Ihnen die zwei Angebote hundertmal mache, wären Sie schön blöd, immer auf die sicheren siebentausend Euro zu setzen. Doch das übersehen wir im Alltagsstress unserer (gefühlt) chaotischen Welt gerne. Wenn man dieses Verhalten auf unser alltägliches Leben überträgt, in dem wir permanent zwischen zwei oder mehreren Möglichkeiten entscheiden müssen, dann wäre es oft besser, statt auf kognitive Geschlossenheit auf das Ungewisse zu setzen.

Uns Psychologen interessiert die Angst vor der Ungewissheit sehr, und sie wird weltweit untersucht. Um festzustellen, wie groß das Bedürfnis einer Person nach kognitiver Geschlossenheit ist, gibt es wissenschaftlich entwickelte Fragebögen, die die Zustimmung zu bestimmten Aussagen abfragen. Überlegen Sie einmal für sich selbst, wie sehr die folgenden Statements, Auszüge aus solchen Fragebögen, auf Sie zutreffen. Eins heißt »gar nicht« und zehn heißt »vollkommen«.

- Ein gut strukturiertes Leben mit regelmäßigem Tagesablauf passt zu meinem Gemüt.
- Wenn ich mit einem Problem konfrontiert werde, möchte ich unbedingt, und so schnell es geht, eine Lösung finden.
- Ich bin nicht gerne mit Leuten zusammen, die zu unerwarteten Handlungen neigen.
- Ich bevorzuge solche Tätigkeiten, bei denen immer klar ist, was getan werden muss und wie es getan werden muss.
- Es führt nur zu Verwirrung, sich ein Problem aus verschiedenen Blickwinkeln anzusehen.
- Ich vermeide es im Allgemeinen, mich an Diskussionen über umstrittene und nicht eindeutige Themen zu beteiligen.

Das waren sechs Aussagen. Addieren Sie Ihre Punkte. Wenn Sie auf über vierzig kommen, sollte Ihnen das zu denken geben.

Bevor es Ärger mit Muttern gibt, möchte ich klarstellen, dass ich nichts gegen Fahrradhelme, Free-Willy-Reflektoren auf Tornistern oder Reihenhaushälften für junge Ehepaare und sichere Ausbildungsplätze habe. Aber wer zu viel Angst vor dem Ungewissen hat, verliert auf lange Sicht. Ich arbeite seit Jahren daran, selbst einen gesunden Umgang mit Ungewissheiten zu erlernen und meine Toleranzgrenze gegenüber Risiken *peu à peu* nach oben zu schieben. Und zwar deshalb, weil psychologische Studien belegen, dass man damit einfach besser fährt.

Menschen mit einem ausgeprägten Bedürfnis nach kognitiver Geschlossenheit sind schlechter im Verhandeln. Sie haben gar keine Lust, sich in einer Verhandlungssituation wirklich viel Mühe zu machen und alle relevanten Informationen zu prüfen. Stattdessen lassen sie sich, was ihren Verhandlungspartner anbelangt, von Vorurteilen leiten. Der Autoverkäufer trägt einen schnieken Anzug? Wunderbar, der Mann hat Ahnung! Je höher die Angst vor dem Ungewissen, desto geringer ist außerdem die Toleranz für Andersartigkeit. Multikulti, religiöse Vielfalt statt Einheitsbrei, verheiratete Lesben und knutschende Männer passen nicht zum Schiss vor Veränderung und der Liebe zu Ordnung und Struktur.

Die Lebenssicherheitsfreaks sind außerdem empfänglicher für die hohlen Parolen autokratischer Anführer. Für sie ist die Anzahl von vorgebrachten Argumenten wichtiger als die Qualität. Sie fällen Urteile lieber schnell und auch dann, wenn sie nur relativ wenig wissen. Steht das Urteil einmal fest, rücken sie davon nur sehr ungern ab, egal, wie viel letztlich doch dagegenspricht. Die Erde ist eine Scheibe. Basta.

Zum Glück sind die meisten von uns viel weniger extrem. Trotzdem sollte man die Kraft der Angst vor Ungewissheit, die in uns allen mehr oder weniger tief steckt, nicht unterschätzen. Man kann lernen, diese Angst in den Griff zu bekommen. Der erste Schritt ist, sich vor Augen zu führen, dass man oft ein bisschen zu viel Angst hat und Risiko nicht gleich Desaster ist, sondern auch Chance bedeuten kann. Außerdem hilft es, sich bewusst an Ungewissheit, das Unbekannte und vermeintliche Risiken zu gewöhnen. Suchen Sie für sich immer neue Situationen auf. Das hält Sie nicht nur fit in der Birne, sondern stärkt Ihr Angst-Immunsystem. Für mich persönlich war die Zeit in anderen Ländern und der Austausch mit Menschen anderer Kulturen schon sehr oft ein echter Angstkiller. Mit Angst vor Ungewissheit kommen Sie auf Dauer nicht weiter. Unsere Welt wird schneller, die Gesellschaft bunter. Alte Strukturen wanken oder sind schon ganz weggefallen. Ich sehe die Zukunft damit überhaupt nicht düster, sondern freue mich gespannt auf die Ungewissheiten, die da noch kommen werden.

42

Es ist nicht geil, ein Arschloch zu sein

Warum wir um jeden Preis möchten, dass in unserem Kopf alles zusammenpasst

Jeder, der zur Schule gegangen ist und studiert oder eine Ausbildung genossen hat, kennt das Gefühl, erschreckend viel unnützes Zeug lernen zu müssen, das man im echten Leben wohl nie wieder brauchen wird. Aber neben dem vermeintlich Unnützen gibt es auch die echten Kracher – abhängig natürlich von den Interessen des Lernenden. Die bleiben hängen und beeindrucken einen. Für mich war das im Psychologiestudium ganz klar die Theorie der kognitiven Dissonanz.

Die Idee geht auf den Sozialpsychologen Leon Festinger zurück. Ich habe mir die kognitive Dissonanz als Hängewaage mit zwei Schalen im Gehirn vorgestellt. In der linken Schale liegen die Einstellungen. In der rechten Schale liegt das Verhalten. Normalerweise, so Festingers Idee, soll die Waage im Gleichgewicht sein. Der Hintergrund zu dieser Überlegung ist, dass eine Person bestimmte Einstellungen, Meinungen und Ansichten hat und – im Idealfall – ihr Verhalten dazu passt. Perfekte Harmonie zwischen Einstellung und Handeln herrscht zum Beispiel, wenn Nils, der aggressive Teenie mit Glatze und Bomberjacke, mit seinem Pitbull Hasso durch den Park geht und mal eben einen Ausländer verprügelt. Oder wenn Jakob, der Alt-Hippie-Yoga-Öko-Freak, in fair gehandelter Baumwollkutte zum Bioladen radelt, um Leinsamen für seinen Sojamilchjoghurt zu kaufen.

Das für mich Faszinierende ist aber nicht die Waage im Gleichgewicht. Interessant wird es, wenn die Waage anfängt zu kippen. Was passiert, wenn Einstellungen und Verhalten plötzlich nicht mehr zusammenpassen? Stellen Sie sich vor, der junge Neonazi Nils mit Glatze würde einen Tag mit Hippie Jakob tauschen. Jakob kriegt den Pitbull an die Leine und muss im Park Ausländer hetzen. Nils kriegt das Fahrrad und die Ökokluft und muss, winkend vorbei an seinen rechten Brüdern, zum Biomarkt radeln. Sie können sich vorstellen, dass sich beide extrem unwohl in ihrer Haut fühlen würden.

In unseren Hirnen stecken unzählige kognitive Elemente. Diese Elemente sind jede Meinung, alles Wissen und unsere Vorstellungen über uns selbst, die Umwelt und unser Handeln. Wenn zwei dieser Elemente nicht zusammenpassen, entsteht Dissonanz. Stellen Sie sich vor, Sie möchten einen neuen Kühlschrank kaufen. Sie setzen sich ein Limit. Tausend Euro. Mehr nicht. Jetzt gehen Sie ins Geschäft. Der Verkäufer ist sehr hilfsbereit. Er präsentiert Ihnen ein Gerät für nur 850 Euro. Der Kühlschrank kann alles, was er soll. Sie wollen zuschlagen. Doch da weist Sie der Verkäufer noch eben auf das Schnäppchen des Monats hin: einen Edelstahlkühlschrank. Schicker als das andere Gerät. Mit besserer Energieeffizienzklasse und verlängerter Garantie. Außerdem frei Haus geliefert und angeschlossen. Dazu ein Eiswürfelauswurf vorne in der Tür. Statt stolzen 2.900 Euro kostet er diese Woche nur 1.600 Euro. Jetzt stehen Sie da. Das tolle Gerät gefällt Ihnen natürlich viel besser. Aber der Preis liegt weit über Ihrem Limit. Sie müssten an Ihre Ersparnisse für den geplanten Sommerurlaub gehen. Der Verkäufer lächelt Sie an: »Ein Sommer zu Hause kann richtig erholsam sein. Und wenn das Wetter wieder so schön wird wie letztes Jahr, hätten Sie stets Eis für Ihre Drinks parat.« Jetzt hat er Sie. Sie zücken die EC-Karte und bezahlen. Auf dem Weg zum Auto kommen Ihnen erste Zweifel. Kein Sommerurlaub dieses Jahr. Was wird Ihre bessere Hälfte sagen? Und brauchen Sie die Eiswürfelfunktion überhaupt? Sie mögen doch gar keine Drinks. Die Waage in Ihrem Hirn kippt, es entsteht kognitive Dissonanz. Ihre Einstellung, sparsam zu sein, kollidiert mit Ihrer Entscheidung für den teuren Kühlschrank.

Jeder von uns hat solche oder ähnliche Situationen schon erlebt. Und jeder von uns kennt entsprechend auch das Gefühl von kognitiver Dissonanz. Sobald die Waage in unserem Oberstübchen aus dem Gleichgewicht geraten ist, fängt unser Hirn an zu arbeiten. Und zwar mit Hochdruck. Es wird alles dafür tun, das Gleichgewicht wiederherzustellen.

Ein sehr berühmtes Experiment hierzu hat Leon Festinger selbst durchgeführt. Die bedauernswerten Teilnehmer waren Psychologiestudenten. Einzeln wurden sie in einen Raum gebeten und mit der wahnsinnig sinnlosen Aufgabe betraut, zwölf kleine Spulen in einen Kasten zu legen. Im Anschluss mussten sie die Spulen wieder herausnehmen, um sie gleich wieder in den Kasten zu packen. Das Ganze eine halbe Stunde lang. Immer nur rein, raus, rein, raus. Unmittelbar nach dieser Übung folgte eine ähnlich stumpfe Aufgabe: Dreißig Minuten lang Wäscheklammern drehen. 48 Stück. Jede einzeln, nacheinander, immer um neunzig Grad – mit nur einer Hand.

Danach folgte der eigentlich entscheidende Teil von Festingers Experiment. Den Versuchsteilnehmern wurde erklärt, dass für gewöhnlich eine studentische Hilfskraft den nächsten Probanden hereinbringen und diesem begeistert verklickern würde, dass die Teilnahme an dem Experiment richtig Spaß mache. Diese Aufgabe sollte nun der Versuchsteilnehmer übernehmen, da die Hilfskraft leider verhindert sei. Als Motivation für die Übernahme dieser zweifelhaften Aufgabe wurde jedem Teilnehmer eine Belohnung in

Aussicht gestellt. Die eine Hälfte der Probanden bekam einen Dollar zugesagt, die andere Hälfte stolze zwanzig Dollar.

Nachdem die Probanden für einen oder zwanzig Dollar als Aushilfe eingesprungen waren, sollten Sie abschließend eine Frage beantworten: »Von eins für ›sehr negativ‹ bis elf für ›sehr positiv‹ – wie fanden Sie Ihre Aufgabe in unserem Experiment?« Jetzt zeigte sich etwas Verblüffendes. Diejenigen, die nur einen Dollar für ihre Dienste bekommen hatten, bewerteten das Experiment und ihre Aufgabe deutlich positiver als ihre Kommilitonen, die zwanzig Dollar kassiert hatten. Genau diesen Effekt hatte Festinger erwartet, und er leuchtet ein, wenn man wieder an die Waage denkt: Das Geld stellt eine Belohnung dar. Zwanzig Dollar dafür, einen Kommilitonen anzulügen, sind ein guter Kurs. Unser Hirn weiß sofort: Ich lüge für die Kohle. Das ist nicht nett. Aber seien wir ehrlich, es ist auch nicht weiter schlimm. Im Gegenteil, zwanzig Dollar sind für einen Studenten eine ganze Stange Geld. Es wäre nahezu verschwenderisch, dafür nicht die kleine Lüge zu liefern. Die Waage bleibt im Gleichgewicht.

Ganz anders sieht es aus, wenn nur ein mickriger Dollar für das Lügen rausspringt. Die Waage kippt. Es herrscht Dissonanz in unserem Kopf. Denn einem Kommilitonen eine Stunde gähnende Langeweile als tolle Erfahrung zu verkaufen, so ganz ohne Grund, ist arschig. Und ob Sie es glauben oder nicht, aus psychologischer Sicht findet es kein Hirn geil, ein Arschloch zu sein. Um die kognitive Dissonanz zu reduzieren und die Waage wieder ins Lot zu bringen, blieb den Ein-Dollar-Lügner-Hirnen gar nichts anderes übrig, als sich einzureden, dass das Ein- und Auspacken der Spulen beziehungsweise das Drehen der Wäscheklammern im Endeffekt gar nicht so nervig gewesen waren. Denn nur dann ließ sich einem anderen ohne kognitive Dissonanz berichten, wie viel Spaß das Experiment ihm machen würde.

Für uns Menschen ist das Gleichgewicht im Kopf extrem wichtig. Je größer die Dissonanz, desto größer wird der Druck, sie abzubauen. Dazu bieten sich drei Möglichkeiten an. Erstens: Man ändert sein Verhalten. Wenn ein Raucher weiß, dass das Quarzen schlecht für die Gesundheit ist, könnte er theoretisch einfach aufhören zu rauchen. Dass das extrem schwer ist, können sich die meisten vorstellen. Die zweite Möglichkeit ist die Veränderung der Umwelt. Viele Raucher haben Bekannte, die immer mal wieder mit dem erhobenen Zeigefinger darauf hinweisen, wie schädlich das Rauchen ist. Je mehr solcher warnenden Freunde man hat, desto unangenehmer wird es mit dem Rauchen. Viel einfacher lebt es sich unter Gleichgesinnten. In einer Umwelt voller Kettenraucher kommt sich der normale Raucher sogar richtig gesund vor. Die dritte Möglichkeit schließlich ist die spannendste. Statt das eigene Verhalten oder gar die Umwelt zu verändern, kann man im eigenen Hirn ein bisschen umbauen und renovieren. Denn was wäre einfacher, als ein Ungleichgewicht der Kognitionen über eine Anpassung der Kognitionen selbst zu lösen? Auf unser Beispiel bezogen heißt das: »Wenn ich mich unwohl fühle bei dem Gedanken, dass mir das Rauchen schadet, schmeiße ich diese Einstellung einfach über Bord. Helmut Schmidt ist doch gefühlt hundert Jahre alt geworden. Genuss ist auch gesund.« Das sind Einstellungen und Meinungen, die viele Raucher entwickeln, um das Rauchen zu rechtfertigen.

Das Antibiotikum gegen kognitive Dissonanz ist das vorsichtige Anpassen der eigenen Einstellungen an die eigenen Ansichten. In den 1950er-Jahren schlich sich Professor Festinger gemeinsam mit zwei Kollegen in eine Sekte in den USA ein. Die Sekte war der festen Überzeugung, Nachrichten von den Außerirdischen vom Planeten Clarion empfangen zu haben. Die Hiobsbotschaft lautete, dass die Welt vor der Abenddämmerung des 21. Dezembers

1954 untergehen würde. Nur die Sektenmitglieder würden mithilfe von fliegenden Untertassen dem sicheren Ende entkommen. Offensichtlich kam es anders. Keine Flut, keine Untertassen, keine Aliens. Doof für die Sekte, sollte man meinen. Aber Festinger berichtete, dass die Sektenanhänger den Spieß einfach umdrehten. Statt einzugestehen, dass ihnen hier wohl ein Fehler mit der Prophezeiung unterlaufen war, verkündete die Sektenleitung nun, dass der feste Glaube und die Gebete geholfen hätten und das Unheil nur so hatte abgewendet werden können. Ein Paradebeispiel wirksamer Dissonanz-Beseitigung.

Die kognitive Dissonanz ist aus meiner Sicht eines der wichtigsten psychologischen Phänomene, weil sie immer wirkt und unser Hirn so fest im Griff hat. Gerade deshalb wäre es fahrlässig, sie nicht aktiv zu nutzen. Und zwar im Umgang mit uns selbst genauso wie im Umgang mit anderen. Wer sich geschickt anstellt, kann zum Meister der Waage werden.

In Bezug auf uns selbst sollten wir uns stets klarmachen, zu welchen Kunstgriffen unser Oberstübchen fähig ist, um jede Art von Dissonanz zu vermeiden oder gleich wieder abzubauen. Eigene Einstellungen und Meinungen sollte man daher regelmäßig auf den Prüfstand stellen, und zwar so, dass man sie losgelöst vom eigenen Verhalten betrachtet. Der schlaue Sokrates wusste schon: Ein Leben, das nicht kritisch untersucht wird, ist es nicht wert, gelebt zu werden. Vom Kühlschrankkauf bis hin zur latenten Ausländerfeindlichkeit – wir sind bereit, bizarre Gedankenwege einzuschlagen, um unser Selbstbild stabil und einheitlich zu halten. Oft wäre es aber viel angebrachter, eine Bereitschaft zur Anpassung an den Tag zu legen. Das heißt nicht, sein Fähnchen in den Wind zu hängen, sondern lediglich zu bedenken, dass unsere Einstellungen, Meinungen und Ansichten nicht in Stein gemeißelt sind, sondern verändert werden können. Studien konnten zum Beispiel zeigen, dass es für die Therapie von Magersuchtpatienten hilfreich ist, die Waage vorsätzlich aus dem Gleichgewicht zu bringen. Wer an Magersucht leidet, hat die Einstellung, dass nur ein extrem dünner Körper dem Schönheitsideal entspricht. Dazu passt das Verhalten, kaum zu essen und sich selbst auch dann noch dick zu finden, wenn man schon nur noch aus Haut und Knochen besteht. Hier kann man ansetzen, indem das Schönheitsideal hinterfragt wird. Die Patienten durchlaufen Rollenspiele, in denen sie sich entgegen ihrer Einstellung verhalten. So entsteht ein kritischer Blick auf das schädliche Essverhalten, und im Idealfall wird Veränderung angestoßen.

Im Umgang mit anderen ist es hilfreich, sich gerade im Streit bewusst zu machen, wie schwer es ist, sich gegen die eigenen Einstellungen und Ansichten zu stellen. Wer jemanden von etwas überzeugen möchte, muss dafür sorgen, dass der andere seine Meinung anpassen kann, ohne dass die Waage völlig aus dem Gleichgewicht gerät. Viel sinnvoller, als den anderen argumentativ zu überrollen, ist es, die Waagschalen schrittweise zu adjustieren. Das Experiment mit den Spulen, Wäscheklammern und den lügenden Studenten hat außerdem gezeigt, dass der Druck zur Verhaltensänderung nicht zu groß sein darf. Je mehr Druck man auf einen Menschen ausübt, damit er ein gewünschtes Verhalten zeigt, desto geringer ist die Wahrscheinlichkeit, dass sich seine Überzeugungen ändern.

Neonazi Nils zum Beispiel ist ein Arschloch. Dafür gibt es in seinen Kreisen Anerkennung. Wenn ich ihn von der dunklen Seite der Macht befreien müsste, würde ich ihn einladen. Einen Tag in einer Flüchtlingsunterkunft. Natürlich im Geheimen und mit dem Versprechen, jederzeit gehen zu können. Wenn er mitmacht, beginnt die Waage in seinem Kopf vielleicht zu kippen, und Nils merkt, wie geil es sich anfühlt, kein Arschloch zu sein.

43

Ende gut, gar nichts gut

Warum wir nur im Rückblick keine Fehler machen

Ich habe in meinem Leben schon so viel Scheiße gebaut, die am Ende doch gut ausging, dass ich das Kölsche Grundgesetz »Et hätt noch emmer joot jejange« zu meinem festen Motto-Repertoire zähle. Die bisher größte Scheißaktion endete mit einer halsbrecherischen Flucht vor einer aufgebrachten Gruppe »Sklaven« (dazu später), die einen befreundeten Journalisten und mich irgendwo am Rande der Hauptstadt von Katar in einem verdreckten Hinterhof festhalten wollte, um uns an den berüchtigten Geheimdienst des Emirs von Katar auszuliefern. Unser Abenteuer hatte ein paar Tage vorher mit einem Anruf ebendieses Freundes begonnen. Er fragte mich, ob ich ihn bei seinen Recherchen auf den Baustellen für die Fußballweltmeisterschaft, die 2022 in Katar stattfinden wird, begleiten wolle. Seine Zeitung, eine der wichtigsten deutschen Sonntagszeitungen, würde alles bezahlen. Allerdings müssten wir investigativ arbeiten, also ohne journalistisches Visum oder Genehmigung. Das ist in Katar nicht ungefährlich. Der Wüstenstaat wird von Emir Scheich Tamim bin Hamad Al Thani, einem spaßlosen Erbmonarchen, autokratisch an der ganz kurzen Leine geführt. Demokratie und Rechtsstaatlichkeit sucht man in dem Emirat genauso vergeblich wie Fußballfans, und auf Kritik steht der Emir gar nicht. Journalisten, die ihm oder seinem wahnwitzigen Fußballprojekt in der Vergangenheit in die Quere kamen, ließ er kurzerhand ins Verlies werfen.

Ich entschied mich trotzdem dafür mitzukommen und saß nur wenige Tage später in einer Maschine von Qatar Airways Richtung Orient. Beim Landeanflug auf den Wüstenstaat fragte ich mich, wie viel Schmiergeld der Emir wohl wem wohin geblasen hatte, um seine hirnverbrannte Idee vom Fußballfest im Sand bei vierzig Grad im Schatten durchzusetzen. In Katar leben über zwei Millionen Menschen, von denen nur jeder Siebte zu den stinkreichen Inländern zählt. Der bettelarme Rest kommt aus Indien oder Pakistan, um bei den Wohlhabenden zu putzen, zu kellnern oder Steine für die Fußballstadien zu schleppen. Wer als Arbeiter in Katar ankommt, wird zum Sklaven. Und genau hierüber sollten wir berichten.

Die perfekt inszenierte Scheinwelt auf den offiziellen Baustellen des Emirs interessierte uns also überhaupt nicht. Wir waren im Schutze der Dunkelheit in den Arbeitervierteln außerhalb der Stadt auf der Suche nach der hässlichen Fratze des Großprojekts. Was wir vorfanden, war moderne Sklaverei. Enge Baracken in trostlosen Gettos voller Menschen in brütender Hitze. Dazu Gestank, Müllberge, Kakerlaken und Angst. Wovor, das erlebten wir am fünften Tag.

Wir hatten endlich ein Interview mit einem Arbeiter aus Indien beenden können, als wir entdeckt wurden. Ein Offizieller, umringt von Arbeitern, rannte wutentbrannt auf uns zu. Die Tore des Hinterhofs, in dem wir uns befanden, fielen sofort krachend ins Schloss. Wir saßen in der Falle. Was wir hier täten, schrie der Offizielle uns an. Nur unter dem Vorwand, die Genehmigungen (die es nicht gab) aus dem Auto zu holen, ließ man uns, begleitet von zwei Männern, den Hof verlassen. Am Auto angekommen, nutzten wir das Überraschungsmoment in dem ganzen Chaos zur Flucht. Wir sprangen in den Wagen und fuhren mit quietschenden Reifen davon. Wenig später saßen wir dann im Flieger weg von Katar über Istanbul Richtung sichere Heimat. Im Gepäck jede Menge Material und Bilder. Bye-bye, Emir!

Als die Maschine abhob, triumphierte der Abenteurer in mir. Das Erlebnis war der perfekte Beweis für mein Kölsches Lieblingssprichwort. Nichts fühlte sich schlecht an. Die Entscheidung, mit auf diese Reise gegangen zu sein, schien vollkommen richtig. Ganz anders sah das der Psychologe in mir. Wer seine Entscheidungen aufgrund des Ergebnisses beurteilt, macht einen fatalen Fehler. Aber genau dazu tendieren wir.

Machen wir hierzu ein Gedankenexperiment: Tom ist 55 Jahre alt. Er ist Spitzenkoch und reist durch die ganze Welt. Er liebt seinen Job. Eines Tages bricht Tom am Herd zusammen. Ein Tumor im Hirn. Tom kommt in ein künstliches Koma. Nur durch eine komplizierte Operation würde Tom später wieder so arbeiten können wie früher. Aber die Operation ist riskant. Acht Prozent aller Patienten überleben den Eingriff nicht. Tom hat keine Familie, und der Arzt muss alleine entscheiden, ob er die Operation durchführen wird oder nicht. Er entscheidet sich dafür, und Tom überlebt. Schon bald kann unser Koch aus dem Krankenhaus entlassen werden. Nun die Frage: Wie bewerten Sie die Entscheidung des Arztes auf einer Skala von eins für eine desaströse Entscheidung bis sieben für eine exzellente Entscheidung?

Genau solche Fragen stellten die Forscher Jonathan Baron und John Hersey den Teilnehmern in einem Experiment. Mit dem entscheidenden Unterschied, dass sie ihre Teilnehmer zufällig in zwei Gruppen unterteilten. Beide Gruppen bekamen eine Geschichte wie die von Tom zu lesen, wobei Tom nicht immer überlebte. Die eine Hälfte der Teilnehmer bekam ein Happy End. Die andere Hälfte las vom traurigen Tod des Kochs. Genau wie Sie jetzt sollten die Teilnehmer daraufhin die Entscheidung des Arztes bewerten. Obwohl die Ausgangssituation, auf deren Basis der

Arzt zu entscheiden hatte, in beiden Fällen dieselbe war, bewerteten die beiden Gruppen die Entscheidung ganz unterschiedlich. Überspitzt gesagt, wurde die Entscheidung als exzellent empfunden, sofern der Patient überlebte. Verstarb er hingegen, war die Entscheidung plötzlich desaströs.

Die beiden Forscher nannten diesen Effekt den »Outcome bias«. Ende gut, alles gut. Sobald wir wissen, zu welchem Ergebnis eine Entscheidung führt, ist uns der Weg dahin egal. Nach der Flucht aus Katar sah der Abenteurer in mir also nur den Erfolg des ganzen Unterfangens. Er wäre bei der nächsten Gelegenheit sofort wieder ins Flugzeug gestiegen. Dass das Risiko, mit der gesamten Aktion ordentlich auf die Schnauze zu fallen, wahrscheinlich größer war als bei Toms Hirnoperation, spielte keine Rolle.

Der Effekt des »Outcome bias« ist weltweit immer wieder in ganz verschiedenen Bereichen nachgewiesen worden. Forscher konnten zum Beispiel zeigen, wie er sich auf Schuldgefühle auswirkt: Ob und wie sehr ein Hausbesitzer für schuldig befunden wurde, einen Eindringling knallhart erschossen zu haben, hing davon ab, ob dieser Eindringling sich nachher als unbescholtener Bürger oder gefährlicher Krimineller entpuppte. Krimineller erschossen? Toll! Unschuldiger erschossen? Mist! Die Entscheidung zu schießen war aber in beiden Fällen vor demselben Hintergrund getroffen worden.

Im wahren Leben werden wir oft nur für das belohnt, was am Ende rauskommt. In Unternehmen zum Beispiel gibt es den Bonus dann, wenn das Geschäftsergebnis stimmt, und nicht, wenn die getroffenen Entscheidungen gut waren. Dieser Ansatz erzieht dazu, die Qualität einer Entscheidung nicht danach zu bewerten, wie gut die Chancen und Risiken gegeneinander abgewogen wurden, sondern danach, was dabei herauskommt. Glück und Pech bekommen damit eine irrational wichtige Rolle. Das Atomkraftwerk in Fukushima fliegt uns um die Ohren? War doch klar. Wer baut so ein Ding direkt ans Meer? Und dann noch in einer Erdbebenregion. Die Kubakrise ging friedlich aus? Danke, John F. Kennedy. Das war genau die richtige Politik. Lehmann ins Tor und Kahn auf die Bank? Perfekte Entscheidung von Klinsi. Oder vielleicht doch alles einfach nur Glück oder Pech?

Es gibt zwei Situationen, in denen man den »Outcome bias« unbedingt beachten muss. Erstens, wenn man versucht, aus den eigenen Entscheidungen zu lernen. Wer seine Fähigkeit, die richtigen Entscheidungen zu treffen, schärfen möchte, darf sich nicht am Ergebnis orientieren, sondern muss seinen Weg dorthin analysieren. Denn wer nicht berücksichtigt, auf welchem Weg er welches Ergebnis erzielt hat, wird sich auf Dauer nicht verbessern können. Die zweite Situation, in der wir den »Outcome bias« dringend berücksichtigen sollten, ist die Bewertung von anderen: Kollegen, Chefs, Mitarbeiter, die eigenen Kinder – alle machen und tun, und am Ende kommt etwas dabei heraus. Wie das, was herauskommt, zustande kam, sollte genauso berücksichtigt werden wie das Ergebnis selbst, sonst wird in vielen Fällen etwas bewertet, für das am Ende vielleicht niemand etwas konnte.

44

Jeder ist gern besser als der Rest, nur wer soll dann der Rest sein?

Warum wir uns permanent selbst überschätzen und das auch noch gut ist

Ein Problem mit Psychologiestudenten ist, dass alle aus der Schule sehr gute Noten gewohnt sind. Sie erinnern sich, Streber und so. Als wäre es eine süße Droge, scheint dann niemand bereit, im Studium von dem Anspruch nach Höchstleistung abweichen zu wollen. Das ist ärgerlich, denn die Professoren können ja schwerlich allen eine Eins geben. Genau das ist aber die Erwartungshaltung. Nicht nur bei uns Psychologen. Meine Jura- und Medizin-Freunde waren mindestens genauso ambitioniert, immer zu den besten zehn Prozent zu zählen. Das bedeutet aber im Umkehrschluss, dass die neunzig anderen Prozent schlechter sein müssen. Man kann jedoch einfach berechnen, dass die Hälfte aller Studenten schlechter als der Durchschnitt sein muss. Sonst gäbe es den Durchschnitt ja nicht.

Genau auf diese Problemlage wollte einer unserer Professoren uns gleich zu Beginn der Unilaufbahn mit einer kleinen Frage hinweisen. Kurz bevor die ersten Klausuren anstanden, fragte er die versammelte Mannschaft im Hörsaal, welche Leistung man von sich selbst im Vergleich zu den anderen im Raum erwarte. Entschieden werden sollte anonym. Alle sollten auf einem kleinen Zettel eine von drei Optionen notieren: unterdurchschnittlich, durchschnittlich oder überdurchschnittlich. Den Zettel sollten wir zur Klausur mitbringen. Gesagt, getan. Ein paar Wochen später standen die Ergebnisse fest. Zu Beginn seiner Vorlesung zeichnete der Professor die Verteilung der Noten als vier Balken an die Tafel. Nebeneinander erinnerten die Balken an drei Hochhäuser mit minimal unterschiedlich vielen Stockwerken und einem kleinen Gartenhaus daneben. Hochhaus Nummer eins war der Einser-Notenbereich. Sagen wir mal fünfzig Stockwerke. Hochhaus Nummer zwei war der Zweier-Bereich mit vielleicht zwei Stockwerken mehr. Hochhaus Nummer drei war der Dreier-Bereich, wieder mit fünfzig Stockwerken. Daneben das Gartenhaus für die paar wenigen mit einer ausreichenden Leistung. Die Auswertung der kleinen Zettel mit unseren Leistungserwartungen zeichnete aber ein ganz anderes Bild. Hochhaus Nummer drei und das Gartenhaus waren weg. Dafür waren die Hochhäuser Nummer eins und zwei jetzt fast doppelt so hoch. Die Hälfte hatte für sich eine durchschnittliche Leistung erwartet, die andere Hälfte sogar eine überdurchschnittliche. Von einer unterdurchschnittlichen Leistung war keiner ausgegangen. »Willkommen in der fabelhaften Welt der Psychologie«, fasste der Professor dieses Ergebnis süffisant zusammen und begann seine Vorlesung über die »Vermessenheitsverzerrung«, also den uneingeschränkten und oft ungerechtfertigten Glauben an die eigenen Fähigkeiten.

Die Forschung ist sich einig: Wir Menschen überschätzen unsere Fähigkeiten in ganz unterschiedlichen Bereichen. Klassiker auf dem Gebiet sind Umfragen, in denen sich die überwältigende Mehrheit der Befragten für überdurchschnittlich gute Autofahrer hält. Andere Forschungsergebnisse zeigen, dass männliche und weibliche Studenten ihre Intelligenz überschätzen und männliche auch noch ihre Attraktivität. Und mehr als neunzig Prozent der in einer Studie befragten Dozenten halten sich für besser als den Durchschnitt, und mehr als zwei Drittel zählen sich sogar zu den besten 25 Prozent.

Testen wir die Vermessenheitsverzerrung einmal mit Ihnen. Mit wie viel Kilometern in der Stunde fliegt die internationale Raumstation ISS durchs All? Wie viele Tonnen wog die Titanic? Und wie viele Stellen hat die größte bekannte Primzahl? Ich möchte keine einzelnen Zahlen von Ihnen wissen, sondern einen Bereich. Eine Zahl unten und eine Zahl oben. Wählen Sie die Grenzen des Bereichs weit genug, sodass die gesuchte Zahl mit großer Sicherheit, sagen wir zu neunzig Prozent, irgendwo dazwischenliegt. Damit Sie nicht unbewusst schummeln, machen wir hier einen Seitenumbruch.

Jetzt also die Lösungen. Die Astronauten auf der ISS rasen mit 27.700 Kilometern in der Stunde durch den Kosmos. Die Titanic brachte stolze 52.310 Tonnen auf die Waage, und die Internet Community Gimps hat kürzlich, nach drei Jahren Suche, die neue größte Primzahl mit 22,3 Millionen Stellen bekannt gegeben. Und? Lagen alle drei Werte in den von Ihnen vorgeschlagenen Bereichen? Bei den meisten Menschen tun sie das nicht. Warum nicht? Schließlich gab es keinerlei Restriktionen. Für die Titanic zum Beispiel wäre ein Bereich von einem Pfund bis 22,3 Millionen Tonnen vollkommen zulässig gewesen. Mit diesem Bereich wäre die Chance, richtig zu liegen, extrem hoch gewesen. Doch so ticken wir nicht. Im Glauben an ihre Allwissenheit zäumen die meisten das Pferd von hinten auf. Wir versuchen, uns der Angelegenheit mit gefährlichem Halbwissen und irgendwelchen Vergleichswerten so zu nähern, dass wir am Ende eine ungefähre Schätzung für das tatsächliche Gewicht der Titanic haben. Dabei überbewerten wir unsere Fähigkeiten, unser Wissen, unser Denkvermögen.

Warum ist die Vermessenheitsverzerrung ein so stabiler Befund? Man könnte doch meinen, dass sie im Laufe der Zeit evolutionär aussterben müsste. Aber das ist anscheinend nicht der Fall. In einer kürzlich in *Nature* veröffentlichten Studie präsentieren die Forscher Dominic Johnson und James Fowler eine einfache Antwort auf diese Frage: Überschätzung ist in ganz vielen Bereichen essenzieller Bestandteil von Erfolg. Ob Leistungen im Job, mentale Gesundheit, Sport oder unternehmerisches Geschick – nicht das Selbstvertrauen macht uns stark, sondern das Über-Selbstvertrauen. Die feste Überzeugung, besser zu sein, als man tatsächlich ist, ist Ansporn für unsere Ambitionen, unser Durchhaltevermögen, unsere Arbeitsmoral. Das erhöht am Ende die Wahrscheinlichkeit, erfolgreich zu sein. Dem gegenüber steht das Risiko der vollkom menen Selbstüberschätzung, einer ungesund hohen Erwartungshaltung und gefährlich überheblicher Entscheidungen.

Diesen scheinbaren Widerspruch konnten Johnson und Fowler auflösen. Die Vermessenheitsverzerrung kann die perfekte Strategie sein. Auf die Situation kommt es an. Gesund ist Selbstüberschätzung in genau drei Situationen. Erstens im Wettbewerb. Glaube versetzt Berge. Wer nicht daran glaubt, gewinnen zu können, hat schon verloren. Zweitens, wenn Unklarheit herrscht. Ob Löwe eins Anspruch auf den gefundenen Gnu-Kadaver erhebt, hängt davon ab, wie gut er seine Chancen im Kampf gegen Löwe zwei einschätzt, der bereits das halbe Hinterbein verschlungen hat. Wenn Löwe zwei noch jung ist, ist die Sache klar. Der Jüngere wird vermutlich schnell die Flucht ergreifen. Im wahren Leben sind die Umstände aber oft weniger eindeutig. Je größer die Unsicherheit, was die Fähigkeiten eines Opponenten betrifft, desto besser fährt es sich mit der Vermessenheitsverzerrung, also dem ungebrochenen Glauben an die eigenen Fähigkeiten.

Drittens – und das ist am wichtigsten – ist die Vermessenheitsverzerrung dann die richtige Taktik, wenn die negativen Folgen eines Scheiterns und die positiven Folgen eines Erfolgs nicht gleich schwer ins Gewicht fallen. Stellen Sie sich vor, Sie sind seit Monaten Single. Jetzt gehen Sie mit Ihren Freunden in einen Club. Beim Betreten des Ladens erblicken Sie eine wunderschöne Frau (oder einen Mann, je nachdem, was Sie suchen). Sprechen Sie sie an? Genau jetzt ist ein gesundes Übermaß an Selbstvertrauen richtig. Denn Sie haben nichts zu verlieren. Wenn Sie einen Korb bekommen, lachen Ihre Freunde Sie vielleicht aus. Aber kein Problem. Mit Ihrem aufgeblähten Ego stehen Sie darüber und sprechen gleich die Nächste/den Nächsten an. Vielleicht klappt es aber schon beim ersten Anlauf. Der positive Effekt eines Erfolgs ist hier viel größer als der negative Effekt eines Misserfolgs.

45

Sorgenfürze

Über das Missverständnis eines unschönen Gefühls

Mir geht es gut. Mir geht es sogar richtig gut. Ich bin gesund. Meine Lieben auch. Ich lebe in Deutschland. Alles ist sicher. Die meiste Zeit bin ich in Münster. Noch ein bisschen sicherer. Und wenn man vom permanenten Regen absieht, ist es hier ziemlich schön. Dazu Krankenversicherung, Meinungsfreiheit und Schießereien nur im *Tatort*. Alles in allem also weit und breit kein Grund, sich Sorgen zu machen.

Warum auch immer, blendet mein Hirn diese eindeutige Faktenlage erschreckend oft aus. Selbst jetzt, wo ich neben Gesundheit und Segen auf all meinen Wegen auch noch jede Menge Kohle in der Tasche habe, mache ich mir Sorgen. Mal um wichtige Dinge, mal um Nichtigkeiten. Keime auf Klotürklinken? Sorge vor Ansteckung. Enttäuschte Gesichter von Partygästen? Sorge vor beruflichem Misserfolg. Verpasster Anruf? Sorge vor Vernachlässigung. Und, und, und.

Das permanente Sich-Sorgen nervt. Manchmal habe ich das Gefühl, dass wir Deutschen im Sich-um-unnötige-Dinge-Sorgen-Machen Weltmeister sind.

Dabei sind die Sorgen als solche gar nicht das Problem. Vielmehr sind sie eine Fähigkeit. Die Fähigkeit, sich mit einem vorhergesagten Problem auseinanderzusetzen. Hierbei ist erstens vollkommen egal, ob das vorhergesagte Problem überhaupt existiert oder existieren wird, und zweitens, ob es sich überhaupt um ein wirkliches Problem handelt. Unser Hirn macht sich Sorgen, wann es will. Mit der Fähigkeit, über die Zukunft nachzugrübeln und mögliche oder fast unmögliche Folgen unseres Handelns zu reflektieren, setzen wir uns vom Rest der Tierwelt ab. Ohne diese Fähigkeit stünden wir heute nicht da, wo wir sind. Denn erfunden wird und wurde oft aus Sorge. Sorge vor dem Erfrieren: Irgendwer erfindet das Feuer (beziehungsweise wie man es entfacht). Sorge vor dem Verhungern: Irgendwer erfindet Pfeil und Bogen. Sorge vor Schmutz und Bakterien: Irgendwer erfindet die Seife. Sorge vor Langeweile: Irgendwer erfindet Tamagotchis. Summa summarum haben wir Menschen unserer Fähigkeit des Sorgenmachens viel zu verdanken. Sorgen spornen an und können uns einen Stups geben. Das übersehen wir oft. Ich weiß nicht warum, aber irgendwann fiel mir auf, dass Sorgen aus psychologischer Sicht eine verblüffende Ähnlichkeit zu Fürzen haben.

Der Furz selbst ist an sich zwar nicht besonders toll, aber er ist auch nicht schlimm. Vielmehr ist der Furz wichtiger Bestandteil der Manöver von Kapitän Magen. Als kleine Gasblase steigt er nahezu andächtig aus den schwappenden Wogen unserer Verdauungssäfte empor. Da ist er dann plötzlich. Ein kleines, stinkendes Wölkchen. Nicht böse. Nicht gemein. Erst jetzt kommt der Fehler, und den Fehler begehen wir selbst. Denn die meisten handhaben ihre Fürze sehr ungesund. Gesund wäre: Furz kommt, Furz raus! Aber wer nicht gerade Teil einer Runde eng befreundeter Spätpubertisten ist, hält den Furz am besten auf. Pobacken zusammen und bis zum übelsten Bauchschmerz abklemmen, was so gern das Licht der Welt erblicken würde. Dass das weder gesund noch angenehm ist, ist klar.

Genauso falsch wie mit den Fürzen gehen wir mit unseren Sorgen um. Von Zeit zu Zeit entstehen in unserem Gehirn Sorgen.

Wie beim Furz ist vielleicht erst mal nicht ganz klar, woher die Sorge kommt und wieso sie genau jetzt aufpoppt. Aber plötzlich ist sie eben da. Was mit der Sorge dann passiert, hängt von unserem Umgang mit ihr ab. Den typisch falschen Umgang mit Sorgen bezeichnet man in der Psychologie als »ruminieren«.

Ruminieren ist das Grübeln und wiederholte, dauerhafte Nachdenken über bestimmte Sorgen. Wer das tut – und viele von uns tun es, wenn auch in unterschiedlichem Ausmaß –, baut sich ein Perpetuum mobile. Dabei bilden die Sorgen eine Kette von negativen und vor allem unkontrollierbaren Gedanken. Aus der Kette wird dann ein Kreis. Die Sorgen verstärken sich selbst, schaukeln sich auf.

Als ersten Hebel auf der Suche nach einem Ausweg aus dem Sorgenkreis untersuchten Wissenschaftler, worüber und warum wir uns überhaupt Sorgen machen.

Um unsere Sorgen besser zu verstehen, ließen die beiden Forscher Marianna Szabó und Peter Lovibond in einer Studie ihre Probanden ein Tagebuch führen. Sieben Tage lang notierten die Teilnehmer ihre Sorgenepisoden in das Büchlein. Mithilfe einer Inhaltsanalyse fanden die Forscher bei der Auswertung der Tagebucheinträge Folgendes heraus: Wir machen uns Sorgen um Dinge, von denen wir erwarten, dass sie in die Hose gehen könnten, und fangen sicherheitshalber schon jetzt damit an, über theoretische Lösungen für den theoretischen Schlamassel zu grübeln. Man braucht kein Psychologe zu sein, um zu erkennen, dass das theoretisch nicht gesund sein kann.

Doch wie beschrieben ist es durchaus nützlich, sich Sorgen zu machen – im richtigen Maß. In einer groß angelegten Studie mit US-amerikanischen Jurastudenten untersuchten Wissenschaftler einen Zeitraum, den die meisten von uns als wahres Paradies für unsere Sorgen kennen: die Wochen vor und nach einer wichtigen Prüfung. In diesem Fall die Abschlussprüfungen für das Juraexamen. Vorher macht sich der Prüfling Sorgen, zu wenig Zeit für zu viel Lernstoff zu haben. Danach drehen sich seine Sorgen darum, womöglich nicht bestanden zu haben.

Die Auswertung der Forscher brachte zutage, dass Sorgen eine spannende Wirkkraft entfalten können. Zunächst kam heraus, dass die meisten der untersuchten Studenten schlechte Bewältigungsstrategien einsetzten, um ihre Unruhe zu dämpfen. Zum Beispiel versuchten manche Studenten, die Sorgen zu unterdrücken. Da war es dann wie mit dem rosa Elefanten, den man mit aller Gewalt aus seinen Gedanken verbannen will und damit nur noch größer macht. Andere versuchten, sich ein mögliches schlechtes Prüfungsergebnis schönzureden. Nach dem Motto »Was mich nicht umbringt, macht mich hart«.

Das Spannende war nun aber, dass sich nur eine ganz bestimmte Art des Sorgenmachens am Ende bezahlt machte. Die Wissenschaftler nennen diese Art das »konstruktive Sorgen«. Studenten, die während der Wartezeit auf die Noten einen schützenden Pessimismus an den Tag legten (»Ich würde nie sagen, dass ich sicher bestanden habe«), reagierten viel besser auf die Ergebnisse der Klausuren als solche, die die Wartezeit ohne diese Art des schlauen Sorgens durchstanden. Der Grund leuchtet ein. War die Note gut, waren die Sorgen wie weggeblasen. Doppelt schön! War die Note schlecht – kein Problem: »Damit hatte ich ja schon gerechnet.« Es ist also gar nicht nötig, jede Sorge im Keim zu ersticken oder zu verteufeln. Viel wichtiger ist der korrekte Umgang mit ihnen. Der Vollständigkeit halber will hier gesagt sein, dass aus der Wissenschaft durchaus Belege dafür kommen, dass Yoga und Meditation im Umgang mit Sorgen helfen. Mag sein. Ich nenne lieber drei Fakten, die sich aus psychologischer Sicht wunderbar eignen, um aus dem Teufelskreis des Ruminierens auszubrechen.

Fakt eins: Wenn wir uns um etwas Sorgen machen, heißt das noch lange nicht, dass es sich auch tatsächlich um ein Problem handelt. Es gibt unzählige Gründe dafür, dass Sorgen aus dem Gedankenbrei in unserem Hirn aufsteigen. Dass eine Sorge aufpoppt, kann daran liegen, dass wir gerade gestresst, überfordert oder schlicht mit schlechter Laune unterwegs sind. Man muss sich gedanklich davon lösen, Sorgen mit Problemen gleichzusetzen. Die Tatsache alleine, dass uns etwas besorgt, heißt noch lange nicht, dass dieses Etwas auch ein wirkliches Problem darstellt.

Fakt zwei: Sorgen erhöhen die Wahrscheinlichkeit für ein Ereignis nicht. Es stürzt kein Flugzeug mehr oder weniger ab, weil sich ein Passagier an Bord vor lauter Sorgen vor einem möglichen Triebwerksbrand noch auf der Startbahn in die Hosen pinkelt. Subjektiv ist es leider genau andersrum. Je mehr wir uns um etwas sorgen, desto stärker gehen wir auch davon aus, dass das Ereignis eintritt.

Fakt drei: Der absolute Sorgenkiller ist Aufmerksamkeit. Statt Sorgen wegzugrübeln, ist es viel ratsamer, den eigenen Gedanken und Emotionen, also auch den Sorgen, offen zu begegnen. Das heißt, zunächst ohne Bewertung, also neutral und rational. Studien über den Therapieerfolg von Menschen, die sich tatsächlich krankhaft sorgen, zeigen, dass das Wichtigste ist, die persönliche Einstellung gegenüber den eigenen Sorgen zu ändern. Die Devise lautet: Wenn Sorgen kommen, nicht ärgern, sondern innehalten und erst mal kurz nachdenken. Genau wie das Gas im Bauch sind Sorgen im Hirn zwar nichts Schönes, aber sinnvoll. Eine positive, offene Herangehensweise ist viel gesünder als zwanghaftes Abklemmen oder Weggrübeln.

46

Ich bin das, was wir sind

Warum unsere soziale Identität durch »wir« und »die« wächst

Für Fußball interessiere ich mich nicht wirklich. Und spätestens, seitdem ich in Katar erlebt habe, wie es hinter den Kulissen einer Fußball-WM aussieht, ist die Sache für mich gegessen.

Trotzdem lässt sich für mich als Psychologe gerade beim Fußball ein sehr spannendes Phänomen beobachten. Das findet allerdings nicht auf dem Rasen, sondern auf den Tribünen statt. Was mich am Fußball schon immer fasziniert hat, ist die Tatsache, dass das reine Überstülpen eines Trikots zu Hass oder Liebe zwischen wildfremden Menschen führt. Am Freitag treffen sich der Dortmunder Micha und der Schalker Erwin ohne Trikot am Dortmunder Hauptbahnhof rein zufällig vor der Bratwurstbude. Sie beginnen einen netten Small Talk über die Deutsche Bahn und deren immerzu verspätete Züge. Wehe aber, wenn es einen Tag später heißt: Anstoß zum Derby. Am selben Bahnhof müssten die beiden, jetzt mit Trikot, von einer Hundertschaft gepanzerter Polizisten davon abgehalten werden, sich die Köpfe einzuschlagen. Alles nur wegen eines blau-weißen beziehungsweise schwarz-gelben Hemdchens.

»Was für ein Quatsch«, denken Nicht-Fußballfans und schütteln ungläubig den Kopf. Aber hier belehrt uns die Psychologie eines Besseren. Denn es ist vollkommen egal, ob Fußball-, Pudel- oder Sonst-was-Fan – in jedem von uns steckt das Bedürfnis, sich mit ähnlichen Mitmenschen zusammenzutun und das ganz toll zu finden, alle nicht ähnlichen Mitmenschen dagegen ganz blöd. Dieses Phänomen wird in der Psychologie unter der etwas mysteriösen Überschrift »Theorie der sozialen Identität« seit Jahrzehnten untersucht.

Die Idee ist, vereinfacht gesagt, folgende: Ein Teil unseres Selbstbildes, also unserer Identität, entsteht durch unser Zugehörigkeitsgefühl zu bestimmten sozialen Gruppen und dem Wert, den wir dieser Zugehörigkeit emotional zuschreiben. Die »Erfinder« der Theorie sind die beiden Wissenschaftler Henri Tajfel und John Turner. Eines der wichtigsten »Experimente« zur sozialen Identität wurde allerdings nicht im Labor von Forschergöttern durchgeführt, sondern von der Grundschullehrerin und Antirassismus-Kämpferin Jane Elliott. Einen Tag nach dem Attentat auf Martin Luther King, also am 5. April 1968, entschied Frau Elliott, Vorurteile und den Hass, den diese auslösen können, im Klassenraum mit einem ganz besonderen Versuch zum Thema zu machen. Dass dieser Versuch bahnbrechend sein würde, ahnte sie nicht.

Gleich am Morgen teilte die Lehrerin ihre jungen Schüler nach Augenfarbe in zwei Gruppen. Blau versus braun. Für den ersten Tag, so teilte sie den Kindern mit, sollten alle Blauäugigen die Herrscher sein. Dazu übergab sie den Kindern mit blauen Augen kleine braune Stoffumhängekragen, die diese den Kids mit braunen Augen umhängen sollten. Die Überlegenheit der herrschenden Gruppe wurde nun durch besondere Privilegien hergestellt. Zum Beispiel Zusatzpausen oder Spielspaß in der neuen Turnhalle. Außerdem saßen »die Blauen« geschlossen vorne im Klassenzimmer, »die Braunen« hinten. Erschreckend schnell verschwand die anfängliche Zurückhaltung. Die »überlegenen« Kinder begannen, ihr Verhalten zu ändern. Sie wurden arrogant, herrisch und verhielten sich zunehmend gemein gegenüber den

»unterlegenen« Kids. Dann beschied Frau Elliott, den Spieß umzudrehen. Von jetzt auf gleich waren die blauäugigen Kinder die Untergeordneten mit affigen Kragen und Benachteiligungen. Nun entpuppten sich die Schüler mit braunen Augen als kleine Teufel. Jane Elliott hatte damit sehr früh zeigen können, was Tajfel und Turner bald darauf als Theorie der sozialen Identität mit den sogenannten Minimal-Group-Experimenten in wissenschaftliche Form gießen sollten.

Die Minimal-Group-Experimente folgten einem ähnlichen Aufbau wie bei dem Versuch von Jane Elliott. Versuchspersonen wurden vollkommen willkürlich in zwei Gruppen aufgeteilt, zum Beispiel anhand einer fingierten Rückmeldung darüber, ob die Versuchspersonen die Werke von Wassily Kandinsky oder Paul Klee besser finden. Nach einer solchen Rückmeldung bekamen die Versuchspersonen die Aufgabe, Geld an zwei andere Versuchspersonen zu verschenken. Dabei hatten sie nur eine einzige Information über diese zwei Menschen. Der eine mochte Klee lieber, der andere Kandinsky. Damit entstand eine Minimal Group zwischen dem Geldverschenkenden und einer der beiden zu beschenkenden Personen. Minimal, weil die Gruppe nur im Kopf des Schenkenden bestand. Nun zeigte sich in einer ganzen Reihe solcher Experimente, dass die Minimal Group bereits ausreichte, um Bevorzugung hervorzurufen. Allein die Information, dass ein anderer ebenfalls Klee (oder Kandinsky) besser fand, führte dazu, dass sich aufgrund vollkommen irrelevanter Kriterien eine Gruppe bildete und daraufhin Bevorzugung stattfand.

Dieses Ergebnis kam auch dann zustande, wenn die Versuchspersonen per Los in Gruppe A oder Gruppe B unterteilt wurden. Das Erschreckende: Den Versuchspersonen war nicht so wichtig, dass Mitglieder der eigenen Gruppe möglichst viel Geld bekamen. Viel entscheidender war, dass die Differenz zu dem, was die andere Gruppe bekam, maximal wurde. Diese deutliche Bevorzugung von Mitgliedern der eigenen Gruppe, sei es ein anderer Schalke-Fan, ein anderer Blauäugiger, ein anderer Klee-Fan oder eben ein anderer aus Gruppe A, nennt man »Ingroup-Bias«, Eigengruppen-Verzerrung.

Die Theorie der sozialen Identität fußt fest auf der Idee, dass wir Menschen uns selbst und andere permanent in In- und Outgroup aufteilen. Ingroup heißt zusammenzugehören, weil man gleich ist. Erst mal egal, worin. Outgroup hingegen heißt, nicht zusammenzugehören, weil man verschieden ist. Auch erst mal egal, worin. Wenn man diese Idee weiterverfolgt, stellt man schnell fest, dass jeder von uns ganz vielen Gruppen angehört und damit auch ganz verschiedene Menschen in ganz verschiedenen Kontexten eine Ingroup bilden können. Erwin aus Schalke und Micha aus Dortmund trafen sich zuerst am Freitag bei einer Currywurst und kamen ins Gespräch. Sie verstanden sich prächtig. Beide im selben Alter (Ingroup), beide deutsch (Ingroup), beides Männer (Ingroup), beide mögen Currywurst mit mittelscharfer Soße, dazu Pommes mit Mayo (wunderbare Ingroup). Am Samstag im Stadion brüllen Erwin und dreißigtausend andere Schalker (Ingroup) dann aus voller Kehle »BVBeeeeeee – Hurensöööööhneeee« in Richtung Micha und andere Dortmunder (Outgroup).

Unser Bedürfnis nach einer sozialen Identität und damit der Zugehörigkeit zu bestimmten Gruppen ist stark. Wie bei den meisten sehr stark ausgeprägten psychologischen Phänomenen ist der Steinzeitmensch schuld. Unsere frühen Vorfahren waren darauf angewiesen, ihr Leben und Lieben in Gruppen zu organisieren. Zusammenhalt ist besser, wenn es darum geht, Mammuts mit Steinen zu bewerfen oder das Feuer nicht ausgehen zu lassen. Wenn der Sascha sich heute als Mann, als ordentlicher Deut scher, als Mitglied der AfD und als Katholik (zumindest getauft ist er) identifiziert und »Lügenpresse« skandierend beim Pegida-Aufmarsch mitlatscht, dann weiß er, wer er ist. Und zwar deshalb, weil er sich einer identifizierbaren Gruppe zugehörig fühlt. Und genau dieses Gefühl lässt sich wunderbar verstärken, wenn es da noch »die anderen« gibt. Die anderen, das sind die Ausländer. Und gegen die hat der Sascha was. Warum, weiß er vielleicht selbst gar nicht so genau. Denken Sie an die Experimente mit Gruppe A und B. Da hätte sicher auch keiner sinnvoll erklären können, was er gegen die Leute aus Gruppe B hat.

Die Theorie der sozialen Identität kann Augen öffnen. Zumindest war es für mich so. In zwei Experimenten ließen Wissenschaftler Studenten über den Campus laufen. Allerdings nur die, die Fans von Manchester United waren. An denen lief irgendwann ein Jogger vorbei. Der stürzte direkt neben den Versuchsteilnehmern auf den Boden und hatte offenbar Schmerzen. Er brauchte Hilfe. Der Fremde trug einmal ein Fußballtrikot von Manchester United, einmal ein Fußballtrikot vom FC Liverpool und einmal nur ein Shirt ohne Aufdruck. Im ersten Experiment wurden die Teilnehmer im Vorfeld besonders auf ihre Liebe zu Manchester United getrimmt. Tatsächlich waren von dieser Gruppe weit weniger Fans bereit, dem am Boden liegenden Mann zu helfen, wenn er ein Trikot der Bösen, also des FC Liverpool, oder ein neutrales Shirt trug. Im zweiten Experiment wurden die Teilnehmer im Vorfeld darauf getrimmt, an ihre Liebe zum Fußball im Allgemeinen zu denken. Jetzt war die Bereitschaft zu helfen plötzlich gleich groß. Egal, ob der Jogger ein Manchester- oder ein Liverpool-Trikot trug. Liegen gelassen wurde nur der Jogger im neutralen Hemdchen – offensichtlich ja kein Fußballfan.

Die Theorie der sozialen Identität erklärt, warum Menschen die Welt so gerne in »wir« und »die« unterteilen. Nur so gelingt es uns, uns selbst zu verstehen. Wer wir sind und was uns ausmacht. Das ist angeboren und so natürlich wie Fürze und Sorgen. Aber das Bestreben, uns selbst und andere Gruppen zuzuordnen, ebnet auch den Weg für Vorurteile, Ausgrenzung, Mobbing und Konflikte. Mein Gefühl ist, dass wir uns heute oft orientierungslos fühlen. Da hilft es einem Sascha, der vielleicht sonst nicht genau weiß, wohin die Reise für ihn gehen wird, sich einer Gruppe anzuschließen, die keine hohen Aufnahmeansprüche stellt. Bei Pegida mitzulaufen ist leicht und irgendwie identitätsstiftend. Die Forscher mit ihrem Manchester-Fan-Experiment haben aus meiner Sicht allerdings auch einen wunderbaren Ausweg aus dem »wir« und »die« aufgezeigt: Wir alle sind in der Lage, vermeintlich stabile Ingroups, in denen wir uns befinden, aufzubrechen. Die Gruppe also zu vergrößern und andere hineinzulassen.

47

2 mal 3 macht 4, widdewiddewitt und 3 macht 9e

Unser Hirn macht sich die Welt, wie sie ihm gefällt

Noch vor dem eigentlichen Ende meines Psychologiestudiums begann ich mit meiner Doktorarbeit. Thema ganz grob: Wie finden Arbeitnehmer (vor allem der Generation Y) ihre Arbeitgeber? Und etwas spezieller: Interessieren sich Arbeitnehmer dafür, ob Arbeitgeber Vielfalt im Unternehmen tatsächlich fördern oder nur so tun? Nach dem Motto: »Frauen in Führungspositionen finden wir super«, steht groß auf der Webseite. Befördert werden dann aber doch nur Männer, am besten weiß, über fünfzig, mit BWL-Abschluss, Plauze und Halbglatze – also das Gegenteil von Vielfalt.

Eine Doktorarbeit zu schreiben ist viel Arbeit. Mich reizt das Forschen und Wissenschaftlern aber sehr. Vor allem psychologische Experimente zu erfinden, um eigene Hypothesen zu prüfen, macht mir Spaß. Denn das Tolle am wissenschaftlichen Experimentieren ist, am Ende die eigenen Hypothesen mit einem Test zu prüfen.

Das Wichtigste ist, dass diese Tests objektiv sind. Wenn die Hypothese falsch ist, deckt ein Test das auf. Dann wird weitergeforscht. Nur so (oder durch Zufall) entsteht neues Wissen. Und zwar nicht nur bei uns Psychologen, sondern auch bei den Medizinern, Biologen, Physikern, Mathematikern, Chemikern und so weiter. Außen vor sind nur die Theologen und Pippi Langstrumpf. Bei den Geistlichen reicht: Hypothese aufstellen und dann ganz fest dran glauben. Und Pippi macht es einfach immer so, wie es ihr gefällt. Wenn das bärenstarke Mädchen mit den roten Zöpfen ihren Schimmel *Kleiner Onkel* auf den Schultern durch die Villa Kunterbunt trägt und voller Überzeugung trällert, »2 mal 3 macht 4«, ist man als Kind begeistert von ihrer Aufmüpfigkeit gegen die spießigen Regeln der Mathematik. Bei ihr kommt das raus, was sie will. Pippi und der Papst machen sich die Welt, wie sie ihnen gefällt. Bei so was kräuseln sich einem Wissenschaftler die Nackenhaare. Wer forscht, lebt nach dem eisernen Motto »Alles Zweifelhafte muss angezweifelt werden«. Nur Fakten, Fakten, Fakten zählen. So dachte ich immer. Und wurde durch ein kleines Experiment, von dem ich bei der Recherche für meine Doktorarbeit zufällig las, eines Besseren belehrt.

Dieses Experiment gehört mittlerweile zu meinen liebsten. Denn es funktioniert fast immer, und man kann es so wunderbar an anderen ausprobieren. Das Ganze geht so: Ich nenne Ihnen eine Reihe von drei Zahlen. 2, 4 und 8. Diese Zahlen folgen einer mathematischen Regel. Ihr einziger Job besteht darin, die Regel herauszufinden. Dafür dürfen Sie weitere Reihen nennen. Immer drei Zahlen. Ich sage Ihnen dann, ob Ihre drei Zahlen der Regel folgen oder nicht. Sie dürfen so viele Zahlenreihen bilden, wie Sie möchten. Ganz wichtig: Sie dürfen erst lösen, wenn Sie sich sicher sind, die gesuchte Regel gefunden zu haben. Fairerweise verrate ich noch, dass die Regel nicht kompliziert ist. Grundschulkinder können sie finden. Los geht's. Welche drei Zahlen wählen Sie?

Vielleicht 12, 24 und 48? Oder 6, 12 und 24? Die meisten, denen ich diese Aufgabe bisher gestellt habe, wählten, wie ich selbst auch, 8, 16 und 32. »Stimmt«, würde ich dann sagen. Die Zahlenreihe folgt der Regel. »Okay, das war wirklich nicht schwer«, kommt dann immer als Antwort. »Ich löse auf.«

Für mich ist dieses Experiment so faszinierend, weil es einen unserer größten Gedankenfehler auf so bestechend einfache Weise veranschaulicht. Was passiert in dem kleinen Experiment? Man bekommt drei Zahlen. Offensichtlich ist die zweite Zahl doppelt so groß wie die erste und die dritte doppelt so groß wie die zweite. Damit entsteht in den meisten Gehirnen sofort die folgende Hypothese: Leon sucht die Regel »x mal 2 ist y und y mal 2 ist z«. Also immer verdoppeln. Statt kritisch zu bleiben, hat unser Hirn aus der ersten Vermutung, dass die gesuchte Regel so lauten könnte, längst Gewissheit gemacht. Die Hypothese steht. Und jetzt geht die Suche los. Die Suche nach Bestätigung. Wir fangen an, uns die passende Welt zu unserer Annahme zu basteln, und wählen natürlich drei Zahlen, die unserer Hypothese entsprechen. Jetzt hören wir auch noch: »Stimmt.« Wir fühlen uns bestärkt. Weiter geht's. Noch mal drei Zahlen. Wieder nach der gleichen Regel. Stimmt wieder. Jetzt lösen wir auf. Viel zu früh. Denn die gesuchte Regel lautete eigentlich: Die erste Zahl muss kleiner sein als die zweite und die zweite kleiner als die dritte. Richtig wäre also auch gewesen: 1, 2 und 3. Oder 15, 39 und 118. Und so weiter.

Wir Menschen haben die starke Tendenz, aus unseren Annahmen zu früh Gewissheiten zu machen. In der Psychologie nennt man das den »Bestätigungsfehler«. Statt kritisch zu hinterfragen, wie es sich in der Forschung gehört, schaltet unser Hirn direkt in den Pippi-Langstrumpf-Modus und macht sich die Welt, widdewidde wie sie ihm gefällt.

Ein Grund dafür liegt in unserer Sucht nach Bestätigung. Die meisten Leute versuchen, das oben genannte Rätsel zu lösen, bevor sie auch nur einmal »Nein« gehört haben. Wir lieben es, mit »Jas« zugeschüttet zu werden. Viel mehr, als ein Nein zu hören. Denn Ja bedeutet, dass wir recht haben. Und wer hat nicht gerne recht? Das ist so ein bisschen wie das Gegenteil von Wissenschaft. Unser Hirn setzt seine ganz eigene Brille auf und sieht alles nur noch durch diese Brille. Wenn wir dann auf neue Informationen oder Erkenntnisse stoßen, begegnen wir diesen nicht etwa aufgeschlossen und neutral. Vielmehr wird das, was nicht passt, passend gemacht.

Ein Forscherteam der Stanford University rekrutierte amerikanische Studenten für einen Versuch. Die eine Hälfte für, die andere Hälfte gegen die Todesstrafe. Jedem Teilnehmer gaben die Forscher dann zwei Studien. Die eine pro Todesstrafe (reduzierte Mordraten, abschreckende Effekte und so weiter), die andere kontra. Tatsächlich waren beide Studien frei erfunden. Anschließend sollten die Teilnehmer die Qualität der Studien bewerten. Das Bild war klar. Beide Seiten fühlten sich komplett bestätigt. Die Todesstrafenbefürworter benannten diverse Mängel in der Kontrastudie: nicht wirklich wissenschaftlich und schlampig umgesetzt. Für die Gegner der Todesstrafe war das Ganze genau umgekehrt, sie machten Mängel aus in der Studie, die für die Todesstrafe argumentierte. Die Ergebnisse belegen die Existenz unserer Pippi-Langstrumpf-Brillen. Egal, welche Informationen uns erreichen, unser Hirn ist parteiisch. Und zwar immer zugunsten unserer Annahmen und Einstellungen.

Die meisten von uns übersehen auf der Suche nach Bestätigung ihrer Annahmen, dass es da oft noch eine andere Seite der Medaille gibt. Statt abzuwägen, lieben wir es, auf die Pro-Seite der Waagschale immer mehr Argumente zu schütten. Dabei ist es uns egal, ob die Argumente hieb- und stichfest sind oder nicht.

Wer also nicht zweifelt oder nicht genug zweifelt, sondern nach Bestätigung sucht, macht Fehler. Pippi Langstrumpf hat Superkräfte und ist schlau. Alle anderen sollten bei hitzigen Diskussionen, bei kniffligen Entscheidungen und besonders im Streit immer auch an den Bestätigungsfehler denken.

48

Der schlimmste Denkfehler

Über einen toten Winkel im Hirn

Dieses Kapitel beginnt mit einer einfachen Rechenaufgabe auf Grundschulniveau. Stellen Sie sich vor: Eine Kugel Eis mit Schokostreuseln kostet 1,10 Euro. Die Kugel Eis kostet einen Euro mehr als die Schokostreusel. Wie teuer sind die Schokostreusel? Einfach, oder? 10 Cent natürlich. Die Antwort springt unser Hirn förmlich an.

Sie stimmt aber nicht. Die Kugel Eis soll einen Euro mehr kosten als die Schokostreusel. Wenn die 10 Cent kosten, muss die Kugel 1,10 Euro kosten. Macht dann zusammen plötzlich 1,20 Euro. 10 Cent ist also falsch. Die richtige Antwort wäre 5 Cent für die Streusel. Dann kostet die Kugel Eis 1,05 Euro. Das macht einen Euro Differenz und zusammen 1,10 Euro – wie eingangs gefordert. Aber keine Sorge, wenn auch Ihre erste Lösung 10 Cent für die Streusel war. Es ist vollkommen normal, direkt an 10 Cent zu denken.

Die Aufgabe, die ich Ihnen gestellt habe, geht zurück auf Professor Shane Frederick, einen berühmten US-Ökonomen. Frederick entwickelte einen kognitiven Reflexionstest, aus dem ich die Aufgabe mit dem Eis leicht abgewandelt übernommen habe. Der von Frederick entwickelte Test ist ein Maß für unsere Fähigkeit, reflektiert über ein Problem nachzudenken. Unsere Gedanken sind oft unlogisch und unser Hirn ist sehr anfällig für Illusionen und Irrationalitäten. Statt über alles sinnvoll nachzudenken, verlieren wir uns in Denkfehlern verschiedenster Art.

Wenn man als Psychologiestudent nicht wirklich jede Vorlesung schwänzt, kommt man nicht umhin, im Verlauf des Studiums so viele Fallstricke im Gehirn kennenzulernen, dass es einem manchmal ganz schummrig vor Augen wird. Vor dem Hintergrund all der Gedankenfehler, die wir am laufenden Band produzieren, finde ich es immer wieder beachtlich, wie weit die Menschheit es dann doch gebracht hat. Wenn Sie dieses Buch bis hierhin aufmerksam durchgelesen haben, kennen Sie schon einige dieser Denkfehler. Aber Vorsicht: Nicht nur, dass wir Gedankenfehler machen – obendrein haben wir auch noch ein gestörtes Verhältnis zu diesen Fehlern.

Sie sind vermutlich kein Arzt. Aber stellen Sie sich doch für einen Moment vor, Sie wären einer. Sagen wir Dermatologe. Sie hätten eine gut laufende Praxis direkt in der Innenstadt, und von juckender Schuppenflechte bis zum ungeliebten Fußpilz könnten Sie alles aus dem Effeff behandeln. Mehrmals im Jahr bekämen Sie Besuch vom Vertreter eines Pharmakonzerns. Der Vertreter ist sehr nett und höflich. In seinem Koffer schleppt er stets die neuesten Puder und Salben aus seinem Hause an. Deren vermeintlich fantastische Wirkung beschreibt er Ihnen stets voller Enthusiasmus. Zum Abschied lässt er Ihnen immer ein paar Proben und Hochglanzprospekte da.

Das Ziel des Ganzen ist Ihnen vollkommen klar. Der Pharmakonzern schickt den netten Herrn im Anzug, damit Sie dem nächsten Gürtelrose-Patienten eine Creme von ebendiesem Konzern verschreiben, deren tolle Wirkung der Vertreter Ihnen so ausführlich erläutert hatte. Was würden Sie schätzen: Wie empfänglich wären Sie als Arzt für diese Art von Werbung? Würden Sie im Vergleich zu Ihren Kollegen eher stärker oder schwächer anschlagen?

Wenn man die Ergebnisse einer großen Studie aus den USA auf diese Frage überträgt, lautet die Antwort der meisten wie folgt:

»Ich kann mir sehr gut vorstellen, dass viele Kollegen auf so was reinfallen. Ich selbst aber mit Sicherheit nicht.« Von den 661 Amerikanern, die in der Studie befragt wurden, gab ein einziger an, im Vergleich zu seinen Landsleuten nur unterdurchschnittlich immun gegen typische Gedankenfehler und psychologische Effekte zu sein wie die, die in diesem Buch schon entlarvt wurden – das Framing oder die Sunk Cost Fallacy zum Beispiel.

Diese törichte Annahme bezeichnet man in der Psychologie als »Bias blind spot« – einen toten Winkel in unserer Wahrnehmung. Während wir bei anderen immer wieder Verhaltensweisen beobachten, die Gedankenfehlern unterliegen, sprechen wir uns selbst davon frei. Oder anders gesagt: Wir sind blind für die kleinen Fehler unseres Hirns.

Für diese verzerrte Sichtweise werden zwei Phänomene verantwortlich gemacht: die »introspektive Illusion« und der »naive Realismus«. Was sich anhört wie Begriffe aus den Kunstwissenschaften, sind selbst zwei Gedankenfehler. Die introspektive Illusion entsteht, weil wir das Ausmaß an Gedankenfehlern in unserem eigenen Verhalten durch Introspektion analysieren. Wir richten den Blick also nach innen. Das hört sich dann in etwa so an: »Ich finde George Clooney attraktiv. Aber ich erinnere mich an keine einzige Situation, in der das mein Verhalten auch nur im Geringsten beeinflusst hätte.« So oder ähnlich mag Ihre Freundin von sich denken. Die Rechnung hat sie allerdings ohne den Wirt gemacht. Erinnern Sie sich an den Werbespot mit dem schönen Hollywood-Star, in dem er Kaffeemaschinen bewirbt? Wenn diese Freundin also mit einer neuen Kaffeekapselmaschine nach Hause kommt, schweigen Sie lieber – aber denken Sie: »Sieh mal an, die fällt auch wirklich auf jeden Werbespot rein.«

Die Annahme, dass der »Bias blind spot« durch naiven Realismus entsteht, geht in eine ähnliche Richtung. Der Kerngedanke des naiven Realismus ist die Überzeugung, dass wir die Dinge und das Geschehen um uns herum genau so wahrnehmen, wie sie sind. Oder anders gesagt: Wir attestieren uns selbst eine objektive Wahrnehmung. Das ist natürlich Unfug, wie Sie nun wissen. Allerdings führt ebendiese Annahme auch dazu, dass wir davon ausgehen, von Gedankenfehlern frei zu sein.

Das Spannende am »Bias blind spot« ist, dass kognitive Fähigkeiten keineswegs vor dem toten Winkel in unserer Gedankenfehlerwahrnehmung schützen. Im Gegenteil. Wenn es überhaupt einen Zusammenhang gibt, so zeigen Studien, dann sind die Intelligenten unter uns besonders blind. Forscher erklären sich das so: Wer besonders schlau ist, ist sich seiner intellektuellen Überlegenheit vermutlich auch bewusst und geht so davon aus, andere in den meisten Anforderungen an unser Hirn zu übertreffen. Da das Umschiffen von Gedankenfehlern auch eine Anforderung an unseren Denkapparat darstellt, gehen die Schlauen fälschlicherweise davon aus, auch hier zu glänzen.

Sie merken immer mehr, dass überall Gedankenfehler drinstecken. Und so wird selbst die Entstehung des Gedankenfehlers vom toten Winkel durch zwei andere Gedankenfehler erklärt. Für mich ist jeder Gedankenfehler hoch spannend, weil man ihn oft, schaut man genauer hin, auch bei sich selbst wiederfindet. Der »Bias blind spot« hingegen ist von Natur aus sehr scheu und nur extrem schwer zu entdecken. Deshalb war ich begeistert, als ich das erste Mal von der Matheaufgabe mit dem Eis und den Schokostreuseln las. Wenn Sie jemanden kennen, der sich selbst von Gedankenfehlern freisprechen würde, stellen Sie ihm diese Aufgabe. Wichtig ist, dass man den anderen nicht argwöhnisch werden lässt. Leiten Sie ein mit: »Die Aufgabe ist kinderleicht ...« Ich finde, dass man so sehr schön aufzeigen kann, dass wir alle Opfer von Gedankenfehlern sind und uns stets auch an die eigene Nase fassen müssen.

49

Schnipp, schnapp, Pinocchio-Nase ab

Über die Kunst des anderen Lügens

Ich war nie wirklich dick, aber immer mal wieder etwas pummeliger – was mir, zusammen mit meiner Körpergröße, den wenig schmeichelhaften Spitznamen »Jumbo« einbrachte. Acht Kilo mehr machen sich bemerkbar. Auch wenn man sie auf knapp zwei Meter Körperlänge verteilt. Entsprechend steht auf meinem mentalen Gute-Vorsätze-Zettel immer wieder rot umkringelt: Mach mehr Sport und nimm ab.

Fragen nach zu hohem Körpergewicht werden oftmals nicht ehrlich beantwortet. Wenn ein Pummel fragt: »Findest du, dass ich dick geworden bin?«, lügt man schon aus reiner Höflichkeit. Das kam meiner Freundin aber nicht in den Sinn, und so bekam ich auf meine Frage, ob ich in den kommenden Wochen vielleicht eine Kohlsuppendiät ausprobieren sollte, nichts als einen Blick zurück, der aber mehr als tausend Worte sagte. »Wie gemein!«, fand ich. Eine kleine Lüge hätte mich vor der Tortur bewahrt, morgens, mittags und abends so lange Kohl zu essen, bis die unvermeidliche Gasentwicklung in mir drin mir auch das letzte Quäntchen Appetit ausgetrieben hatte.

Jeder von uns lügt permanent. Es gibt Schätzungen, wonach wir täglich viele Hundertmal die Unwahrheit sagen. Und dabei fliegen wir meist nicht auf.

Die Wissenschaftlerin und Sozialpsychologin Bella DePaulo ist eine weltweit führende Lügenexpertin und fest überzeugt: Wir Menschen sind lausige Lügendetektoren. Zu diesem Schluss kam die Forscherin nach der Auswertung von Studien, in denen Menschen entscheiden sollten, ob ihnen die Wahrheit vorgetragen oder eine Lüge aufgetischt wurde. Viele Tausend solcher Lüge-oder-Wahrheits-Urteile wertete sie mit ihrem Kollegen aus. Das Ergebnis war eine Trefferrate von gerade mal 54 Prozent. Ernüchternd, wenn man bedenkt, dass bei einer Entscheidung zwischen zwei möglichen Alternativen (Lüge oder Wahrheit) die Chance, allein durch Zufall zum richtigen Ergebnis zu gelangen, schon bei fifty-fifty, also fünfzig Prozent liegt. Selbst vermeintliche Experten im Lügenentlarven, also Leute wie Richter, Psychiater oder Personaler, schnitten in der Studie nicht viel besser ab.

Wir werden permanent angelogen und lügen ständig selbst. Warum sind wir trotz all des Trainings nicht besser im Lügenentlarven? Stellen Sie sich vor, Sie sind Sherlock Holmes. Sie sitzen an Ihrem Schreibtisch im verregneten London. Sie knobeln seit Wochen an einem anscheinend perfekt organisierten Kunstdiebstahl. Endlich haben Sie gestern einen Verdächtigen ausgemacht und Watson hat ihn gleich in Ihr Büro geschleppt. Wie es sich für einen Meisterdetektiv gehört, löchern Sie den mutmaßlichen Bösewicht nun seit über zwei Stunden mit knallharten Fragen. Um den Druck ein wenig zu erhöhen, haben Sie Ihre Schreibtischlampe direkt auf sein Gesicht gerichtet. So erleuchtet, können Sie jede Regung im Bösewichtsgesicht sofort erkennen. Kein Wimpernzucken kann Ihrem geschulten Auge entgehen. Die Sache scheint klar. Bei fast jeder Ihrer Fragen kommt eine gestotterte Antwort zurück. Dabei vermeidet Ihr Gegenüber den Augenkontakt, rutscht auf seinem Stuhl hin und her und kratzt sich dauernd am Arm. Sie sind sich sicher: Der lügt wie gedruckt – und lassen nach den Kollegen von Scotland Yard schicken.

Es gibt eine ganze Reihe von Verhaltensweisen, die wir mit Lügen und Täuschung assoziieren. In einer weltweiten Befragung in fast sechzig Ländern wollten Forscher auf der Suche nach dem typischen Lügner wissen: »Woran erkennen Sie, dass jemand lügt?« Schlüpfen Sie noch mal kurz in die Rolle von Sherlock Holmes. Wie würden Sie diese Frage beantworten? Vielleicht finden Sie ja ein paar Ihrer eigenen Antworten im folgenden Absatz wieder. Ungeschlagen an der Spitze der So-erkenne-ich-jeden-Lügner-Liste steht das Vermeiden von Augenkontakt. Klar, die Augen sind das Fenster zur Seele und so weiter. Wer lügt, ist nervös, stottert und verhaspelt sich, ändert die Körperhaltung immer wieder und kratzt sich. Das zumindest meinten die Teilnehmer der Studie.

Da wir wissen, dass wir permanent angelogen werden, ist es nur naheliegend zu versuchen, Lügner anhand von bestimmten Verhaltensweisen zu überführen. Leider ist dieser Ansatz komplett für die Tonne. Augenkontakt zum Beispiel sagt in Wirklichkeit rein gar nichts darüber aus, ob jemand lügt oder nicht. Und auch wenn bestimmte Verhaltensweisen und -änderungen tatsächlich vermehrt auftreten, wenn jemand lügt, lassen sich diese kaum ohne präzise Messgeräte wahrnehmen. Zwar erhöhen wir tatsächlich unsere Stimmlage leicht, wenn wir lügen. Aber die paar Hertz herauszuhören ist nahezu unmöglich. Hinzu kommt, dass vermeintlich typisches Lügenverhalten auch dann auftritt, wenn wir uns ganz besonders bemühen, die Wahrheit zu sagen. Das wusste schon der schlaue Shakespeare. So lässt der Dichter seinen Othello zum Mörder werden, als Desdemona im Angesicht des Vorwurfs der Untreue in Tränen ausbricht, weil sie ihrem Gatten ihre Unschuld nicht beweisen kann.

Hiernach benannt ist der »Othello-Effekt«. Wenn wir unter Druck die Wahrheit sagen wollen, neigen wir dazu, ein Verhalten zu zeigen, das man typischerweise Lügnern unterstellt. Das zu wissen, kann sehr hilfreich sein.

Richtig gut lügen geht also am besten so: Augenkontakt halten oder sogar selbst suchen. Was Sie erzählen, muss stringent sein. Wenn eine Lüge wirklich wichtig ist, bereiten Sie sich vor. Sobald Sie Ihre Geschichte erst in dem Moment erfinden, in dem Sherlock Holmes schon seine Schreibtischlampe auf Ihr Gesicht richtet, geraten Sie sicher ins Stottern. Üben Sie während Ihres kleinen Lügentrainings auch scheinbar unwichtige Details. So erhöhen Sie die Authentizität Ihrer Geschichte. Falls es allerdings schnell gehen muss und für derlei Vorbereitung keine Zeit ist, sparen Sie Details aus. Geben Sie sich offen. Wenn Ihr Gegenüber nachfragt, weichen Sie niemals aus. Diskutieren Sie bereitwillig mit. Oder haben Sie womöglich etwas zu verbergen? Nein!

Freundlichkeit und Kooperationsbereitschaft helfen weiter. Lächeln Sie deshalb oft und aufrichtig. Und zu guter Letzt noch die Atombombe in Ihrer Lügenwaffenkammer: Lügen Sie nicht! Es ist viel einfacher, eine angepasste Version der Wahrheit zu spinnen statt waschechtes Seemannsgarn. Politiker sind Meister dieser Kunst. Statt ehrlich und aufrichtig zu lügen, verdrehen sie nur leicht die Tatsachen. Schwups, wird aus der eigentlichen Lüge eine lediglich »etwas andere« Darstellung der Realität. Wenn Sie damit auffliegen, ist es auch nur halb so schwer, sich zu entschuldigen, denn wirklich gelogen haben Sie ja nicht.

Das Schöne an den meisten Lügen ist im Übrigen, dass sie nicht weiter schlimm sind. Oft ist Lügen ein Verbrechen ohne Opfer. Man könnte dann etwas liebevoller auch vom Flunkern sprechen. »Schatz, möchtest du zum Geburtstag meiner Patentante mitkommen?« Wie viel leichter lebt es sich für beide, wenn Sie auf diese Frage mit einem souverän vorgetragenen »Ja, gerne« antworten. Damit lügen Sie zwar vielleicht, aber was würde passieren, wenn Sie die Wahrheit sagten: »Oh Gott, auf deine Tante habe ich wirklich gar keine Lust!«?

Was aber tun, wenn Sie selbst auf einen ausgezeichneten Lügner treffen? Um zu einem tauglichen Lügendetektor zu werden, können Sie die Tipps des holländischen Lügenforschers und Professors für Sozialpsychologie Aldert Vrij nutzen. Wenn Sie einen Lügner entlarven möchten, stellen Sie Ihre Fragen gezielt so, dass Sie an Informationen gelangen. Es hilft nicht, einfach zu beschuldigen. Denn der Othello-Effekt könnte dazu führen, dass Sie einen Unschuldigen des Lügens bezichtigen, weil er dem Druck nicht standhält und anfängt, sich zu verhaspeln.

Vrij rät außerdem, die eigenen Fragen immer und immer zu wiederholen. Allerdings stets ein klein wenig anders formuliert. Lügen ist nicht leicht. Machen Sie dem Befragten seinen Job so schwer wie möglich. Diesen Effekt können Sie noch verstärken, indem Sie das Gespräch komplex gestalten. Springen Sie mit Ihren Fragen in der Zeit und Chronologie der Ereignisse. Das stellt jemanden, der eine Geschichte frei erfunden hat, vor viel größere Herausforderungen als jemanden, der einfach nur berichten soll, wie es war. Außerdem ist es schlau, dem Lügner kleine Fallen zu stellen. Hören Sie erst mal zu, statt direkt zu verraten, was Sie wissen. Alle Informationen, die Sie schon sicher kennen, von denen der vermeintliche Lügner aber nicht weiß, dass Sie sie kennen, sind wie ein Trumpf beim Kartenspiel. Was wäre ein besserer Beweis für eine Lügengeschichte als Abweichungen von dem, was Sie schon wissen?

50

Glück kann man kaufen, aber nicht besitzen

Warum erfahren so viel schöner ist als haben

Macht Geld glücklich? Die Frage ist steinalt. Und vielleicht haben Sie sie sich selbst schon einmal gestellt. Sie gehört vermutlich zum Menschsein, seitdem die ersten Neandertaler die Macht der Steinchen – oder was auch immer unseren behaarten Vorfahren als Geld diente – begriffen. Lange Zeit wurde diese Frage eher philosophisch und wenig konkret diskutiert. Doch vor nicht allzu langer Zeit haben Forscher begonnen, den Zusammenhang zwischen Geld und Glück wissenschaftlich-psychologisch zu sezieren. Die ersten Ergebnisse sind hoch spannend.

Heißt mehr Geld auch mehr Glück? Die einfache Antwort ist erst mal: ja. Ganz allgemein sind Menschen mit höherem Einkommen glücklicher als Menschen, die jeden Cent dreimal umdrehen müssen. Wenn Thomas am Ende des Monats jeden Tag Nudeln mit Ketchup essen muss, weil das BAföG wieder nicht gereicht hat, während Karl-Theodor in seinem von Papa gesponserten Einser-BMW statt in die Mensa mittags zum Italiener fährt, leuchtet ein, dass der eine vielleicht ein paar Sorgen mehr hat als der andere. Die Glücksdifferenz zwischen Thomas und Karl-Theodor ist wahrscheinlich nicht allzu groß. Es ist aber zu vermuten, dass Leute vom Schlag Zahnarzt im Schnitt weniger Nöte und Sorgen haben als alleinerziehende Mütter, die für einen Euro die Stunde putzen gehen, um den Hartz-IV-Satz aufzustocken.

Diese Einsichten sind nur die Spitze des Forschungseisbergs.

Wie immer wird es spannend, wenn man anfängt, an der Erkenntnisoberfläche zu kratzen. Eine Million Euro auf dem Konto zu haben heißt, selbst ohne irgendwelche Zinsen ziemlich genau 15 Jahre lang 67.000 Euro im Jahr ausgeben zu können, und das, ohne einen Finger zu krümmen. Dieser Betrag wird gleich noch wichtig. Von 67.000 Euro kann man sich verdammt viel kaufen. Zugegeben, für Pool, Bentley, Rolex und einen zahmen Tiger im Garten reicht es nicht ganz, aber ein paar Luxusligen drunter kann man mit der Kohle ein Leben in Saus und Braus führen. Ich muss gestehen, dass ich am Tag der Millionenüberweisung für einen kurzen Moment mit dem Gedanken gespielt habe, alles stehen und liegen zu lassen und mich dem fröhlichen Prassen hinzugeben. Ein riesiger Flachbildfernseher, eine größere Wohnung, schicke Klamotten, das wäre alles locker drin gewesen. Zum Glück kannte ich schon damals die Studien von Professor Thomas Gilovich, einem der weltweit führenden Forschungsglücksritter. Dessen Credo ist so klar wie einfach: Kauft keine teuren Dinge. Kauft Erfahrungen.

Professor Gilovich und seine Kollegen untersuchen, wie Menschen mit Geld glücklich oder eben unglücklich werden. In zahlreichen Experimenten ging der Starforscher der Frage nach, was das, was wir mit unserem Geld machen, mit uns macht. Dazu unterscheidet Gilovich zwei Arten des Geldausgebens. Materialkäufe sind solche, bei denen der materielle Wert des Gekauften im Vordergrund steht. Hierbei möchten wir etwas besitzen. Vereinfacht gesagt: alles Teure zum Anfassen. Ein Paradebeispiel wäre ein wertvoller Teppich. Erlebniskäufe hingegen sind solche, die wir mit dem vorrangigen Ziel tätigen, eine Lebenserfahrung zu machen. Das kann ein Ereignis oder eine Reihe von Ereignissen sein: Backpacking in Kambodscha oder ein Besuch im Erlebnispark.

Natürlich sind die Grenzen zwischen diesen Kategorien grau und nicht schwarz-weiß. Während nur Aladin mit einem wertvollen Teppich wirklich was erleben kann, wäre ein Einser-BMW-Cabriolet zwar sicher ein Materialkauf, gleichzeitig empfand Karl-Theodor die ersten Spritztouren in dem Wagen aber auch als echtes Erlebnis. Obwohl die Definitionen der beiden Kaufarten also einen gewissen Spielraum lassen, sind Konsumenten in Umfragen sehr wohl in der Lage, ihre Anschaffungen für sich persönlich eindeutig einer dieser beiden Kaufarten zuzuordnen.

In einer Reihe von schlauen Experimenten untersuchte Gilovich mit seinen Kollegen nun, wie sich die beiden Geldausgebemöglichkeiten auf unser Empfinden auswirken. Eine Studie ging so: Ein leeres Blatt Papier auf dem Tisch. In der Mitte des Blattes einen großen Kreis zeichnen. Dahinein nur drei Buchstaben schreiben: ich. Als Nächstes gilt es, acht Käufe aus den letzten fünf Jahren zu notieren. Vier davon sollen Materialkäufe sein (also zum Anfassen), die anderen vier Erlebniskäufe (also zum Erinnern). Ich habe das Experiment am Schreibtisch ausprobiert. Zum Anfassen waren es: ein kleines Aquarell, signiert von Janosch (150 Euro), mein Klapper-BMW (900 Euro plus seitdem mindestens 3.000 Euro Reparaturkosten), ein alter Designerstuhl von eBay (430 Euro) und ein Kopfhörer, der mit Batterie Umgebungsgeräusche unterdrückt und mir so meine vielen Zugfahrten zwischen Berlin und Münster auch inmitten von Junggesellenabschieden ruhig und erholsam macht (180 Euro). Aus der Kategorie Erlebniskäufe erinnerte ich mich an eine Surfreise im Van durch Kalifornien (1.800 Euro), Paragliding in den Cevennen (80 Euro), ein kleines Festival im Wald (65 Euro) und einen Fallschirmsprung in der Nähe von Berlin (150 Euro).

Bei diesem ersten Teil der Übung fiel mir sofort auf, dass mir viel schneller die gekauften Erlebnisse als die gekauften Dinge in den Kopf kamen. Außerdem waren die Erinnerungen an die Erlebnisse viel lebendiger. Um den Ich-Kreis in der Mitte des Blattes zeichnet man nun acht neue Kreise und schreibt die Käufe hinein. Je näher man einen Kreis an den Ich-Kreis setzt, desto mehr soll der Kauf vom eigenen Selbstbild ausmachen. Mein kleines Kreiskunstwerk sah am Ende ziemlich asymmetrisch aus. Die Erfahrungskäufe waren für mich alle viel näher am »Ich« als die Materialkäufe. Bis auf den BMW. Mit dem bin ich mittlerweile schon so oft liegen geblieben, dass jede Fahrt ein Abenteuer ist.

Tatsächlich, so Gilovich, machen gekaufte Erfahrungen einen weit größeren Teil unseres Selbstverständnisses aus als gekaufte Dinge. Unser Leben, so der Professor, ist die Summe unserer Erfahrungen. Das Sammeln von reichen Erfahrungen macht ein Leben glücklicher. Das gilt nicht für das Sammeln materieller Dinge. So wichtig uns mancher Materialkauf auch scheint, die Sachen bleiben vom Ich-Sein ausgesperrt.

In einer weiteren Studie bat Gilovich Studenten, viermal eine Entscheidung zu treffen. Ding oder Erlebnis. Was hätten Sie lieber? Ein Paar tolle Lederschuhe oder ein Abendessen im Restaurant und danach ein Besuch im Kabarett? Eine CD nach Wahl oder ein Billard-Abend mit Freunden? Diese Entscheidung sollten die Probanden aber nicht für den Augenblick treffen. Gilovich fordert die eine Gruppe auf, sich vorzustellen, sie hätten *vor* einem Jahr vor dieser Entscheidung gestanden. Die zweite Gruppe wurde aufgefordert, sich die Entscheidung *in* einem Jahr vorzustellen. Nur die dritte Gruppe sollte sich vorstellen, die Entscheidung direkt am nächsten Tag zu treffen. Wie von Gilovich erwartet, entschieden sich mehr der Probanden für das Erlebnis, die eine gewisse zeitliche Entfernung zur Entscheidung annehmen sollten.

Erlebnisse wirken lange. Viel stärker als bei Sachen zum Anfassen empfinden wir Vorfreude, wenn wir an eine bevorstehende Erfahrung denken. Genauso ist es mit dem Blick in die Vergangenheit. An die Dinge zum Anfassen gewöhnen wir uns extrem schnell. Sie verlieren an Reiz. Denn sie sind immer da. Unser Hirn ist rasch satt davon. Erlebnisse hingegen strahlen. Selbst wenn ein Erlebnis im Moment des Geschehens nicht als schön empfunden wurde – Campen im Regen wäre ein Klassiker –, lässt unser Hirn im Rückblick allen Spielraum, das Ganze doch positiv zu sehen. Was denken Sie: Wie würde Student Thomas zwanzig Jahre später mit seinen Mitbewohnern aus der damaligen WG auf die Nudeln mit Ketchup am Monatsende zurückblicken? Vermutlich lachend und vielleicht sogar ein bisschen wehmütig.

Ein weiterer ganz entscheidender Glücksperformance-Unterschied zwischen Dingen und Erlebnissen ist die Vergleichbarkeit. Endlich hängt der langersehnte 3-D-Flachbild-Superfernseher mit Ambilight-Hintergrundbeleuchtung bei Ihnen an der Wand. Sie laden einen Freund zum Kinoabend auf dem eigenen Sofa ein. Wow! Ihr Glücksbarometer ist auf Anschlag. »Nettes Teil«, sagt Ihr Freund. »Wir kaufen uns demnächst auch einen neuen. Allerdings ein klein bisschen größer und mit gewölbtem Bild. Das fühlt sich dann wirklich an wie Kino zu Hause.« Ende. Jetzt ist in Ihrem Kopf Glückstalfahrt angesagt.

Das Gemeine an Dingen ist, dass sie sich vergleichen lassen. Und Vergleiche können hier nur enttäuschen. Denn es kommt eigentlich ausschließlich zu Aufwärtsvergleichen. Immer springt irgendwer höher, schneller, weiter. Erlebnisse hingegen gehören uns alleine. Die kann keiner nachmachen oder toppen, und wenn doch, macht sie unser Hirn in der Erinnerung eben noch ein bisschen schöner. Die Frage, was man aus Glückssicht also am besten mit seinem Geld macht, ist damit beantwortet. Bleibt noch zu klären, wie viel Geld man für wie viel Glück braucht.

Anhand einer groß angelegten Umfrage untersuchten die beiden Nobelpreisträger Daniel Kahneman (von dessen Arbeiten ich hier schon öfter berichtet habe) und Angus Deaton den Zusammenhang zwischen dem Haushaltseinkommen von Amerikanern und deren Glücklichsein. Das Ausmaß an Glücklichsein wurde hierzu in drei Bereichen erfasst. Erstens: positives Fühlen, das sich in etwa aus Vergnügen, Freude und Lachen zusammensetzt. Zweitens: Freiheit von Sorgen und Traurigkeit. Drittens: Stresslosigkeit. In allen drei Kategorien waren die Werte der Befragten umso höher, je höher ihr Haushaltseinkommen war. Mehr Geld heißt also, wie gesagt, erst mal mehr Glück.

Allerdings – und das ist wichtig für alle, die von Millionengewinnen träumen: Sehr bald ist Schluss mit der Mehr-Geld-mehr-Glück-Formel. Bei ziemlich genau 67.000 Euro (in der Studie 75.000 Dollar) Haushaltsjahreseinkommen knickt die Glückskurve ein. Wer mehr als diesen Betrag zur Verfügung hat, hat schon alles, was glücklich macht, so die Forscher. Was man danach noch für Geld kaufen kann, ist Quatsch, den keiner braucht. Und dieser Quatsch macht nicht glücklicher. Wie doof für uns arme Millionäre. Und was sollen erst die Multimillionäre sagen? Da quillt der Geldspeicher über, aber Glück gibt es für jeden nur bis maximal 67.000 Euro im Jahr. Natürlich ist das eine etwas zugespitzte These. Es gibt Forscher, die bezweifeln die genaue Fixierung einer Obergrenze für ein Glück stiftendes Einkommen.

Ich finde die Ergebnisse von Kahneman und Deaton jedenfalls sehr beruhigend. Denn sie zeigen, dass es keine Million braucht, um glücklich zu sein. Die Vorstellung, dass irgendwo ein Ende der Glücksfahnenstange erreicht ist, nimmt mir die Motivation, mich zu stressen, um aus meiner einen Million eine zweite zu machen. Und viel mehr als das Geld zu haben, zählen für mich die Erfahrungen, die ich seit dem Gewinn bei *Wer wird Millionär?* in einem scheinbar nicht endenden Abenteuer mache. Das ist unbezahlbar.

Das wollte ich noch sagen

Kurz zum Schluss

Die Psychologie begleitet mich schon sehr lange. Ich verdanke ihr viel. In sehr unterschiedlichen Kapiteln habe ich davon erzählt, wie unser Hirn funktioniert, warum wir doch mehr sind als denkende Toaster, wie man Herrn Jauch gegenüber cool bleibt, warum wir so gern Geld aus dem Fenster werfen, wie man sich die richtige Reihenfolge von Mexiko, Guatemala, Honduras, Nicaragua, Costa Rica, Panama und Kolumbien merkt, wieso es so angenehm sein kann, wenn es unserem Nachbarn schlecht geht, wie wir beim Teleshopping und Kaffeekapselkauf manipuliert werden, warum uns fast nichts peinlich sein muss, weshalb Kitty Genovese starb und wie man lügen kann, ohne erwischt zu werden.

Natürlich habe ich oft sehr persönliche Ansätze und Kniffe aus meinem Psycho-Werkzeugkasten beschrieben. Sie erinnern sich vielleicht aber auch, dass wir Menschen uns in ganz vielen Dingen sehr ähnlich sind und es Muster und Regelmäßigkeiten gibt, die für jeden gelten. Was Sie mit meiner Auswahl an Werkzeugen anstellen, bleibt Ihnen überlassen, aber gehen Sie davon aus, dass eine ganze Reihe von dem, was ich vorgestellt habe, auch bei Ihnen funktionieren wird. Dabei geht Probieren über Studieren. Nehmen Sie sich ein Herz und halten Sie Ihren nächsten Vortrag vielleicht tatsächlich einmal in Unterhose zur Übung gegen die Spirale der Angst, zunächst vor einem Freund oder einer Freundin. Im schlimmsten Fall hilft ein Trick oder Kniff, der bei mir gewirkt hat, Ihnen nicht. Dafür kann es ganz verschiedene Gründe geben, nur seien Sie mir bitte nicht böse und probieren Sie vielleicht einfach das nächste Werkzeug im Kasten.

Wichtig ist, bei jedem Einsatz zu berücksichtigen, dass wir nur einen Kopf haben und in diesem Kopf ganz unterschiedliche Phänomene und Prozesse parallel passieren und es oft Schnittmengen gibt. Wenn man verhandelt, ist es gut, seine Alternativen zu kennen. Das ist beim problemorientieren Coping mit Stress nicht anders. Auch hier muss ich erst genau festlegen, welche Optionen es gibt, um einen Stressor wirklich bei der Wurzel packen zu können und loszuwerden. Genauso wichtig ist es, wenn man dank wissenschaftlicher Erkenntnisse plötzlich zu einem echten Lügenprofi wird, das Prinzip der Reziprozität nicht zu vergessen. Auch wenn man beim Lügen nicht mehr erwischt wird, muss man bedenken, dass man damit zwischenmenschlich viel kaputtmachen kann.

Die eigene Psyche zu kennen und Wissen über das Funktionieren anderer Psychen zu haben, bedeutet Macht, mit der man gewissenhaft umgehen sollte. Am Anfang mag es sehr verführerisch sein, diese Macht auszunutzen. Die Verführung habe ich zu Beginn meines Studiums oft gespürt und ihr manchmal auch nachgegeben. Nicht schlimm, solange das nicht überhandnimmt. Wer rumläuft und von sich denkt, mit Psychotricks alles im Griff zu haben, wird ganz schnell an Grenzen stoßen und anecken. Die Wissenschaft der Psychologie ist eben auch gewissenhaft. Anders, in weisen Jedi-Worten ausgedrückt, kämpfen wir Psychologen auf der guten und nicht der dunklen Seite der Macht. Zumindest alle, die ich kenne.

Wenn ich ein wenig dazu beitragen kann, dass andere mit den hier beschriebenen Werkzeugen ihre Fähigkeiten verbessern, sich mit der Umwelt kritisch auseinanderzusetzen, das eigene Handeln besser zu reflektieren oder gar zu beeinflussen, freut mich das sehr. Die Wichtigkeit der Wissenschaft Psychologie nimmt rasant und drastisch zu. Sich mit ihr zu beschäftigen wird immer entscheidender. Mindestens genauso wichtig an diesem Buch ist mir aber, so viele kleine Psychoängste wie möglich aus ihren warmen Hirnhotels zu vertreiben. Angst vor Psychologie ist doof. Doof, weil alles immer mehr psycho wird. Doof ist die Psychoangst auch, weil sie uns von einem gesunden Umgang mit psychischen Störungen abhält und damit vielen Menschen das Leben unnötig schwerer macht. Dagegen hilft vor allem Wissen, und wer das einmal hat, sollte es teilen, denn dann wird es immer mehr.

Unsere Psyche ist ein geheimnisvoller Ort. Was mich an der Psychologie so sehr reizt, ist die Jagd nach diesen Geheimnissen. Jede neue Studie, jedes ausgewertete Experiment bringt uns einen Schritt vorwärts zu verstehen, was wir sind und warum wir so sind. Trotzdem bin ich der festen Überzeugung, dass es uns niemals gelingen wird, unserer Psyche all ihre Geheimnisse zu entlocken. Denn alles verändert sich. Immer und unaufhörlich. Auch wenn es der Psychologie also vermutlich nicht gelingen wird, den Menschen vollends zu entschlüsseln, ist doch jeder klar im Vorteil, der möglichst viele Geheimnisse unserer Psyche versteht. Wenn man dieses Verstehen dann noch in seine Handlungen einfließen lässt, kann man mit dem Kopf allein die größten Berge versetzen.

DANK

Ohne euch und Sie hätte ich die Psychologie und meine Psyche nicht so kennengelernt, wie ich sie heute kenne, und darüber dieses Buch schreiben können.
Für die offenen Ohren, das Rückenfreihalten, den Ansporn, die Kritik und das geteilte Abenteuer
von ganzem Herzen danke Sandra,
danke Birgit, Florian und Hannes,
danke Philipp Schäpers,
danke Oliver Trepper,
danke euch allen in der Fliednerstraße,
danke Marie-Luise Kühn von Burgsdorff,
danke MS Günther Crew
und danke Günther Jauch.

LITERATUR

Das Literaturverzeichnis zum Titel
finden Sie unter dem Link: www.heyne.de/leon-windscheid